TERNURA A LO BESTIA

Angélica Velasco Sesma

TERNURA A LO BESTIA

Por una ética ecofeminista del cuidado, la compasión y la no violencia

PAIDÓS Contemporánea

1.ª edición, abril de 2026

Paidós es un sello editorial de Editorial Planeta, S. A.
Avda. Diagonal, 662-664
08034 Barcelona, España
www.paidos.com
www.planetadelibros.com

ISBN: 978-84-493-4534-0
Fotocomposición: Realización Planeta
Depósito legal: B. 24.804-2026
Impresión y encuadernación: Grafo

Impreso en España – *Printed in Spain*

A mi padre, por ser refugio y alegría.
A mi madre, por su bondad y su fortaleza.
A Sandra, por ser faro y cómplice ecofeminista.
A mis amigas, por cuidarme.
A todos los animales que han pasado por mi vida,
por sacar la ternura que hay en mí.
A todos los animales que pasaron por mi estómago.
Os pido perdón por haber sido el tipo de persona
que no quiero ser.
Y a mí misma, por haberme atrevido, por fin,
a poner unos límites y a saltarme otros.

Sumario

Prólogo

Vivimos en un mundo amenazado. No estoy diciendo nada nuevo, lo sé. En 1970, la celebración del Día de la Tierra nos abrió las puertas a entender mejor la devastación que estábamos infligiendo a la tierra, al agua, al aire y a todos los animales. En la década de 1980, se acuñó el término *Antropoceno* para designar la época que estamos viviendo y el catastrófico impacto de los humanos en las especies y los ecosistemas, desde el cambio climático hasta la pérdida de biodiversidad. Algunos han propuesto llamar a este período «Capitaloceno» o «Plantacionoceno», mientras que otros han subrayado la importancia de reconocer cómo el género, la raza y la clase influyen en nuestra actitud para con el medioambiente y en la forma en que lo tratamos; hace poco surgió el término «(m)Antropoceno». El nombre que le damos a un acontecimiento o a un fenómeno influye en cómo entendemos nuestra relación con él. En términos de liberación, poner nombre a las cosas marca el inicio de la concienciación, y es la conciencia crítica —por muy duro que haya resultado desarrollarla— la que nos aporta las herramientas necesarias para plantar cara a la opresión que hemos nombrado.

El término *ecofeminismo* es también reciente, y su origen se remonta al mismo período que los primeros Días de la Tierra. Como definición general, podríamos decir que significa que no se pueden entender las cuestiones feministas sin contar con una perspectiva medioambiental, y que no se pueden entender las cuestiones medioambientales sin contar con una perspectiva feminista; de ahí el término (m)Antropoceno. En *Ecofeminismo: Intersecciones feministas con otros animales y con la Tierra*, Lori Gruen y yo proponemos esta definición del ecofeminismo: «El ecofeminismo analiza las diferentes formas en las que el dañino antropocentrismo conforma y mantiene la misoginia, la heteronormatividad, el supremacismo blanco, el colonialismo y el capacitismo, y examina cómo el análisis de las interacciones que se dan entre estas fuerzas puede producir prácticas menos violentas y más justas».*

El ecofeminismo mantiene ideas en tensión y deja que existan en el marco de una conversación que da lugar a conocimientos nuevos. Tiene en cuenta interconexiones, solapamientos, intersecciones. Desde el análisis personificado hasta el activismo informado, creemos que unas prácticas menos violentas y más justas tienen cabida. Quienes nos centramos en la relación de los humanos con los demás animales ofrecemos un análisis —al identificar la crueldad institucionalizada de la agricultura animal y la relación entre el compromiso con el consumo de animales y los conceptos occidentales de la masculinidad— y sugerimos vías de respuesta o resistencia.

Ahora, durante la tercera década del siglo XXI, puede parecer que podemos hacer muy poco por frenar la escandalosa propagación del autoritarismo o el terrorífico saqueo del aire, el mar y la tierra. Sé lo desalentador que puede resultar tener que volver a luchar por unos problemas y unas preocupaciones que creíamos resueltos, como los del derecho al aborto o a la libertad reproductiva en Estados Unidos. Pero creemos en la justicia, y la justicia exige que le digamos las verdades al poder y que jamás dejemos de trabajar por crear un mundo más compasivo. Nuestra tenacidad suma. Como lo hace también el poder transformador de cuidar de los demás. Es maravilloso que existan filósofas que, con su testimonio y sus escritos, nos ayuden a plantar cara a este momento y a hacer

* Adams, Carol J. y Gruen, Lori, *Ecofeminismo: Intersecciones feministas con otros animales y con la Tierra*, levanta fuego, 2023, pág. 15.

lo que se necesita de nosotros. En concreto, en este libro encontramos las sabias palabras de Angélica Velasco Sesma. Creo que, junto a Angélica, podremos traer la bondad, el cuidado y la justicia a este mundo. En las páginas que siguen, nos ayudará a conectar con esta posibilidad y a entender sus desafíos. Este libro valiente, reflexivo y visionario ofrece un camino hacia una conciencia crítica embebida de ecofeminismo que resulta más relevante ahora que nunca.

Carol J. Adams,
autora de *La política sexual de la carne*

Introducción

«Luchar por la esperanza», decía Petra Kelly. Pues en eso estamos...

Toda la magia de la creación está contenida en una diminuta semilla.

Maga Luna, *FernGully*

Cuando salía a escalar con quien fue mi compañero de cordada y compañero sentimental durante más o menos una década, le hablaba de lo que yo había denominado la «teoría de los minimundos». Con este término hacía referencia a la magia que te ofrece la roca mientras la escalas, mientras escalas con ella. Hay momentos en los que crees que ya no hay posibilidad de seguir. La roca no te aporta (aparentemente) nada: no hay grietas, no hay salientes, no hay placas a las que adherirte. No hay puntos de apoyo para continuar. Estás ahí, en la roca, con la roca, y ya no hay nada que puedas hacer. Parece que tu única opción es rendirte y descender. Pero, de repente, cuando pensabas que ya no había esperanza, ves la roca con otra mirada y descubres algo que había pasado desapercibido hasta ese momento. Está ahí, una pequeña protuberancia, una inapreciable hendidura, una forma especial en la roca que te permite hacer oposición de fuerzas y abrir un nuevo camino. Basta con moverte medio centímetro, un centímetro. Con *solo* eso, todo cambia. En ese momento, actúa la teoría de los minimundos: surge algo que no habías contemplado y que te permite hacer un movimiento. Accedes, así, a un mundo nuevo, pasando de la inacción, de la desesperanza, a un escenario completamente distinto y lleno de nuevas posibilidades para continuar ascendiendo.

Siempre que el ritmo frenético del capitalismo neoliberal nos dejaba algún rato libre para el contacto con la naturaleza y podíamos ir a escalar, salía a relucir la teoría de los minimundos. Cuando yo aseguraba su escalada y él llegaba a ese punto crítico de aparente imposibilidad de acción, le gritaba desde abajo: «¡Busca el minimundo!». Habitualmente, la respuesta era del estilo de «¡No hay ningún minimundo!». Y nos reíamos. Yo seguía insistiendo en que se fijara en lo invisible y buscara esos resquicios que permiten abrirse paso por lo que parece imposible. Cuando, tras un rato más o menos largo de tensión, se decidía a apoyarse en algún agarre precario que resultaba efectivo y entonces avanzaba un montón de movimientos y subía centímetros o metros, ahí estaba yo abajo diciendo: «¡La teoría de los minimundos, la teoría de los minimundos!». Y nos volvíamos a reír.

Si, durante mi escalada, llegaba a un punto crítico, él me decía desde abajo: «Venga, ¿dónde están tus minimundos?». Y volvían las risas. Y yo le pedía que no me hiciera reír por miedo a caerme en ese punto crítico. Y cuando, finalmente, daba con el recoveco que me permitía dar un paso y abrir un minimundo nuevo, empezaba mi discurso de lo maravillosa que es la naturaleza con esas pequeñas magias que nos permiten pasar al siguiente minimundo. Con frecuencia, le hablaba de que algún día tendría que escribir algo sobre mi teoría de los minimundos. Y nos reíamos otra vez. Pues bien, ha llegado el momento de poder aplicar esta idea sobre la escalada a mis reflexiones filosóficas sobre el cuidado, la compasión y la ternura ampliados más allá de los límites de nuestra especie.

Actualmente, los discursos optimistas que he mantenido en mis escritos anteriores y que apuntaban a la posibilidad de un cambio individual y social que nos llevara a un mundo justo y no violento están siendo sustituidos (tristemente) por una falta de esperanza bastante devastadora. Aun así, todavía conservo algo de la ilusión y la confianza que me caracterizó en el pasado. Oscilo entre el pesimismo y el deseo de «luchar por la esperanza», como reza el título de una de las obras de la ecofeminista y pacifista Petra Kelly. Siempre vuelvo a ella para defender unos ideales que considero esenciales. Su legado me da fuerzas y consigue hacerme creer que lograremos descubrir un bultito en la roca que nos impulse a un nuevo minimundo. Aunque solo podamos avanzar medio centímetro, tal vez eso nos permita dar pasos que parecían imposibles. Así que, por el momento, me conformo con que algo de lo que escriba en estas páginas pueda servir a alguien en este sentido: que alguna persona (tal vez incluso yo misma) pueda encontrar alguna idea sugerente que le permita ver el lugar en el que se encuentra con otros ojos y se le abra, de este modo, la posibilidad de seguir avanzando hacia la cumbre. Y la cumbre no puede ser otra que la justicia social, la igualdad entre todas las personas, la compasión por los demás animales, el respeto por el conjunto de la naturaleza y una convivencia pacífica basada en la aceptación de nuestra vulnerabilidad, nuestra interdependencia y nuestra ecodependencia. La meta por alcanzar es el desarrollo de una ética ecofeminista del cuidado que sirva de fundamento a una coeducación y una pedagogía nuevas. Esa es la cumbre que ofrezco en este libro y que solo puede conseguirse abriendo pequeños minimundos con otras perspectivas, con valores y virtudes reformulados y con una ampliación de los sujetos a los que aplicar nuestros sentimientos compasivos, ensanchando, de este modo, la razón y el corazón.

Si algo de lo que plantee aquí puede hacer que quien no veía ninguna posibilidad en la roca sea capaz de descubrir un punto de apoyo que transforme el lugar que ocupa en el mundo, me daré por satisfecha. Plenamente satisfecha. Fantaseo con la posibilidad de que alguien encuentre en estas páginas esa grieta invisible que le haga replantearse los pasos que pretendía dar. ¿Puede que sea más optimista de lo que estoy dispuesta a aceptar en la actualidad? Tal vez... Y no es que tenga grandes esperanzas en los cambios a gran escala, pero sigo confiando en las pequeñas transformaciones. Esto es así porque tengo la suerte de contar con un trabajo que me permite estar en contacto con algunas personas que a veces están dispuestas a moverse medio centímetro. Mis estudiantes mantienen viva la ilusión que me arrebatan otras personas y otras circunstancias. Son ellas, son ellos, quienes me aportan alegrías indescriptibles cuando se acercan a mí para decirme que, después de mis clases, han dejado de comerse a los demás animales, han empezado a ver la violencia contra las mujeres y las niñas como un crimen contra la humanidad o han empezado a incomodar a todo su entorno explicando la situación de colapso ambiental en la que nos encontramos como consecuencia de nuestra forma arrogante de entender y de habitar el mundo.

Como afirma Martha, la protagonista de la estimulante novela pacifista *¡Abajo las armas!*, escrita por Bertha von Suttner en 1889: «No olvidemos [...] que una sola semilla contiene en sí el germen de toda una selva [...]. La idea es en el orden intelectual lo que es la semilla en el mundo vegetal».[1] Esto es lo que quiero aportar, pues: semillas, ideas, grietas o salientes en la roca para movernos medio centímetro y, con suerte, avanzar desde el ideal de la no violencia.

No es casual que haya empezado con una referencia a la escalada. La relación con las montañas tiene un halo especial que muchas pensadoras y pensadores han subrayado, desde John Muir a Arne Naess, desde Aldo Leopold a Karen Warren. Especialmente importante para mí es el relato de esta última filósofa sobre su primera experiencia de escalada y el valor que le da a la narrativa en primera persona como vehículo de argumentación para la construcción teórica y para la toma de decisiones éticas. Con una escritura íntima, describe su determinación de alcanzar la cumbre desde un lugar apartado de la gente. Utilizó todas sus energías en el ascenso, pero no pudo conseguirlo en ese primer intento. La decisión de *conquistar* la cima acabó con sus fuerzas y con su posibilidad de *ver*. Cayó. Afortunadamente, la cuerda de seguridad la mantenía a salvo y, con confianza y concentración, terminó el ascenso.[2]

Tras esta primera práctica, Warren toma conciencia de que la actitud de conquista no tiene cabida en un mundo ecofeminista, por lo que la transforma radicalmente. En su segundo día de escalada, conectó con el entorno, miró y escuchó. Se encontró con una cacofonía de voces diversas: pájaros, caídas de agua y olas. Con los ojos cerrados, sintió la roca y todo lo que había en ella: los líquenes, los musgos, las protuberancias imperceptibles, las grietas y todo lo que le ayudaría en el ascenso. Desde la serenidad y la gratitud, comenzó a hablarle a la roca como si fuera su amiga. Esta le ofrecía la oportunidad de conocerse a sí misma y a la roca de una manera diferente. Así, empezó a entenderse en relación con el medio ambiente natural. La sensación de compañerismo con la roca, con la que podía conversar silenciosamente, la llevó a una genuina preocupación por el acantilado que estaba escalando. A pesar de las diferencias, quería estar junto a la roca. Ya no deseaba conquistarla ni imponer su voluntad, sino trabajar a su lado. La realidad había cambiado. El reconocimiento de las diferencias y el respeto por ellas conduce a una nueva forma de entendimiento y de autoconocimiento.

Como observa Warren,[3] a través de la narrativa en primera persona, se da valor a la sensibilidad. Y especialmente importante es la sensibilidad para concebirse en relación con los otros (humanos y no humanos) y para atender seriamente a las relaciones en sí mismas. Además, se recuperan actitudes y comportamientos éticos que la ética occidental predominante ha minimizado. Así, será éticamente relevante la forma en que nos relacionemos con lo que nos rodea. Como comprobamos en este relato, hay una diferencia esencial entre establecer una relación de cuidado con el Otro con el que se trabaja y una relación de imposición sobre el Otro al que se conquista.[4] Por otro lado, en la narrativa en primera persona, el significado ético *emerge de* las situaciones particulares, no se impone sobre ellas con principios abstractos. Y, por último, este tipo de narración tiene relevancia y fuerza argumentativa. Lo que se cuenta es útil porque plantea una conclusión adecuada para una situación ética. Escribe Warren: «[La] conclusión ética sugerida por la narración de la escaladora es que [...] [la] actitud ética apropiada hacia las montañas y las rocas es una actitud de respeto y cuidado (cualquier cosa que resulte ser o implique), no una [actitud] de dominación y conquista».[5] Esta misma defensa de la importancia de la narrativa en primera persona es mantenida por Carol Adams, que recurre a testimonios de mujeres ecofeministas vegetarianas como base para desarrollar una «epistemología feminista radical», basada en la experiencia y en las intuiciones como fuente de conocimientos con los que criticar las distorsiones de la ideología patriarcal.[6]

Así pues, me pregunto: ¿aporta algo mi narrativa de la historia de cómo surge mi teoría de los minimundos con la que empezaba esta introducción? Sin duda nos permite ver cómo, en una actividad de trabajo junto a las rocas y a un ser querido, pueden percibirse las maravillas y las posibilidades que ofrece la naturaleza y trasladar esa sensibilidad y esas ideas a otros entornos, como la posibilidad de emprender una transformación social. El significado ético ha emergido de la situación particular y me ha permitido defender la esperanza en los pequeños pasos que generan cambios significativos. De este modo, en estas páginas, voy a aplicar la idea de Warren de la relevancia ética de la narrativa en primera persona y es esa narrativa la que voy a ofrecer en numerosas ocasiones por si alguna de esas historias puede abrirle a alguien un nuevo minimundo. Tal vez así pueda contribuir a esa epistemología feminista radical que propone Adams.

Este libro surge en continuidad con mi trayectoria vital y profesional. He dedicado toda mi vida académica a investigar sobre temas relativos a la justicia, la igualdad, la no violencia y la sostenibilidad. Mis escritos han estado centrados en el pacifismo, el feminismo, el ecofeminismo, la ética ambiental, la ética animal y la ética del cuidado. Esto quiere decir que llevo años leyendo casi exclusivamente textos que analizan situaciones de mucho dolor: desde las mujeres que ven cómo ellas y sus familias son privadas de su derecho a la soberanía alimentaria, hasta los animales que son reducidos a cosas en diferentes prácticas de explotación que les provocan terribles sufrimientos y la muerte; desde las comunidades indígenas que son expulsadas de sus territorios por las grandes empresas extractivistas, hasta el exterminio de especies de animales esenciales para el mantenimiento de los ecosistemas; desde la deshumanización de mujeres y niñas que son convertidas en cuerpos para ser penetrados por hombres que se creen con el derecho a pagar para ejercer sobre ellas violencias sexuales de todo tipo, hasta la exaltación de la misoginia y de la violencia contra las mujeres en la industria pornográfica.

Paradójicamente, las personas que nos dedicamos a reflexionar y a defender la justicia social, la ecojusticia o la empatía más allá del mundo humano nos enfrentamos, en demasiadas ocasiones, a todo tipo de desprecios. No me refiero al sano debate y a los amables cuestionamientos de las ideas. Estoy hablando de la negación frontal de realidades incuestionables como la violencia inherente a toda forma de explotación de los demás animales o la lacra de la violencia globalizada contra las mujeres y las niñas. Estoy hablando de un rechazo que se transmite de forma visceral. Supongo que, hasta cierto punto, es lógica esta reacción porque incomodamos y activamos la reactancia de quienes no quieren sufrir. La disonancia cognitiva duele, pero más duele ser una mujer o una niña privada de sus proyectos vitales en una industria criminal que la reduce a objeto sexual; más duele no poder expresar libremente tu amor hacia una persona de tu mismo sexo por miedo a recibir una paliza o algo peor; más duele ser un cerdo, una gallina o una vaca encerrado de por vida en una jaula hasta que llegue el momento de ser degollado en el matadero; más duele ser una comunidad sin acceso a los territorios en los que ha habitado durante generaciones; más duele ser un planeta excepcional que alberga una variedad de vida extraordinaria y que está siendo reducido a cemento, trastos inútiles, granjas, fábricas y vertederos. Más duele ser esos sujetos dominados y explotados. Y duele también dedicarse a visibilizar estas opresiones y sufrir, además, la violencia de quienes no pueden o no quieren mirar estas opresiones a los ojos.

He leído investigaciones que muchas personas no son capaces de leer. En el curso pasado, durante una clase con personas jubiladas, varias (bastantes) abandonaron el aula mientras leía casos reales de jóvenes mujeres esclavizadas tanto en la pornografía como en la prostitución. No fueron —no somos— capaces de afrontar la realidad del horror que nos rodea en tantos ámbitos. Lo entiendo, faltaría más. Es demasiado terrible como para no estremecernos cuando alguien nos planta ante nuestras narices esa realidad de violencia ejercida por seres humanos. Es demasiado terrible...

Y así, entre todas estas lecturas, visionado de material audiovisual y demás formación, y charlas con personas expertas y con mis amistades, he planteado mi trabajo y he desarrollado mis ideas más o menos coherentes, más o menos interesantes, más o menos necesarias. Desde hace años, he defendido que el mundo que se mantiene cuando nos creemos con el derecho a someter, dominar y explotar a quien es diferente a nosotros mismos (o a nuestro grupo) es un tipo de mundo menos deseable que el mundo que se crearía si entendiéramos la diferencia como lo que es: diferencia, sin jerarquía. Un mundo en el que no aceptáramos (como solemos hacer) que quien es diferente es necesariamente inferior y que podemos dominar a ese —supuestamente— inferior sería un mundo con menos violencia, con más respeto y con más compasión. Un mundo más compatible con los valores democráticos y con las virtudes de la ética del cuidado. Un mundo más tierno.

Estoy planteando un ideal que puede ser discutido y que puede ser también rechazado. Supongo que habrá quienes me rebatan esta idea y defiendan firmemente que, en efecto, hay quienes constituyen la medida de la normalidad y que quienes se salen de esa norma son (¡solo faltaba!) inferiores. Me imagino que me encontraré con personas que se declaren con el derecho a utilizar en su beneficio a esos y esas —supuestamente— inferiores. Argumentarán, entre otras lindezas, que, siendo los occidentales la medida del desarrollo de la civilización, ¿cómo no van a tener el derecho a expoliar los territorios de esos otros pueblos diferentes y tan inferiores? ¿Cómo no van a poder imponer su visión del mundo como la única acertada? ¿Cómo no van a merecer explotar y esclavizar a esas personas que no pertenecen a la cultura más elevada? O, siendo los judíos israelíes el pueblo elegido, ¿cómo no van a poder llevar a cabo un genocidio contra el pueblo palestino, permitido además por la comunidad internacional? O, siendo los hombres el paradigma de la humanidad y las mujeres ese «varón incompleto», ¿cómo no van a tener ellos el derecho a excluirlas de todo lo considerado valioso (de la política, del deporte, del trabajo) y a ejercer violencia sexual contra ellas a cambio de un billete (o sin el billete)? O, de la misma forma, siendo los humanos la medida de todas las cosas, la especie privilegiada, el centro de la existencia en el universo, ¿cómo no vamos a tener el derecho a someter a nuestra voluntad al resto de las especies animales y vegetales?

Según entiendo, estos planteamientos basados en la jerarquía, que mantienen la posibilidad de imponerse sobre quien previamente ha sido considerado de menor valor (o de ningún valor, aparte del meramente instrumental), tienen consecuencias nefastas en múltiples aspectos. En estas páginas, voy a plantear diferentes ideales que, a mi entender, conducirían a un mundo mejor, más pacífico, más igualitario y más compasivo. En realidad, admito que ya no estoy segura de que eso sea posible: no sé si podemos llegar a construir esa utopía ecofeminista de respeto, interdependencia y cuidados atentos y afectuosos. Pero me niego a renunciar a la esperanza de poder hacer las cosas un poquito mejor de lo que las estamos haciendo en nuestros días. Petra Kelly nos recuerda las palabras de Günter Eich: «¡No, no durmáis mientras los que ordenan el mundo siguen trabajando! ¡Desconfiad de su poder, que dicen tener que conquistar para vosotros! [...] ¡Haced cosas inútiles, cantad canciones que no se esperan de vuestras bocas! ¡Sed incómodos, sed arena y no aceite en el engranaje del mundo!».[7] Así pues, me propongo ser arena y motivar para que seamos arena, para que enfrentemos de otra manera la situación actual.

En algunas de las charlas que he impartido sobre el cuidado y la incoherencia de llamar cuidado a prácticas que incluyen violencia, me he dado cuenta de que yo misma estaba mandando un discurso de paz mediante una conducta poco pacífica. He hablado con rabia. En mi tono, se apreciaba la ira que se apodera de mí cuando constato las injusticias del mundo y cuando escucho los discursos que pretenden suavizarlas o negarlas de forma tramposa. He tomado conciencia de que también he empezado a estar a la defensiva, harta ya de reacciones irrespetuosas y tremendamente dañinas. Y he tenido que empezar un trabajo intenso de canalización de estas emociones totalmente humanas. Soy consciente de que no se debe defender la no violencia mediante la violencia ni el cuidado mediante discursos irascibles. ¿O sí? Porque estamos enfadadas y no es para menos...

He hecho con mi teorización sobre el mundo ecofeminista que ansío lo mismo que Karen Warren hizo en su primer día de escalada en roca. He llegado utilizando todas mis fuerzas, aferrándome desesperadamente a ese ideal. Por el camino, he perdido a veces la coherencia entre lo que defendía y cómo me comportaba. Me he impuesto (o lo he intentado), me he enfadado y me he comunicado llena de rabia. Como Warren escalando, he acabado exhausta y ansiosa. Y me he caído. Afortunadamente, también he tenido y tengo una cuerda de seguridad: tengo a todas las personas que me quieren y cuidan de mí, a aquellas con las que comparto ideales, a aquellas a las que adoro cuidar. Tengo a los animales con los que comparto mi vida y el recuerdo de aquellos y aquellas con quienes la compartí. Mientras escalo en mis teorizaciones, tengo una cuerda de seguridad que, a la vista de mi absoluta vulnerabilidad, me mantiene a salvo. Y los cuidados que recibo y que ofrezco son los hilos que tejen esa cuerda.

Y recuerdo que, aunque es cierto que numerosas personas reaccionan con rechazo a la visibilización y crítica de las injusticias, muchísimas otras agradecen el esfuerzo de comunicar esta realidad y me transmiten su entusiasmo, recompensándome con sonrisas, abrazos y palabras cariñosas. Algunas llegan a ser verdaderas amigas y compañeras de vida y de batalla (aunque no me gusta utilizar vocabulario bélico). Tengo la inmensa suerte de haber coincidido con incontables personas agradecidas, ilusionadas y dispuestas a seguir luchando por la esperanza de construir juntas un mundo no violento en el que el cuidado sea la piedra angular. Juntas enfrentamos la tarea de transformar conciencias en el mismo sentido en que Warren cambió su actitud al escalar: en la dirección de entendernos como *seres en relación* con la naturaleza y de relacionarnos basándonos en el afecto y no en la actitud de conquista.

A veces, nos enfrentamos con la extraña creencia de que lo único que importa moralmente son los problemas que afectan a los seres humanos. En el mejor de los casos, se dirá que no es lo único, pero sí lo más relevante. ¡Como si, en un mundo interconectado, fuera posible despiezar la realidad y separar los problemas! ¿De verdad la humanidad ha llegado a ser tan ingenua —y tan arrogante— como para pensar que lo que afecta al mundo vivo no le va a afectar a ella también? Como afirmó Jane Goodall, el exterminio de la biodiversidad y la misma crisis climática, la mayor amenaza a nuestro futuro, se deben a nuestra propia estupidez, avaricia y egoísmo.[8] Convendría añadir que los de unos más que los de otros, los de unos más que los de otras, los de unas más que los de otras y los de unas más que los de otros.

Si bien mi motivación fundamental para defender el cuidado de la naturaleza no es simplemente el bienestar de los humanos, sino que valoro los demás animales, las plantas y los diferentes elementos del medio natural por sí mismos, preocuparse por las personas exige también preocuparse por la naturaleza y por las demás especies de seres vivos. El cuidado de las personas no puede separarse del cuidado del mundo vivo. Creer lo contrario es demostrar una ignorancia absoluta.

Me duelen las personas, pero no solo las personas. Siempre he tenido una gran sensibilidad por la naturaleza y por los demás animales. Una admiración profunda. Un amor ilimitado. No sé si se debe a algo innato, a algunas de las películas y series que veía en la infancia o a que mi padre es un apasionado de los documentales de animales. Los disfruta vivamente hasta que se queda dormido. Cuando era niña, me tumbaba con él a la hora de la siesta para disfrutar de esos animales salvajes y libres en diferentes paraísos del planeta (claro que, como ha criticado el campo de la ética animal, conocemos mucho de los animales salvajes, pero no sabemos prácticamente nada de los animales con los que más contacto tenemos, con los que tenemos un contacto diario: los animales a los que hemos reducido a comida y a instrumentos para diferentes fines). Hoy en día, mi padre y yo compartimos la fascinación por lo bien montada que está la naturaleza, por cómo todo encaja a la perfección, por cómo cooperan los individuos entre sí, por cómo funciona ese apoyo mutuo del que hablaba Piotr Kropotkin en *El apoyo mutuo: un factor de la evolución* (1902). Cuando veo algún documental con él, siempre siempre me surge el mismo pensamiento que no puedo evitar verbalizar: «¡Qué maravilla la naturaleza! ¡Y cómo nos la estamos cargando!». Mi padre refunfuña porque realmente soy muy insistente con este tema. Pero es que me duele de una forma que pocas personas son capaces de comprender.

Una de las películas que veía con mucha frecuencia en mi infancia y que es posible que ayudara a configurar mi forma de ver el mundo es *FernGully: las aventuras de Zak y Crysta* (1992),* que narra críticamente una historia de la destrucción de la naturaleza e incluye la frase con la que comienza esta introducción: «Toda la magia de la creación está contenida en una diminuta semilla». Esta frase

* Película de animación distribuida por 20th Century Fox basada en el libro *FernGully* (1991), de Diana Young.

tuvo una profunda repercusión en mí. De niñas, mi hermana y yo la repetíamos cada vez que cogíamos una semilla del campo. Tal fue su impacto que, cuando le comenté a mi padre que quería empezar este libro con una expresión de *FernGully*, instantáneamente recordó la frase, pues también se le quedó grabada de tantas veces como la repetimos nosotras.

Esta frase apunta a que la naturaleza es la fuente de todo, nuestra base, nuestro sustento, nuestro hogar. Pero no solo el nuestro. No es nuestro hogar en el sentido en el que hablamos de nuestra casa como propiedad. Es un hogar común que compartimos con toda la creación. Y la creación entendida como algo mágico, como esa maravilla que no deja de fascinar a quien tiene la capacidad de percibir el mundo natural sin la mirada que instrumentaliza y que quita el valor profundo a todo lo que no sea humano, como cuando, durante la escalada, Karen Warren se para a apreciar «los milagros imprevistos, como las diminutas flores que crecen incluso en la grieta más diminuta de la superficie de la roca».

Sí, «toda la magia de la creación está contenida en una diminuta semilla». Y ahora, ciertas empresas privatizan las semillas como si fueran dueños y señores de toda la magia de la creación.[9] Y se arrebata el derecho al alimento de las personas y se destruye el equilibrio de la magia de la creación. ¿Cómo lo hemos permitido?

Vamos a adentrarnos un poco en la película, la cual me permitirá plantear cuestiones y desarrollar ideas a lo largo de los capítulos siguientes. En *FernGully* nos encontramos con los espíritus del bosque, pequeñas hadas que ayudan al cuidado de la naturaleza y que mantienen la armonía entre todas las criaturas. En sus orígenes, la relación de amistad más profunda es la que mantenían con los seres humanos, hasta que el espíritu de la destrucción, Hexxus, alteró el equilibrio natural, destrozando el bosque y acabando con muchas vidas. Ante este desastre, los humanos huyeron y desaparecieron para siempre, según pensaban las hadas. Maga Luna, la gran sabia del grupo, consiguió derrotar a Hexxus, encerrándolo en el interior de un árbol, gracias a los poderes mágicos de la naturaleza. Crysta, la protagonista de la historia, está aprendiendo esos poderes, los poderes del cuidado y la preservación del mundo natural (los poderes que la humanidad debería aprender a desarrollar para no destruir «toda la magia de la creación» ni a sí misma). Crysta entiende que no hay peligro porque el espíritu de la destrucción ya ha sido atrapado. Al principio de la película, se muestra distraída. Le interesa más vivir y disfrutar de la naturaleza que dedicar tiempo al estudio con Maga Luna. ¡Cómo entiendo a Crysta! En cualquier caso, valora el compartir tiempo con ella por todo lo que esta le enseña y prioriza esa compañía y esos aprendizajes a pasar tiempo con un hada masculina que le recrimina que dedica más tiempo a la sabia que a él mismo. Crysta es una chica lista...

Disfrutamos de diferentes imágenes de la vida en el bosque, de animales y plantas que desarrollan sus vidas de forma natural. Puede que la contemplación de esta belleza nos ayude en el desarrollo de actitudes y conductas éticas de respeto.[10] Las hadas pululan entre los árboles mientras transmiten sus mágicos cuidados a todos los individuos. Saltándose una norma de las hadas, Crysta traspasa la bóveda del bosque. El sol la deslumbra igual que al prisionero que, en la alegoría de Platón, salió de la caverna y accedió a ver el mundo real. Y, de la misma forma que este prisionero liberado, nuestra hada disfruta de contemplar la inmensidad del bosque desde un lugar totalmente desconocido. Y, desde esta nueva perspectiva, observa una extraña nube negra que sale de la tierra, junto a una enorme roca.

Fascinada por la inmensidad, acude a Maga Luna para contarle lo que ha visto. Mientras hablan, Maga va haciendo crecer las plantas y los hongos. La belleza natural vuelve a sobrecogernos. Maga le explica a Crysta que aquella enorme roca es una montaña y que la extraña nube negra es en realidad humo. Ante el desconcierto de la joven hada, Maga dice: «En nuestro mundo hay cosas de las que nada sabes, Crysta». Mientras coge una semilla, señala: «Hay mundos y mundos, Crysta». Según se van acercando a un árbol que está a punto de quebrarse, brotan pequeñas plantas por donde va pasando Maga. La maestra le transmite a su discípula un conocimiento esencial: «Todo nuestro mundo está unido por los tenues hilos de la trama de la vida que equilibran las fuerzas de la destrucción y las mágicas fuerzas de la creación». Apoya la semilla en el árbol enfermo, coge la mano de Crysta, la coloca encima de la semilla y pone su propia mano sobre ambas. Le dice: «¡Ayúdala a crecer!».

La alumna intenta con todas sus fuerzas ejercer la magia de los cuidados que ayudan a crecer, que posibilitan el florecimiento. Entonces empiezan a surgir algunas raíces. Crecen. Y, cuando parece que avanzan en el crecimiento, se detienen. «¿Por qué no lo consigo?», se pregunta Crysta. En ese momento, en una red de ayudar a ayudar, Maga ofrece su apoyo, enviando la magia y haciendo crecer las plantas que fortalecen el árbol, del que brotan ramas, hojas y flores. Como concluye Maga Luna: «Todos podemos invocar los mágicos poderes. Tú tienes que hallarlos en ti misma». ¿Es cierto que, en cada una de nosotras, está la posibilidad de ayudar al florecimiento de la vida? ¿Seremos capaces de encontrar ese poder que, a partir de la compasión, la esperanza y el trabajo conjunto, nos permita hacer crecer un nuevo mundo sobre el que está agonizando?

En ese momento, Crysta no es capaz de invocar los poderes mágicos de la naturaleza porque le preocupa que el humo pueda ser Hexxus, el espíritu de la destrucción. Maga rechaza esa posibilidad, ya que este espíritu quedó atrapado para siempre, y se niega a contestar más preguntas de su alumna, que se retira. Pero, con visible intranquilidad, Maga echa un vistazo más allá de los árboles y toma conciencia del peligro que los amenaza de forma muy real. ¿El espíritu de la destrucción ha vuelto? Eso parece.

¿Seguiremos los humanos negando la existencia de ese espíritu, de esa forma de estar en el mundo que nos sitúa en una posición de riesgo extremo? Según voy a mantener en estas páginas, el espíritu de la destrucción actualmente no es un ser natural imaginario, sino una forma de pensar y habitar el mundo basada en el androcentrismo, el antropocentrismo, el racismo, el colonialismo, la exaltación del individualismo neoliberal descarnado y la lógica de la dominación. A veces me siento como Crysta en ese momento, en el que no puede ayudar porque la preocupación la paraliza. Por desgracia, nuestro Hexxus no está atrapado en un árbol y no hay magia que pueda contenerlo... Solo contamos con la posibilidad remota de una determinación común y de un cambio radical de cosmovisión y de prácticas vitales.

Al poblado de las hadas llega mi personaje favorito, un murciélago de la fruta que ha escapado de un laboratorio de experimentación en el que ha sido sometido a todo tipo de terribles experimentos, algunos de ellos destinados a testar maquillaje en numerosos animales. Uno de estos experimentos consistió en incrustarle unos cables en el cerebro, cosa que lo dejó bastante trastornado. Lógicamente, este pobre murciélago teme y rechaza a los humanos. Supongo que Vampi influyó de alguna manera en mi visión un poco desalentadora de la humanidad. Me mostró la capacidad de destrucción y el sadismo de los humanos, de algunos humanos, de demasiados humanos. Asimismo, me hizo consciente de que debemos abrirnos al perdón y a la reconciliación, pues también hay humanos decididos a separarse de la violencia, capaces de aprender otra forma de percibir el mundo natural y decididos a involucrarse en su cuidado y protección.

La aparición de Vampi genera nuevas inquietudes en Crysta que, con el espíritu curioso propio de una filósofa, empieza a dudar del conocimiento adquirido. ¿Será verdad que los humanos no se extinguieron? Emprende entonces un viaje para comprobar si esto es así. Llega a una parte del bosque en la que la frondosidad da paso a la degradación. Se trata de algo similar a lo que nos encontramos hoy día en los bosques tropicales que han sido sustituidos por plantaciones de palma aceitera: aunque parece que hay naturaleza, en realidad el exterminio de la diversidad necesaria para el mantenimiento de la vida da lugar a un paisaje zombi. En el final de su viaje, ya no hay multitud de vegetación albergando infinidad de seres vivos, sino que Crysta únicamente encuentra algunas plantas dispersas y una bandada de pájaros que huye de la zona degradada. Aquí, los pocos árboles que quedan están marcados con una cruz roja: están destinados a ser talados.

Efectivamente, los humanos no han desaparecido. Encontramos varios trabajando dentro de la máquina encargada de talar los árboles y convertirlos en madera (es decir, de transformar un individuo esencial de la red de la vida en un recurso a disposición de los —de algunos— humanos). Otros se encargan de marcar los árboles que van a ser talados. Crysta observa a uno de estos últimos. Zak realiza este trabajo de destrucción con una despreocupación muy similar a la que encontramos en la mayoría de la gente en la actualidad. Desafortunadamente, se topa con el árbol encantado en el que está encerrado Hexxus. Y lo marca. Crysta lo observa y, para evitar que el tronco de un árbol talado aplaste a Zak, lanza un hechizo y, por error, lo reduce al tamaño de un hada.

Cuando están a punto de ser engullidos por la máquina que absorbe el árbol muerto, Vampi los rescata, llevándolos de vuelta a la frondosidad del bosque sano. Aquí empieza la relación entre Crysta y Zak, en la que este cambiará su admiración y defensa de su estilo de vida por la visión empática que tanto necesitamos en nuestros días. Crysta es el catalizador de este cambio. (¡Menos mal que algunas películas le dan a algún personaje femenino un papel activo!). También comienza la tensa relación entre Vampi y Zak, pues el simpático murciélago no tiene ninguna confianza en los humanos (con razón).

Crysta le enseña las maravillas de la vida en el bosque y le transmite su preocupación por la destrucción de los árboles. Él miente, negando su complicidad con esta destrucción y negando también la posibilidad de que ese monstruo que come arboles llegue a FernGully. Le habla de cómo viven los humanos, de las cuidades y de la falta de árboles. El hada es incapaz de entender que alguien pueda vivir sin árboles. Encontramos el siguiente diálogo:

> CRYSTA: Pero ¿cómo podéis vivir sin árboles?
> ZAK: Fácil.
> CRYSTA: Pero ellos dan la vida, dan las nubes, la lluvia, el aire.
> ZAK: Aire tenemos.
> VAMPI: Sí, un maravilloso aire contaminado *(y tose dos veces, mostrando las repercusiones que ha tenido sobre su salud su estancia bajo el yugo de los humanos).*
> CRYSTA: ¿No te importa no hablar al bosque?
> ZAK: La verdad es que no he hablado con un bosque en mi vida.
> CRYSTA: Yo lo hago siempre.
> ZAK: ¿Y qué te dice?
> CRYSTA: Escucha.

Entonces, se escucha toda la vida del bosque, esa vida que está siendo exterminada en la realidad. Mientras ella le enseña a escuchar al bosque, él le pregunta por su vida, interesándose por el trabajo que realizan las hadas. Ella pregunta qué es trabajar, trasladándonos así la posibilidad de otra forma de habitar el mundo en la que el trabajo no sea el centro de la existencia y la medida del valor de los individuos. Las hadas dedican su tiempo a ayudar a las plantas. Fortalecen la red de la vida. Encontramos aquí dos de los temas esenciales que voy a abordar: el diálogo con la naturaleza y con los demás animales y la crítica al trabajo como la medida del valor de nuestras vidas.

Parece que Zak no entiende el sentido de lo que el hada le ha transmitido en esta conversación, ya que, por la mañana, Crysta se despierta con el sonido de su navaja contra el árbol en el que han dormido. La siguiente conversación es, tristemente, demasiado familiar. Nos lleva a una terrible realidad actual: el abismo que separa a quienes entienden la importancia de la naturaleza y sufren con su destrucción de quienes mantienen una ceguera y falta de empatía que nos conducen al más que probable colapso.

> CRYSTA: ¿Qué estás haciendo?
>
> ZAK: Grabar tu nombre. ¿Ves? C-R-Y-S...
>
> CRYSTA: No, no, no debes hacer eso. Mira. *(Le pone la mano sobre la herida que acaba de hacerle al árbol.)* ¿No sientes su dolor?
>
> ZAK: ¿Le duele?
>
> CRYSTA: Sí.
>
> VAMPI: Los humanos no sienten nada. Son un plomo de arriba abajo.

Me duele demasiado admitir que esta apreciación de Vampi es tremendamente real. Cuando miro alrededor y veo a tanta gente indiferente ante las masacres, las guerras, los genocidios, las violaciones, las violencias y la explotación tanto de personas como de otros animales, siempre pienso: «¿Qué vas a esperar, "Los humanos no sienten nada; son un plomo de arriba abajo"?». Y tengo que emplear demasiadas energías en convencerme de que no son todos los humanos y que todavía hay gente trabajando desde diferentes ámbitos para llegar a la cumbre de paz y cuidados ecofeministas. Ojalá fuéramos más...

Mientras Vampi da en el clavo con esa afirmación, los trabajadores de la máquina talan el árbol encantado, liberando a Hexxus, que despierta en el lugar idóneo para ganar fuerzas y emprender la destrucción del mundo vivo. Este espíritu se alimenta de la contaminación que encuentra en la máquina y multiplica el trabajo de los operarios con el fin de destruir el bosque cuanto antes. Aumenta su poder. Se convierte en un enorme humo negro que sale de la chimenea de la máquina. Este terrible personaje, símbolo de la destrucción del mundo natural, hizo que, desde muy pequeña, viera el humo de la contaminación con el desprecio y el terror con el que convendría que fuera visto.

En el camino a la casa de mi abuela materna, había una fábrica en la que se transformaban los troncos de los árboles en tableros de fibra. Durante gran parte de mi infancia, las visitas a mi abuela reforzaban mi rechazo a la destrucción de la naturaleza. Camiones y camiones llenos de troncos y un enorme humo negro que teñía el cielo de los alrededores de Valladolid. Cada vez que nos acercábamos a esa fábrica, mi hermana y yo señalábamos el humo, diciendo: «¡Hexxus!». Siempre quisimos que se cerrara esa fábrica. Siempre deseamos que esos troncos no hubieran sido talados y que hubieran continuado siendo árboles en la inmensidad de un bosque. Pero ¿cómo cumplir los deseos de esas dos niñas en un mundo gobernado por el productivismo y el consumismo desenfrenados, en un mundo que entiende la naturaleza como un conjunto de recursos? ¿Cómo contagiar a todas las personas ese rechazo a la destrucción de la naturaleza y a la violencia contra los demás animales que nosotras habíamos desarrollado a tan temprana edad? Este tipo de películas o materiales similares pueden ser de gran ayuda.

Las experiencias que Zak comparte con Crysta y el resto de las hadas le descubren una parte de sí mismo que no sabía que existía: empieza a sentir el dolor de los árboles. Cuando pone la mano sobre un árbol rajado cuyas raíces están impregnadas de gasoil, le duele su propia mano y, de este modo, toma conciencia de la situación desesperada en la que se encuentran. Somos bastantes (aunque no suficientes) las personas a las que nos pasa esto: nos duele lo que le hacemos a la naturaleza. Zak comprende entonces la importancia de proteger el mundo natural. Pero ya es tarde. El terrible avance de la máquina ha dado a Hexxus un poder desmesurado, el mismo poder de destrucción que los humanos han alcanzado desde hace décadas. Todo desaparece a su paso: árboles, plantas más pequeñas, hongos, animales. Todo es destruido con su avance. Las hadas contemplan aterrorizadas el exterminio generalizado de la vida que ayudan a proteger. Lo contemplan con la misma desesperación con que lo contemplamos tantas y tantas personas hoy en día. La devastación de FernGully es demasiado similar a la propia devastación que ha generado nuestra forma de habitar el mundo. Las hadas se reúnen, se apoyan entre sí, intentan buscar soluciones colectivas, entienden la importancia del cuidado. ¿Por qué la humanidad no está siendo capaz de adoptar esta perspectiva y esta conducta? ¿Por qué nos está siendo tan difícil entender que los cuidados son la base de nuestra existencia y que esos cuidados tienen que abarcar también al resto de la naturaleza? Entiendo que tenemos una psicología muy peculiar que nos limita bastante, pero es que nunca dejará de sorprenderme que la especie animal que mucha gente considera la única merecedora de dignidad sea la que esté acabando consigo misma y con todas las demás. Algo no funciona bien.

El cambio de Zak es total: confiesa y acepta su responsabilidad en lo que está pasando. Explica todo lo que sabe y, sinceramente angustiado, les señala que nadie va a detener esa práctica destructora, por lo que los habitantes del bosque deberían irse de sus tierras. Esta transformación genera otra: la animadversión de Vampi da paso a la amistad y a la cooperación. Vampi comprueba que también hay humanos que pueden cambiar, que también hay humanos que pueden trabajar por un mundo no violento. El pequeño murciélago se acerca a Zak y le dice: «La verdad no gana siempre amigos, pero es útil, indudablemente. Tú no estás mal para un homínido». Y es que, efectivamente, la verdad no gana siempre amigos. Quienes nos dedicamos a denunciar las injusticias y las violencias que se expanden por el mundo frente a quienes prefieren permanecer en la ignorancia solemos recibir mucho desprecio. No hace falta siquiera que las señalemos con palabras. Los actos hablan por sí solos. Determinados modos de vida no violentos —como, por ejemplo, el veganismo— molestan a quienes deciden habitar en la violencia. Así, como señala Carol Adams, el acto de optar por una dieta vegetariana hace que las personas que comen otros animales se pongan a la defensiva y se sientan juzgadas, pues observan que sus decisiones no se adaptan a la imagen de buenas personas que tienen de sí mismas.[11] Regresar a la caverna a mostrar lo que se ha visto fuera de ella, ya sea con palabras o con hechos, no es en absoluto tarea fácil. Pero continuaremos haciéndolo y seguiremos buscando alguna solución.

También las hadas de FernGully se negaron a rendirse. En asamblea, Maga les recuerda: «Desde el principio de los tiempos hemos sido guardianes y sanadores del bosque. Habíamos ya olvidado las fuerzas mágicas de la naturaleza. Ha llegado el tiempo de volver a invocarlas. No olvidemos: toda la magia de la creación está contenida en una diminuta semilla». Y se empieza a producir esa magia que conecta a todos los individuos del bosque y que crea estructuras resistentes. Cuando Maga hace el traspaso de su magia a Crysta, le dice algo que no deberíamos olvidar: «Busca en tu interior esa energía mágica. Busca la fuerza del bien que hay en ti y en todos los seres. Al igual que cada semilla, tú y todas las criaturas del mundo poseéis el poder y la magia de la creación. [...] Todos tenemos ese poder que aumenta cuando se comparte».

Todos tenemos ese poder que aumenta cuando se comparte. Y, si bien los cambios individuales son profundamente relevantes, necesitamos también lo común para poder crear de verdad. Somos interdependientes, criaturas esencialmente relacionales. Kelly hablaba de cambiar el *poder sobre* los otros por el *poder con* los otros, el poder compartido, el poder de crear;[12] el poder de hacer crecer, el «poder que aumenta cuando se comparte». La idea del poder compartido que aumenta cuando se comparte es un punto de apoyo en la roca que nos permite hacer un pequeño movimiento que nos posibilitará dar muchos más pasos. Entender esto debería conducirnos a habitar un minimundo muy distinto del que habitamos con el individualismo neoliberal, donde nos creemos completamente autosuficientes y totalmente superiores al resto de los animales y al conjunto de la naturaleza.

Las hadas de FernGully lo entendieron muy bien. Mantuvieron el trabajo conjunto y los cuidados (de los compañeros y compañeras, de los demás animales y del conjunto del ecosistema) al combatir al espíritu de la destrucción. Dejo el análisis de otros momentos de la película para otros capítulos, no sin antes señalar que lo que permitió enfrentarse con éxito al espíritu de la destrucción fue la unión entre el cuidado y el apoyo mutuo, la valentía femenina y la idea de que «toda la magia de la creación está contenida en una diminuta semilla». Cuando Zak vuelve a su tamaño, se encuentra nuevamente con sus compañeros y, al observar el bosque completamente destrozado, los abraza y les dice: «Chicos, las cosas van a tener que cambiar». Consciente de que es necesario hacer algo para que los humanos no sigan poniendo en riesgo la naturaleza (y, por tanto, a sí mismos), Zak planta una semilla que Crysta le había entregado y esta, con su magia, la ayuda a crecer.

Indudablemente, las cosas tienen que cambiar. He admitido que, a veces, dudo de que el cambio sea ya posible. Otras veces, recobro la confianza y continúo. Recupero el legado de grandes mujeres a las que admiro, como Petra Kelly, Carol Adams, Jane Goodall y tantas otras. Me repito las palabras de esta última cuando nos pide: «Por favor, procura estar a la altura del desafío, inspira y ayuda a los demás, cumple con tu papel. Encuentra tus razones para la esperanza y deja que ellas te guíen de ahora en adelante».[13] Recuerdo que Kelly «mantenía un sentido espiritual de bondad y agradecimiento hacia la vida y nunca aceptó una visión derrotista de la condición humana»;[14] y trato de mantener su lucha por la esperanza. Pienso en la generosidad de Carol Adams, quien no solo es inspiración intelectual, sino que es amabilidad pura al haber aceptado invertir parte de su tiempo en prologar este libro. Los cuidados, la sororidad y el trabajo conjunto existen, nos nutren y nos impulsan. Y así, me lanzo a escribir unas páginas que espero sirvan para avanzar, minimundo tras minimundo, hacia un escenario en el que la compasión, los cuidados y la no violencia ayuden a hacer crecer la semilla de un ideal de justicia que se extienda más allá de nuestra especie.

Esta es la fisura en la roca que ofrezco. Esta es la semilla que planto. ¡Ayúdala a crecer!

Capítulo 1

Sobre fantasías androantropocéntricas y realidades incómodas

El que es capaz de previsión con su inteligencia es un gobernador por naturaleza y un jefe natural. En cambio, el que es capaz de realizar las cosas con su cuerpo es súbdito y esclavo, también por naturaleza [...]. De tal modo, por naturaleza, están definidos la mujer y el esclavo [...].

Aristóteles

[La] actividad [del hombre] tiene una dimensión diferente que le otorga su dignidad suprema: a menudo es peligrosa. [...] El cazador no es un carnicero: en la lucha contra los animales salvajes corre riesgos. El guerrero, para aumentar el prestigio de la horda, del clan al que pertenece, pone en juego su propia vida. Así demuestra brillantemente que para el hombre la vida no es el valor supremo, que debe servir para fines más importantes que ella misma. La peor maldición que pesa sobre la mujer es estar excluida de estas expediciones guerreras [...]; si el hombre se eleva por encima del animal, no es dando la vida, sino arriesgándola; por esta razón, en la humanidad la superioridad no la tiene el sexo que engendra, sino el que mata.

Simone de Beauvoir

El androantropocentrismo como roca sin minimundos

Empiezo a escribir con una sonrisa en la cara, a pesar de que muchos de los temas que van a ser abordados me la van a borrar. Pero también volverá. Al escribir estas páginas, se me abre la posibilidad de transformar mis experiencias y mis conocimientos en una comunidad de cuidados. Será una comunidad que, a través de la lectura, se conecte por medio del pensamiento y del sentimiento, aunque, tristemente, no por medio del contacto físico directo. Mis palabras aspiran a ser abrazos, en unos casos, y zarpazos, en otros. Zarpazos para despertar. Despertar a la realidad que yo observo, a la sensibilidad que me atraviesa, por si sirviera de algo. Voy a ofrecer algunas de las semillas que tengo, algunos de los minimundos que mis reflexiones constituyen, por si a alguien le permiten avanzar. Además, tengo la oportunidad de mostrar mi reconocimiento, mi cariño o mi admiración a aquellas personas (la mayoría, mujeres) que han contribuido a configurar lo que pienso, lo que siento y lo que soy. Lo que pienso es que debemos transformar radicalmente nuestra forma violenta de habitar el mundo. Lo que siento es una mezcla de tristeza y rabia por la situación en la que estamos y pasión profunda y ganas de hacer algo para que deje de ser así, para avanzar hacia la paz, hacia la igualdad, hacia la compasión, hacia el respeto por todos y por todas, también más allá de lo humano. Siento también esperanza cuando veo a tantas personas empeñadas en aportar sus propias semillas a este cambio. Aunque mi esperanza flota en un océano de dudas y terrores. ¿Puede ser de otra forma cuando llevo meses escribiendo estas líneas mientras vivimos en directo el genocidio del pueblo palestino? ¿Puedo acallar mis profundas dudas sobre la viabilidad de un cambio cuando comparto espacios con personas maravillosas que trabajan por la justicia desde múltiples niveles, pero que se reúnen a charlar y a reírse con la boca llena de trozos de cuerpos de *alguien*, de trozos bañados de violencia? Lo que siento es también cansancio por tener que convivir con sentimientos tan encontrados. Y siento, asimismo, energía, motivación e ilusión por poder hablar de todo esto, sin censuras —o sin demasiadas (auto)censuras—. Y ahora falta decir lo que soy.

Carol Adams llama «filosofía de la contingencia» al énfasis en el contexto específico sobre lo universal.[1] Se refiere al método ecofeminista de contextualización que mantiene la relevancia de atender a lo concreto. Ya me he referido a la propuesta de Karen Warren de entender la narrativa en primera persona como algo valioso para la ética. Desde aquí, hablar de lo que soy adquiere un significado especial. Además, aparece como un acto de honestidad. No quiero engañar a nadie —tampoco podría, aunque quisiera—, por lo que más vale empezar con una rápida descripción para entender hasta cierto punto lo que va a aparecer en estas páginas: soy mujer, blanca, occidental, con estudios superiores, profesora titular de Filosofía Moral y Política en la Universidad de Valladolid, en España. Actualmente, no tengo problemas económicos ni problemas serios de salud, tengo una familia que me quiere y que me cuida, tengo una red de amistades tan fuerte que es capaz de sostenerme en cualquier caída. Me he propuesto traer a este libro los hilos que componen esta red, mis amigas y mis amigos, como una práctica de cuidados hacia quienes me cuidan. Añadir sus nombres y algunas de las cosas que me han aportado y me aportan es mi forma de cuidar y agradecer a través de la escritura. No podrán aparecer todas (tampoco es cuestión de forzar los relatos), pero estarán. Como siempre están.

Soy, además, ecofeminista, defensora de los demás animales, ecologista, antimilitarista, antirracista, antifascista, anticapitalista y, en general, detesto cualquier forma de opresión, de supremacismo o de violencia, incluidas las que yo puedo llegar a cometer. Mi propuesta pretende ser universalista al tiempo que contextual. Sé que, en un mundo diverso, aspirar a la universalización es algo más que difícil. Pero hay aspiraciones que no puedo abandonar, a pesar de que se me acuse de pretender imponer un pensamiento único o de simplificar la realidad. No puedo abandonar el deseo de conseguir un mundo con la menor violencia posible. No puedo abandonarlo y no quiero abandonarlo. No voy a abandonarlo. Y con esta determinación es con la que empiezo a escribir. Partiendo de mi realidad situada, de mi experiencia vivida, de unos conocimientos adquiridos mientras que otros pasaban desapercibidos, de unas emociones muy concretas, aunque cambiantes, de una sensibilidad que me rompe y me alimenta. A partir de ahí reflexiono, por si alguien puede llegar a sentir mi abrazo o por si alguien puede notar un zarpazo necesario. Allá voy.

En el año 2011, asistí a mi primer congreso como comunicante. Era una joven de veinticinco años apasionadamente comprometida con la defensa de los demás animales y estaba enfrascada en el estudio de la ética animal, en lo que eran mis primeros pasos como doctoranda de Filosofía. Había llegado hasta ahí por una serie de casualidades y decisiones más o menos acertadas. Aunque el primer motivo fueron las emociones. Mi amor por la naturaleza y por los otros animales se remonta a mis primeros recuerdos de infancia. Igualmente, mi repulsa por la violencia contra débiles y vulnerables viene también de lejos, cuando me pegaba con los niños de clase que abusaban de un pequeño compañero huérfano que vivía en un centro tutelado. No digo que yo no haya cometido injusticias. Quién sabe si mi interés por la ética y por los y las vulnerables no ha sido, en parte, una forma de compensar las veces que me he portado mal...

Unos años más tarde, muchos de los recreos se limitaban a ser una repetición de defensa de los débiles, ejercicio de la violencia y salir escaldada. Uno de mis compañeros de clase fardaba habitualmente de ser pescador. Y yo, que desde muy pronto había integrado en mi ser moral que matar a alguien que quiere vivir no es precisamente lo más justo ni lo más virtuoso, rabiaba cada vez que nos contaba sus asesinatos en el río. Además, este niño tenía la *preciosa* costumbre de cazar lagartijas en el recreo, meterlas en el bote del yogur que se había tomado y dejarlas agonizar en los pegajosos restos hasta que tiraba sus cuerpos agonizantes o sin vida.

La historia que se repetía era la siguiente: alguna compañera llegaba a mí diciendo que ese pequeño sádico estaba cazando lagartijas. La ira me nublaba la razón y salía corriendo en su busca para ver si conseguía salvar a esas pobres desdichadas. Cuando lo alcanzaba, intentaba quitarle el bote y darle su merecido. Yo era bastante pequeña y mi violencia siempre se encontraba con una violencia mayor, así que ni salvaba a las lagartijas, ni disfrutaba de mis recreos, ni conseguía que ese tiparraco aprendiera que no hay que torturar ni acabar con la vida de quienes quieren vivir. Esos recreos acababan siempre conmigo llorando por haber recibido un golpe (o varios) y por haber tenido que contemplar cómo tiraba las lagartijas muertas o malheridas riéndose mientras me miraba. Con las lágrimas corriendo por mis mejillas, llegaba hasta la maestra, que me decía que no podía estar todo el día pegándome con los chicos.

Con el tiempo, cambié la violencia por la Ética para defender a quienes no tienen voz (y a quienes la tienen). El pacifismo me fascinó y encontré ideales hermosos en sus propuestas de acción no violenta. Actualmente, convivo con la incomodidad de desear la no violencia y tener que gestionar mis reacciones viscerales ante las injusticias. Trato, además, de resolver la tensión que me genera dudar de la eficacia de las acciones no violentas en un mundo en el que a los poderosos no les tiembla la mano al decidir emplear una violencia desatada. Vuelve mi corazón a Gaza, al Congo, a Sudán y a tantas otras partes del mundo... Y es que, cuando hablamos de supervivencia, tal vez las reflexiones tengan que ser distintas. No lo sé...

Dice Tom Regan que hay al menos tres maneras de adquirir la conciencia animalista. Por un lado, están aquellas personas que, desde la infancia, poseen una empatía especial hacia los demás animales, sin haber recibido enseñanzas específicas sobre la necesidad de respetarlos. No han desarrollado complejos razonamientos morales, sino que, de forma innata, se comportan con ellos con respeto y lealtad, tratando de ayudarlos, por tener la convicción de que son individuos únicos con los que pueden entablar relaciones de amistad. Este grupo recibe el nombre de los «vincianos», en honor a Leonardo da Vinci, quien poseía un amor innato por los demás animales.[2] Aquí me pregunto si Regan no podría haber tomado el nombre de alguna de las numerosísimas mujeres que han demostrado sentimientos de afecto por los demás animales y los han defendido con contundencia. Resulta irónico que la mayoría de quienes se han preocupado por los demás animales a lo largo de la historia hayan sido mujeres y que quienes se lleven la fama sean los hombres.[3] Desde Mary Wollstonecraft hasta Olympe de Gouges;[4] desde Charlotte Perkins Gilman hasta Virginia Woolf; desde Harriet Beecher Stowe hasta Margaret Fuller; desde Frances Power Cobbe hasta Caroline Earle White; desde Elizabeth Stuart Phelps Ward hasta las hermanas Grimké; desde Frances Willard hasta Victoria Woodhull; desde Lucy Stone hasta Agnes Ryan;[5] desde Anna Kingsford hasta Vernon Lee; desde Elisabeth Blackwell hasta Lizzy Lind af Hageby;[6] desde Carol Adams hasta Josephine Donovan; desde Deane Curtin hasta Deborah Slicer; desde Marta Nussbaum hasta Priscilla Cohn; desde Marta Tafalla a Isabel Balza, Aimé Tapia, Catia Faria y tantas otras. Contamos, pues, con una larga historia de feministas preocupadas por la terrible violencia a la que son sometidos esos otros animales que, como los humanos, son capaces de experimentar sus propias vidas y de padecer miedo y dolor.[7]

Por otro lado, Regan se refiere a los «damasquinos», que son aquellas personas que, habiendo aceptado la idea dominante de la inferioridad de los demás animales con respecto a los humanos, cambian radicalmente esta concepción y pasan de la jerarquía a la empatía. Esto suele deberse a algún suceso traumático que les hace ver la vida de los demás animales de una manera distinta a la que se impone culturalmente. Así, por ejemplo, mi hermana comenzó a defender a los demás animales cuando, al ver un vídeo sobre una persona que tenía un toro como compañero de vida, entendió que ese toro no era diferente de su muy querido minino. No le resultó difícil ampliar esa reflexión al resto de los animales que son explotados y asesinados para ser reducidos a comida. Pero este tipo de reflexiones no siempre se mantienen en el tiempo. Cuando empecé a trabajar en la ética animal, obligué a mucha de mi gente a ver el documental *Terrícolas* (2005), dirigido por Shaun Monson. Todas quedaron profundamente impresionadas. Mi amiga Cristina me contó que dejó de comer carne durante unos días. El impacto de la visualización de la violencia no siempre permanece. Actúa la anestesia emocional y pasamos de la empatía a la apatía.[8]

Y, finalmente, estarían los «emplazados», el grupo más numeroso. Son aquellas personas que han ido convirtiéndose en defensoras de los derechos de los otros animales poco a poco, mediante meticulosas reflexiones. Regan sostiene que es menos relevante la forma en la que se hayan alcanzado las convicciones necesarias sobre los derechos de los demás animales que lo que se exige: «No queremos jaulas más grandes, sino jaulas vacías. Vincianos, damasquinos y, de lograr completar su camino, emplazados, todos llegan a la misma conclusión, aunque siguiendo caminos diferentes».[9] Aun así, considero que la narrativa en primera persona sigue aportando elementos interesantes para el tema. Las experiencias personales sobre cómo se toma conciencia de las injusticias permiten evidenciar que se puede pasar de una vida basada en la opresión a una vida centrada en el trabajo por la abolición de toda dominación. Nunca es tarde para el cambio.

Yo, claramente «vinciana» con un largo proceso de «emplazada» que se inició durante mi carrera, he experimentado las mayores satisfacciones cuando he conseguido llegar a alguien con mis argumentos (no ya con la violencia, como intentaba en la infancia) y he podido presenciar su conversión a «emplazado». Merece la pena transitar el minimundo que se abre cuando entiendes que es mejor y más hermoso respetar que someter.

Con alma «vinciana», llegué entusiasmada a la licenciatura de Filosofía después de haber abandonado con cierta tristeza la idea de estudiar Biología o Veterinaria. Allí, de la mano de Alicia Puleo, di con los temas que realmente me apasionaban: todo lo relacionado con la ética aplicada. Por fin, la teorización que tanto me seducía conectaba con el mundo real y se acercaba a las injusticias que me preocupaban. La violación de los derechos humanos, la discriminación de las mujeres y de otros individuos inferiorizados, los problemas relativos al final de la vida, el drama de la guerra, la devastación de la naturaleza... ¿Qué nos pasa a los seres humanos que la estamos liando siempre? Sé que, en algunos momentos, hago afirmaciones demasiado generalizadoras. Espero que se me permitan estas licencias literarias sin que se piense que mantengo que todos los humanos son responsables en la misma medida de las diferentes injusticias. Soy consciente de que no son todos los humanos, pero me pregunto si existe algún grupo humano en el que no se cometa, al menos, una injusticia o algún acto de violencia sistemática, ya sea con otros humanos, con los demás individuos de la biosfera o con los elementos abióticos que sustentan nuestra existencia. Si alguien sabe de un grupo humano completamente pacífico, por favor, que me lo haga saber. Hasta entonces, creo que puedo seguir hablando de «los humanos», aunque tengamos que incluir matices contextuales esenciales para constatar los distintos grados de responsabilidad e, incluso, de culpabilidad.

Me preocupa la deriva agresiva y discriminatoria de la conducta humana, pero, al mismo tiempo, me fascinan y emocionan los actos de resistencia, apoyo mutuo y solidaridad. (Los otros también me emocionan, pero en otra dirección). ¿De dónde sacan las fuerzas tantas personas para intentar acabar con las terribles situaciones que se analizan en la ética aplicada? Lo malo y lo bueno, lo justo y lo injusto. Dedicarse a estos temas, aunque sea desde la perspectiva teórica y no desde el campo de batalla, acarrea mucho sufrimiento. Hace poco, mi padre asistió conmigo a unas jornadas organizadas por mis compañeros de Estética y me dijo: «¿Por qué no te pasas a la Estética? Veo a esta gente más feliz que tú con los temas que tratas en la Filosofía Moral...». Razón no le falta. Pero es que, en este campo, se me abren muchas posibilidades para motivar y transformar y eso también me hace feliz.

De entre todos los temas de ética aplicada, primeramente, me centré en la ética animal. Esto no significa que las injusticias que afectan a los humanos me fueran indiferentes. Pronto avancé hacia el ecofeminismo, que aborda las diferentes clases de dominación de los individuos oprimidos y las interconexiones existentes entre ellas. Comento esto porque hay quienes piensan que preocuparse por los demás animales conlleva desatender las problemáticas humanas. ¡Nada más lejos de la realidad! Aunque volveré a esta cuestión de forma recurrente, quiero recordar aquí la soberana insensatez que plantea Peter Carruthers cuando afirma que, «[e]n realidad, mucha de la energía moral que se consume defendiendo a los animales se ha desviado de otros ámbitos. La compasión de quienes emprenden campañas en defensa de los animales ya no es moralmente admirable, precisamente porque se ha dejado que ese sentimiento vaya en detrimento del interés por cuestiones más importantes desde el punto de vista moral».[10] ¡Como si se pudieran separar las cuestiones como partes de una máquina! ¡Como si no hubiera una interrelación entre las diferentes problemáticas! ¡Como si no fuera posible preocuparse por los demás animales y también por las personas! ¡Como si ignorar a los otros animales supusiera de inmediato empezar a preocuparse por los humanos desfavorecidos! ¡Cuántas desfachateces en dos simples frases!

El caso es que empecé a «consumir mi energía moral» defendiendo a los demás animales y desviándola de otros ámbitos más importantes desde el punto de vista moral (¡ja!). Desgraciadamente, mi investigación no era moralmente admirable (y aquí insertaría un emoji de carita triste y luego, la carita sacando la lengua; supongo que también la cara que mira con suspicacia hacia un lado y la cara enfadada con diferentes símbolos tapándole la boca). ¿Por qué cometí una falta tan imperdonable? Pues porque me dio la gana. Al menos yo me estaba preocupando por algo... Porque aquí va un secreto: las personas que no malgastan su energía moral en proteger a los demás animales no son por ello necesariamente activistas comprometidas y combativas a favor de las personas. También existen personas (¿la mayoría?, no lo sé, pero demasiadas, en cualquier caso) que ignoran a unos y a otras. Al mismo tiempo, existen personas que se preocupan solo por las personas (o por algunas de ellas), otras que se preocupan por personas y por los demás animales, y me cuesta afirmar que quizás hay personas que solamente se preocupan por los demás animales. Al menos yo no conozco a ninguna. Conozco a quienes se centran en la defensa de los demás animales, pero, al mismo tiempo, se preocupan por la violencia en general, también por la que se comete contra las personas.

Como ya he señalado, mi amor y admiración por los demás animales se remonta a mi infancia. De niña, los paseos por el monte junto a mi hermana nos ponían demasiadas veces de frente a la maldad humana: demasiados galgos colgados de los árboles al final de la temporada de caza. Demasiados cartuchos regados por el campo. Demasiadas vidas arrebatadas. Así, unir el aprecio hacia los demás animales y el rechazo a la violencia contra ellos me llevó naturalmente a interesarme en especial por la ética animal. En mi trabajo de fin de carrera, analicé los planteamientos de Peter Singer y Tom Regan y dejé de comer animales. Entre el amor y el conocimiento, no había forma de seguir contribuyendo a esa masacre, por muy deliciosa que estuviera la carne de esos otros animales.

Hay dos anécdotas que quiero contar antes de empezar a desmenuzar los temas conceptuales. Vuelvo a mi congreso de 2011 del que he hablado antes. En él, una mesa de comunicaciones estaba centrada en temas de ética animal y se extendía por todo un día. Yo participaba en esa mesa. La dirección del congreso había organizado una comida para quienes asistíamos al encuentro. A pesar de contar con una mesa llena de investigaciones sobre el respeto hacia los demás animales, nada de lo que se sirvió en esa comida estaba libre de sufrimiento animal, así que el coordinador de la mesa, mi colega Oscar Horta, dijo: «¡Éxodo vegano!», y unas cuantas personas nos fuimos a comprar alimentos vegetales en una tienda y nos los comimos en un parque. Allí conocí a numerosas personas defensoras de los demás animales. Antes no era tan común encontrar gente comprometida con esta causa, así que, cuando conocías a alguien que tenía tus mismos principios, era realmente una alegría.

Por la noche, después de horas debatiendo sobre los mejores argumentos éticos para fundamentar el respeto hacia los demás animales, varias nos fuimos a cenar. En esa cena, un compañero relató la siguiente historia: él, además de interesarse por la teoría, era también activista. Había documentado varias veces lo que sucede en las granjas, detrás de esas paredes sin ventanas. Contó que, en una ocasión, se había unido a la tarea una chica que no había sido capaz de soportar el macabro espectáculo. Por lo visto, según entraron en la granja, la chica empezó a llorar y no paró hasta mucho tiempo después de haber salido de ella. Le desgarraba ver las condiciones en las que malvivían esos animales, condenados a un eterno sufrimiento hasta que fueran enviados al matadero.

El compañero no lo narró con compasión, sino con desagrado y reproche. Según él, la defensa de los demás animales no tenía nada que ver con la empatía. No era una cuestión de que te doliera ver esas vidas miserables. Era una cuestión de entender racionalmente que eso era una injusticia, que no se puede cosificar a un ser con capacidad de padecer dolor. Yo no dije nada, pues, al fin y al cabo, Singer y Regan mantenían eso mismo: que se trata de argumentar de acuerdo con principios en contra del dolor y de la explotación de los demás animales. No es un tema de emociones. Yo guardé silencio, pero me sentí incómoda con esa situación. A pesar de entender que, en la práctica, no es apropiado ponerse a llorar cuando estás realizando un trabajo secreto de documentación, con su allanamiento y todo, desde un punto de vista humano no soy capaz de comprender que te enfade la reacción emocional que, en realidad, deberían tener todas las personas que se enfrentan a la contemplación de ese infierno (todas menos los psicópatas).

Y mientras escribo esto, me viene a la mente que, cuando tenía ocho o nueve años, nuestro maestro nos contó que, años atrás, habían ido de visita del colegio a un matadero de Valladolid. Bonita manera de traumatizar al alumnado o de insensibilizarlo ante una violencia feroz, normalizando la matanza en lugar de educar en la compasión y de cuestionar el carnismo, esa ideología violenta e invisible que oculta —a través de «las tres "N" de la justificación»: normal, natural y necesario— que comer otros animales es una elección y que el gusto es algo culturalmente construido.[11]

Aunque es cierto que no se puede universalizar la opción vegana en todos los contextos,[12] también lo es que la alimentación es una construcción social, aunque el consumo de carne se presente como natural e inevitable.[13] Como recuerda Adams, el argumento de que algo es natural tiene sus riesgos. Las feministas lo sabemos: la subordinación de las mujeres se ha presentado como natural. Lo mismo sucede con el consumo de otros animales: se nos educa para aceptar que no hay alternativa. Y, con esa educación como base, se considera adecuado llevar a criaturas a visitar un matadero (emoji de mujer tapándose la cara, como diciendo «madre mía»). Me pasé el resto de la primaria con terror a que nos llevaran a visitarlo, como si de la excursión a una granja-escuela se tratara (que esto también tiene tela, como comentaré en el cuarto capítulo). Me imaginaba a mí misma enloquecida, llorando sin parar, sabiendo que la expresión de las emociones no está en absoluto bien vista y que me juzgarían y rechazarían por ser «demasiado sensible». Es decir, que me pasaría lo mismo que le estaba pasado a la chica que lloraba en la granja. Aquel hombre argumentaba firmemente que no hay que llorar ante las injusticias. Lo que hay que hacer es entenderlas y refutarlas con argumentos. Su compañera de allanamiento por la causa había cometido una falta demasiado grave. Sus llantos no eran racionales. Lloraba como una niña, como habría llorado yo si me hubieran obligado a visitar un matadero.

En ese activista y pensador, ¿dónde estaba la compasión? ¿Dónde estaban la comprensión y el cuidado de una compañera profundamente dañada por un espectáculo dantesco de violencia extrema? ¿De verdad habíamos llegado a aceptar que solo importan los argumentos y que las emociones no desempeñan ningún papel en el razonamiento moral? Esta anécdota es posterior a la que voy a contar a continuación y va un poco en la misma línea. Ambas me permiten explicar por qué empecé a entender que la ética del cuidado y el ecofeminismo resultan esenciales como ideal, como utopía que seguir, como minimundo que habitar, como teoría que conocer y como fundamento para crear.

La otra anécdota es más breve y me da más vergüenza contarla. Como consecuencia del androcentrismo del que hablaré en un rato, mi primer acercamiento a la ética animal me llevó a los autores más conocidos internacionalmente. Los autores, no las autoras. ¡Y mira que hay mujeres trabajando sobre el tema, en la actualidad y en siglos pasados! El caso es que, aunque me entusiasmaba acercarme a la fundamentación de la defensa de los demás animales, había algo que me inquietaba en estos autores. Peter Singer sostiene que hay que guiarse por el principio de igual consideración de intereses y aceptar que «los intereses de cualquier ser afectado por una acción deben ser tenidos en cuenta y recibir la misma valoración que los intereses de cualquier otro ser».[14] Según este principio, los intereses de los animales, aunque solo sea el interés en no padecer dolor, deben ser atendidos y respetados. Por su parte, Regan mantiene que hay que conceder a los demás animales el derecho a ser tratados con respeto sobre la base de que son «sujetos-de-una-vida», es decir, sujetos «que se hallan en el mundo y son conscientes de él; que tienen experiencia placentera de algunas cosas, dolorosa de otras; que pueden ser asustados y confortados; que son capaces de comunicar sus deseos y sus preferencias, sus alegrías y sus penas, su reconocimiento de quienes les resultan familiares y su sospecha de los extraños; que [...] tienen *tanto* una presencia psicológica unitaria en el mundo *como* un bienestar experiencial a lo largo del tiempo [...]».[15]

Cuando yo leía estas reflexiones (las únicas que había leído hasta el momento), pensaba que les faltaba algo. Y creía que era yo la que había descubierto lo que les faltaba. Veía que, sin eso que *yo* había descubierto y que Singer y Regan no habían llegado a entender, las teorizaciones no serían realmente eficaces en el sentido de ofrecer una fundamentación completa y una propuesta capaz de conseguir un cambio real en el mundo. ¿Qué les faltaba? Claramente, lo mismo que el compañero de la anterior historia había despreciado: la compasión, la empatía, la capacidad de sentir con el Otro y de intentar que no le suceda lo que no quieres que te suceda a ti. ¡Pobre ingenua, yo que creía que a nadie más se le había ocurrido hablar de la importancia de las emociones en la ética animal!

Pero es que las emociones han tenido muy mala fama por ser algo relacionado con la feminidad infravalorada... ¿Qué va a ser más valorado, la niña que llora en un matadero o el activista pensador que *entiende* que no hay que dañar a quien puede padecer dolor? Singer y Regan mantenían ese androcentrismo que desprecia lo feminizado.[16] Yo quería recuperar ese elemento feminizado y rechazado porque no entendía un mundo en el que razón y emoción no fueran de la mano. Y así, de mis primeras investigaciones sobre ética animal androcéntrica, pasé al estudio de la teoría ecofeminista y de la ética del cuidado, que se presentaron como minimundos que me permitieron avanzar en direcciones más adecuadas para lo que yo sentía y pensaba. Y de eso quiero hablar aquí. Y, para ello, necesito reflexionar sobre el pensamiento jerárquico androantropocéntrico que tanto me molesta e indigna, porque las emociones están ahí y no podemos ignorarlas. Son la base de la motivación moral.[17] Por lo que mi sentimiento de desagrado o de rabia aparece como algo relevante para lo que voy a contar. Es lo que me mueve a actuar y lo que hace que integre los principios que defiendo. Y mi razón hace que canalice esos sentimientos en la escritura, en lugar de liberarlos en prácticas menos ecofeministas que a veces me apetecen más...

Como recuerda Val Plumwood, cuando, en el concepto de lo humano, priman las características mentales sobre las biológicas, ese término *humano* no es descriptivo, sino «un término evaluativo que expone un ideal: esto es lo que es esencial o lo que merece la pena en lo humano que excluye lo natural».[18] El ser humano se ha definido en oposición jerárquica a los demás animales, negando su propia animalidad y su carnalidad.[19] En esta concepción del ser humano, lo relevante es la capacidad racional, la libertad o la trascendencia.[20] Urge analizar críticamente esta conceptualización individualista y desconectada que se ha implantado, pues esta concepción de lo humano fundamenta posturas éticas y políticas de opresión.

Habrá que proponer, por tanto, nuevas definiciones que se adapten a la realidad de los seres humanos como individuos carnales y emocionales que forman parte de la red de interdependencia de la biosfera. Con esta idea, sería más difícil legitimar la explotación sin límites del mundo natural. Mucho nos queda por aprender de las sabidurías indígenas que entienden al resto de las especies como pueblos con los que relacionarse sobre la base de la reciprocidad y la gratitud, ya que son parte esencial del buen funcionamiento de la comunidad.[21] Las cosmovisiones más biocéntricas y el trabajo de tantas mujeres indígenas en defensa de la Tierra[22] pueden aportar mucho a nuestro paradigma androantropocéntrico opresor y suicida, ese que coloniza cada vez más otras culturas. En la «democracia de las especies», la humildad permite acercarse a las demás especies como maestras que nos enseñan[23] y no como seres inferiores a los que explotar.

La ética contribuye a orientar nuestras acciones en la dirección de una vida buena y justa. Recordando la extraña afirmación de Carruthers y atendiendo al mundo que habitamos y al que nos gustaría habitar, hay algunas preguntas que convendría plantearse: ¿qué preferimos: jerarquías opresivas o interrelaciones cuidadoras? ¿Ser individuos estrictamente racionales o aceptar también nuestra emocionalidad? ¿Seguir manteniendo un ideal arrogante y falso del ser humano que conduce a la justificación de la violencia y al colapso ambiental o recuperar un poco de humildad y permitirnos ser carnales, vulnerables, interdependientes y ecodependientes? ¿Alimentar el espíritu de la destrucción o fomentar el cuidado atento y respetuoso? ¿Qué queremos mantener? ¿Cuál será nuestra decisión?

Las hadas de FernGully habían entendido que, en la naturaleza, los diferentes individuos y componentes desempeñan un papel esencial. Los árboles, los hongos, los reptiles, los mamíferos, los ríos, la tierra, todos mantienen el equilibrio de «las fuerzas mágicas de la naturaleza». El apoyo mutuo triunfa sobre la competitividad y es un factor esencial en la evolución de las especies.[24] Así pues, ¿es mejor llevar a los niños y a las niñas a conocer el matadero o ponerles esa película que enseña el valor de la cooperación y del cuidado? Lo que decidamos de cara a la educación de la infancia será determinante en gran medida. Y tendremos que responsabilizarnos de esas elecciones libres que tomemos.[25] Si elegimos educar en el desprecio y en la opresión, luego no nos extrañemos cuando tengamos jóvenes fascistas apalizando a personas migrantes o pobres, cuando tengamos gobernantes que nieguen la violencia de género o cuando reventemos el planeta por comer la carne de los demás animales hasta reventarnos también.

Valores como la compasión, la no violencia o la solidaridad conducen a una forma de estar en el mundo más compatible con el bienestar y el florecimiento de los individuos, humanos y no humanos. Por tanto, no voy a dar demasiadas vueltas para afirmar una de las ideas esenciales que mantengo: creernos superiores al resto de los animales y del mundo natural, y defender que solo los humanos merecen consideración moral, es una visión arrogante, disfrazada de defensa de la dignidad. Además, es una visión irreal porque se aleja de los conocimientos de la biología y de la ecología. Y, para colmo, es una idea que, en la práctica, tiene consecuencias desastrosas tanto para quienes han quedado en el nivel inferior de la jerarquía —que, obviamente, se llevan la peor parte— como para quienes se han erigido en reyes de todo lo que existe.

Como sostiene Plumwood, el antropocentrismo es un problema moral, pero también epistémico, porque, al separarnos de la naturaleza para justificar su explotación, perdemos las habilidades para entendernos como lo que realmente somos: parte de ella.[26] El antropocentrismo, por tanto, se me presenta como esos momentos en la roca en los que ya no hay nada que hacer porque realmente no hay ninguna grieta en la que apoyarse. Cualquier movimiento que hagamos desde esta cosmovisión nos lleva necesariamente a caer. Y a caer sin cuerda de seguridad. No hay minimundo posible que permita ascender. La única opción es descender e iniciar el ascenso por otro camino. El antropocentrismo nunca puede ser la ruta. En el peor de los casos, mantendremos esa cosmovisión soberbia y suicida y, como si de escalada artificial se tratara, emplearemos utensilios que nos hagan creer que es posible seguir subiendo por esa dirección.

En la misma medida, el androcentrismo nos pone un freno en el ascenso a la cumbre de la paz y la igualdad. Es otra forma jerárquica de organizar la realidad, en este caso, no poniendo en la cima a los seres humanos, sino a los hombres (es decir, al hombre en tanto varón, no a ese pretendido genérico neutro que en teoría nombra a toda la humanidad). La historia del pensamiento es, entre otras lindezas, la historia de la infravaloración de las mujeres y de lo asociado a la feminidad. No quiero decir que todo lo que ha hecho la humanidad sea opresivo y violento. De hecho, las diversas prácticas altruistas y compasivas hacen que mantenga mi determinación de seguir trabajando por un mundo mejor.[27] Pero sí que me gustaría recordar que la única criatura que muchos teóricos y teóricas consideran merecedora de dignidad ha mantenido e intentado justificar innumerables dominaciones y jerarquías. El desprecio del Otro o la Otra ha sido, tristemente, una constante. Y, por desgracia, lo sigue siendo. Ha sido muy cómodo situarse en una «roca» de superiores e inferiores y establecerla como el único mundo posible, racional y deseable. Pues bien: no lo es. Es la «roca» en la que no hay posibilidad de ascenso, en la que no surgen opciones para subir.

Como he escrito en otro lugar: «La historia del patriarcado es la historia de los olvidos (o, más bien, de las omisiones interesadas): se ha olvidado a las mujeres, se ha olvidado su pertenencia a la humanidad, se ha olvidado su capacidad racional, se ha olvidado su papel en la evolución humana, se han olvidado sus vindicaciones, se ha olvidado su activismo incansable, se han olvidado sus trabajos esenciales para el mantenimiento de la vida, se ha olvidado la importancia vital de las virtudes asociadas a la feminidad. El androcentrismo condena a la invisibilidad a la mitad de la humanidad».[28] Por eso, yo solo conocía los planteamientos de los teóricos de la ética animal, y no los de las teóricas. Por culpa del androcentrismo, durante la carrera solamente me habían enseñado el pensamiento de los filósofos, y no el de las filósofas. Además, la universalización de lo masculino como lo humano sitúa a los hombres y a todo lo relacionado con la masculinidad como la medida de todas las cosas. Mediante este proceso, desaparece el mundo de las mujeres y las aportaciones de estas a la historia de la humanidad y del pensamiento.[29] Las mujeres han sido y son discriminadas, pero la humanidad en su conjunto resulta también perjudicada en este proceso de amputación. ¿Cuánto podríamos haber avanzado si se hubiera dejado a las mujeres estudiar, inventar, crear? ¿Cómo de completo sería nuestro conocimiento si no se ocultara ilegítimamente lo que han aportado las mujeres a todos los ámbitos de la cultura y de la praxis?

La devaluación androcéntrica de las virtudes del cuidado históricamente vinculadas con las mujeres y con el ámbito privado y la preponderancia de valores androcéntricos, como la competitividad o el distanciamiento emocional, impiden conseguir sociedades no violentas, igualitarias y sostenibles.[30] La jerarquía androcéntrica de los valores es realmente alarmante. También me parece preocupante —aunque no tanto— la defensa teórica de los cuidados por parte de ciertos hombres (pocos) que no han cuidado en su vida, sino que mantienen lo que Joan Tronto llama «irresponsabilidad privilegiada», ya que «las formas [de] la división del trabajo y los valores sociales permiten que haya quien pueda excusarse de no cargar con responsabilidades asistenciales básicas porque tiene otras obligaciones más importantes que atender».[31] Así, quedan muy bien al apartarse *algo* del androcentrismo, pero la coherencia entre la propuesta teórica y la conducta brilla por su ausencia.

En cualquier caso, lo común es mantener lo androcéntrico tanto en la teoría como en la práctica y correr hacia el abismo. Pues ¿acaso nos puede traer algo bueno ensalzar la falta de compasión y de cooperación, premiando la frialdad y la competitividad? Pues a unos pocos sí, aunque la mayoría sale claramente perjudicada. Por otro lado, de cara a crear alternativas a la sociedad patriarcal neoliberal, racista, colonial y antropocéntrica, ¿es positiva la invisibilización de todos los trabajos solidarios de mujeres en favor de la igualdad, la paz y la sostenibilidad?* El androcentrismo, como el antropocentrismo, es una roca sin minimundos.

He abierto este capítulo con una cita de la *Política* de Aristóteles. En ella, se observa el pensamiento dualista jerárquico-valorativo en el que una de las partes de cada binarismo es considerada superior a la otra.[32] Hombre-mujer, razón-emoción, cultura-naturaleza, humano-animal, mente-cuerpo, civilizado-primitivo, amo-esclavo, producción-reproducción, sujeto-objeto son solo algunos ejemplos de los pares de opuestos que han ayudado a fundamentar ontologías diferenciadas que han servido de base a propuestas éticas y políticas de opresión.[33] En este fragmento de Aristóteles, vemos que la mente es superior al cuerpo y es, además, lo que define al hombre, mientras que las mujeres y los esclavos son reducidos a corporalidad. De esta forma, son naturalmente súbditos de quien posee la inteligencia.

* Así, por ejemplo, en los años ochenta, asistimos a una gran diversidad de actos ecofeministas: «El grupo de Nottingham Women Oppose The Nuclear Threat en los comienzos de los ochenta, la Marcha por la Paz de las mujeres nórdicas en 1982, la creación del campamento pacifista de mujeres en la base de Greenham Common en 1981 son sus acciones más visibles» (Agra, 1998: 5). Algunas de estas luchas unieron, además, la defensa de los demás animales. Así, en el campamento pacifista de mujeres de Greenham Common, organizado en contra de las bases de armas nucleares, encontramos el subcampamento Turquoise, que «se desmarcó por su cocina rigurosamente vegana» (Perales, 2022: 53).

Así, se determina la inferioridad del cuerpo y de ciertos humanos (mujeres y esclavos) que serán sometidos a diferentes tipos de opresión por el amo natural. Ya me he referido a cómo se ha desarrollado un concepto de lo humano como separado de lo natural. La vinculación de la materialidad, la corporalidad y la animalidad a las mujeres y a las personas racializadas ha conducido a una negación de estas cualidades como cualidades también humanas.[34] Así, se crean conceptos distorsionados y amputados. Estas son las maravillas de la realidad que surgen cuando se combinan unas cucharadas de antropocentrismo con otras tantas de androcentrismo y racismo. Espolvorea con supremacismo y ya tienes un delicioso plato para envenenarte y envenenar al personal.

En mis estudios de bachillerato, mi profesor de Filosofía —que paró una clase para preguntarme totalmente asombrado si yo llevaba un imperdible en la oreja (lo llevaba, para horror del docente)— me pidió mi opinión sobre estos planteamientos de Aristóteles o de Platón cuando, en el *Timeo*, mantiene que el hombre que comete algún delito se transforma en mujer en el segundo nacimiento y en animal si continúa siendo malo. Quería saber qué me parecían estas ideas de inferioridad de las mujeres (y de los demás animales, ya de paso). Mi respuesta de adolescente fue que me sorprendía que personas tan inteligentes pudieran mantener posturas tan idiotas. Lo que obtuve fue la típica respuesta que siguen recibiendo mis estudiantes en algunas asignaturas: «En esa época, no se podía pensar de otra forma. No puedes juzgar el pensamiento de otros siglos con criterios del siglo XXI» (bueno, era el siglo XX cuando mi profesor me preguntó). ¡Ja! Como si solo en los siglos XX y XXI se hubieran desarrollado críticas a los sistemas de opresión. Como si, hasta llegar a nuestros días, solo hubiera habido un pensamiento único, y más en la filosofía... ¡Cómo le gusta al sistema robarnos el conocimiento real para que no sepamos que, en todas las épocas, ha habido pensamiento alternativo y revolucionario!

En estos casos (y en tantos otros), vemos que las mujeres han sido asociadas con el cuerpo. También van a aparecer vinculadas a las emociones y privadas de la capacidad racional específica del ser humano. Ya de paso, han sido entendidas como primitivas, pura inmanencia, las encargadas de la reproducción de la vida, objetos del deseo y del placer de los hombres y, ¡cómo no!, individuos más naturales que culturales, más cerca de la animalidad que de la humanidad. Señores, la jerarquía está servida y pueden degustar toda una variedad de justificaciones de la marginación, la invisibilización, la explotación y la dominación del «bello sexo», esos «varones incompletos» que son las mujeres. No hablemos ya del ocultamiento y de la opresión de las mujeres racializadas, de las mujeres migrantes, de las mujeres pobres, de las mujeres con discapacidad, de las mujeres indígenas o de las mujeres trans.

Con este menú degustación, empiezan a conectar y actuar las diversas jerarquías. Según la jerarquía antropocéntrica, los demás animales son inferiores al animal humano. Y, según la jerarquía patriarcal, las mujeres son animalejos emocionales sin capacidad racional.* Las mujeres blancas son entendidas como animales domésticos y las mujeres negras, como animales salvajes.[35] Si los otros animales —salvajes y domesticados— son inferiores y las mujeres son animales, entonces las mujeres son criaturas inferiores. Al mismo tiempo, si las mujeres son inferiores y lo que las define es la emocionalidad, la corporalidad y la animalidad, entonces las emociones, el cuerpo y los animales estarán por debajo de la razón, la mente y la humanidad. Si la carnalidad, la emocionalidad y la vulnerabilidad son algo femenino e inferior, entonces el ser humano (rey de la creación) tiene que ser esencialmente intelectual, racional y autosuficiente. Pero, si el ideal del ser humano excluye las características feminizadas y las mujeres solo poseen esos rasgos, entonces las mujeres no son seres humanos (no digamos ya las «razas primitivas» tan distintas del humano blanco; y no digamos las mujeres de esas «razas inferiores»...). Así, se va conectando todo en estas deliciosas viandas, que culminan en el postre de la violencia salvaje y de su justificación. Bueno, la justificación

* Un par de ejemplos de la animalización de las mujeres en parte del pensamiento filosófico: en la *Antropología en sentido pragmático*, Kant afirma que: «La mujer es entonces un animal doméstico» (ApH, Ak. VII 304, en Roldán, 2013: 194). También Pierre-Joseph Proudhon escribe, en *La pornocracia o la mujer en nuestros tiempos*, que «la mujer es un bello animal, pero un animal» (Proudhon, en Le Bras-Chopard, 2003: 237).

es más bien el mantel sobre el que se posa todo. ¡Vaya empacho de soberbia!

Y luego viene Carruthers (~~me tienta poner «el Carruthers»~~) y nos dice que, si nos preocupamos por lo que les pasa a los demás animales, estamos cometiendo la terrible falta de consumir nuestra energía moral en temas menos importantes (que los temas humanos, se entiende). ¡Como si no estuviera todo conectado en la fundamentación y en la práctica! ¡Y como si no tuviéramos energías morales suficientes como para criticar todas las violencias! En esta misma línea, hay otro simpático (a este ya ni le nombro) que se sube al tren carruthersiano y nos intenta hacer creer que elevar la relevancia moral de los demás animales para que sean tratados como esperamos que se trate a los humanos (es decir, con respeto) degrada necesariamente la condición de los humanos («de los hombres», en su terminología).

Tal vez soy demasiado idealista y por eso me cuesta entender que haya gente que no vea que es más bien al revés: que la degradación de los demás animales ha servido para degradar a los individuos humanos cuya pertenencia a la humanidad ha molestado y ha sido, por tanto, negada;[36] que la inferiorización de los otros animales perjudica también a los humanos y que se puede desarrollar una defensa del respeto para unos y otros sin mayores conflictos. Solo una mente atormentada (no sé con qué tipo de tormentos) puede pensar que una defensa de la no violencia en nuestro trato con los demás animales nos lleva a la violencia en nuestro trato con los humanos. ¿De verdad no vemos que la no violencia alimenta la no violencia y que conductas de no violencia generan hábitos de no violencia? ¿De verdad no entendemos que los hábitos de no violencia tienden a generar, por repetición, un carácter de no violencia? ¿Y un carácter de no violencia no es un ideal virtuoso necesario en sociedades que pretenden ser pacíficas? ¿No somos capaces de defender los derechos humanos (como yo misma defiendo firmemente, aunque también «consuma mi energía moral» en temas menos importantes) sin el supremacismo humano? Como bien argumenta Will Kymlicka (2018), defender los derechos humanos despreciando a los demás animales es filosóficamente sospechoso y políticamente autodestructivo.

Total, que tenemos un menú compuesto por animalización de las mujeres, feminización e inferiorización de los demás animales, cosificación de las mujeres y de los demás animales, mayor animalización de las mujeres racializadas y/o con discapacidad,[37] desprecio por la naturaleza, feminización de las emociones, ensalzamiento de lo racional* y de valores relacionados con el ámbito público y con la masculinidad (competitividad, abstracción, descontextualización, racionalización, imposición, distanciamiento emocional...). Es decir, antropocentrismo y androcentrismo están claramente interconectados[38] en un menú que necesariamente se nos va a atragantar (a unos más que a otros, a unos más que a otras, a unas más que a otros, a unas más que a otras, claro).

Además, tenemos algún aperitivo de extrañas ideas de lo malo malísimo que es preocuparse por los otros animales. Sin embargo, la crítica a la explotación animal va de la mano de una reflexión sobre la posibilidad de una convivencia humana que no esté basada en posturas supremacistas, en sadismo y en violencia. ¿Es esto posible? Pues puede que no, pero ¿por qué no intentarlo? Sobre las posibilidades de implementar ideales utópicos, me interesa la idea de Adela Cortina, cuando señala que «tampoco es verdad que un mundo basado en la confianza sea un cuento de moralistas estúpidos, sino una posibilidad abierta que deberíamos explorar, entre otras muchas cosas, para que nuestro mundo sea más económico en dolor evitable y también en dinero».[39] Basándome en la idea misma de que lo optimista puede ser también real, planteo que no es peligroso ni improcedente examinar la viabilidad de un mundo que rechace las violencias contra individuos inocentes y vulnerables, sean o no miembros de nuestra especie. Hace unos años, planteé el siguiente experimento mental:

> Propongo imaginar tres escenarios posibles [...]. [En el] primero, nos encontramos en un estado de emergencia climática en el que la explotación ilimitada de los animales convive con múltiples

* Afortunadamente, no toda la filosofía ha despreciado las emociones. Aristóteles, Spinoza o Hume son ejemplos de pensadores que entendieron su importancia.

opresiones de seres humanos por razón de sexo, raza, orientación sexual, etc. El segundo escenario es una sociedad en la que se ha entendido nuestra dependencia de la naturaleza y, por tanto, se respeta el entorno natural. Se ha alcanzado, al mismo tiempo, la igualdad entre todos los seres humanos. Sin embargo, se mantienen la tortura, la privación de libertad y el asesinato de miles de millones de animales que sufren cada segundo de sus vidas. En el tercer escenario, las personas nos consideramos iguales, interdependientes y ecodependientes. Nos respetamos entre nosotras y protegemos la naturaleza. Y, además, hemos dejado de torturar, encarcelar y asesinar a los animales. Convivimos con ellos y respetamos su vida. Hemos dejado de entenderlos como recursos a nuestra disposición. Con humildad, los vemos como iguales en los aspectos moralmente relevantes. ¿Cuál de esos tres escenarios representa el mundo más deseable? ¿Cuál encaja más con una cultura de paz? Contestemos estas preguntas con honestidad y empatía.[40]

Sigo convencida de que el tercer escenario sería más deseable que aquel en el que se hubiera logrado la paz, la justicia, la libertad y la igualdad entre todos los seres humanos (¡qué imagen tan preciosa!), pero se mantuviera la explotación del resto de los animales. ¿Cómo construir paz si hay violencia en los cimientos de esa construcción? ¿Cómo construir igualdad si se desprecian los valores humanos asociados a la feminidad? ¿Cómo conseguir coherencia si, por un lado, alabamos la armonía y la compasión, pero, por otro, mantenemos todo lo contrario en nuestra relación con quienes no pueden hacer oír su voz? Además, no hay posibilidad real de implementar el segundo escenario, pues el complejo industrial animal[41] destroza necesariamente la naturaleza. En concreto, la ganadería —práctica basada en la cosificación, la instrumentalización y la violencia contra los animales que son explotados y reducidos a carne— es esencialmente insostenible,[42] más en un mundo con superpoblación humana.[43]

La otra cita con la que empiezo el capítulo está extraída de *El segundo sexo* (1949) de Simone de Beauvoir. Celia Amorós ha planteado que Beauvoir pertenece a lo que denomina el «ciclo del hambre del feminismo».* Desde el siglo XVII hasta los años sesenta y setenta del siglo XX, pensadores y pensadoras feministas «tienen hambre de justicia», de que las mujeres sean incluidas en las categorías universales de la modernidad: sujeto, igualdad, derechos, ciudadanía. Las mujeres habían sido excluidas de esas categorías universales, en un claro acto de injusticia.[44] Se reivindica, por tanto, que las mujeres puedan participar en lo valioso de la humanidad. Beauvoir lo señala claramente en ese fragmento y en el conjunto de su obra: las actividades humanas valiosas son aquellas en las que se demuestra que el valor supremo no es la mera existencia, sino la libertad. En este sentido, poner en juego la propia vida es el mayor acto de ensalzamiento de ese valor supremo. En la guerra y en la caza, el hombre realiza al máximo su humanidad, trasciende la mera existencia y se realiza como proyecto libre. Excluir a las mujeres de estas actividades es un acto de opresión, por cuanto no se les permite trascender su situación y realizarse como sujetos libres.

Dado que, según Beauvoir, el valor está en la guerra y en la caza y ambas son actividades en las que solo participan hombres, «en la humanidad la superioridad no la tiene el sexo que engendra, sino el que mata».[45] Su propuesta de liberación feminista pasa por el acceso de las mujeres a esas actividades supuestamente valiosas y a todos los proyectos que libremente se propongan. La vindicación feminista en el ciclo del hambre propone que las mujeres pasen a ser incluidas en lo genéricamente humano, que formen parte de la individuación, que sean sujetas de derechos, ciudadanas plenas. Las mujeres feministas quieren formar parte de la humanidad, no quieren ser naturaleza, no quieren ser animales: quieren ser seres humanos plenos.

En el siguiente momento —lo que Amorós llama el «ciclo del olfato»—, el feminismo es más puntilloso. Empieza a olerse los sesgos de género. Ya no se conforma con que las mujeres pasen a for-

* Estupenda explicación en <https://www.youtube.com/watch?v=v_xOnIGkTQ8ç>. Conferencia impartida por Celia Amorós con motivo del vigésimo aniversario del Curso de Teoría Feminista de la Universidad Complutense de Madrid, en 2011.

mar parte de lo valioso de la humanidad, sino que se pregunta si eso valioso de la humanidad es valioso en sí mismo o si se le ha otorgado valor porque es lo que han hecho los hombres históricamente. Acertadamente se pregunta Amorós: ¿Lo genéricamente humano tiene un subtexto masculino, varonil? ¿Por qué lo valioso es la actividad de la guerra? ¿Por qué el prestigio está ahí? ¿Es una actividad prestigiosa porque encarna lo genéricamente humano o es al revés, es decir, que los hombres han convertido estas actividades en prestigiosas porque ellos han usurpado esas actividades y lo genéricamente humano?

Gracias a su posesión del poder, los hombres han establecido como valiosas las actividades que han realizado. No es que haya algo intrínsecamente valioso en ellas como actividades humanas superiores. Por lo tanto, ya no serán el objetivo por lograr, ya no serán lo genéricamente humano, sino que ahora el feminismo aspira a una redefinición de lo genéricamente humano. En esta redefinición, se *desfeminizan* los valores y las actividades feminizadas. Los cuidados y las tareas de reproducción de la vida que Beauvoir había considerado mera inmanencia y repetición de la existencia pasan a ser entendidos como genéricamente humanos y, por lo tanto, como algo que tiene que realizarse con independencia del sexo de la persona que lo lleva a cabo. Los hombres pueden cuidar tanto y tan bien como las mujeres. Todo lo que se había asociado con las mujeres y que había sido, en consecuencia, devaluado pasa a entenderse como algo digno de consideración. No es de extrañar que la ética del cuidado surja en esta época, como veremos en el siguiente apartado.

En una clase titulada «Mujeres, naturaleza y animales: propuestas ecofeministas para un mundo no violento», que impartí en 2021 en un centro de profesorado de enseñanza secundaria, critiqué el androcentrismo de los planteamientos de Beauvoir, añadiendo la crítica ecofeminista a la guerra y a la caza de pensadoras como Petra Kelly, Carol Adams o Andrée Collard. En la encuesta de evaluación que realizaron quienes asistieron, una persona parecía que se había sentido muy ofendida con esta crítica (que, por otro lado, ya le había hecho Amorós, entre otras). Lo que más me fascinó de la evaluación de esta persona anónima es que, después de señalar que mi revisión de los postulados de Beauvoir estaba sesgada (como si existieran análisis puros sin ningún sesgo...), escribía en letras mayúsculas que yo tenía poca formación feminista. No es que niegue que me falte formación. Como es obvio, el conocimiento es tan amplio que no podemos abarcarlo todo. Lo que me sorprende es que se gritara que tengo poca formación precisamente en uno de los ámbitos del conocimiento en los que me he especializado. Entonces, ¿qué se podría decir de mí en los demás ámbitos? Claramente, que soy una ignorante total (cosa que en realidad soy y no me avergüenza aceptarlo; lo que me avergonzaría es no ser consciente de ello y no hacer nada para mitigarlo en la medida de mis posibilidades).

Lo que estaba pasando en esta evaluación es que se estaba desatando la reactancia de una feminista que se sentía atacada por que yo conectara la causa a favor de las mujeres con la causa a favor del mundo no humano y de los demás animales. ¿Por qué se enfadaba tanto esta persona anónima? ¿Visibilizar las conexiones entre patriarcado, androcentrismo y antropocentrismo supone un riesgo para la causa feminista? Para esta persona parecía que sí, igual que para Carruthers parece que supone un riesgo para las causas humanitarias defender a los demás animales (venga, voy a dejar ya —de momento— a este pobre hombre, que bastante tiene con lo que tiene...). No es la única persona que se ha sentido en peligro ante este tipo de reflexiones. Un par de años antes, viví un suceso de reactancia y androcentrismo que me costó bastante más caro, emocional y económicamente (volveré a él en el cuarto capítulo).

El caso es que la crítica al androcentrismo, si es una crítica radical, implica necesariamente la crítica a la imposición de los valores androcéntricos (parece lógico...). ¿Y qué valores más androcéntricos que los que se mantienen en la guerra o en la caza? Individuos que se imponen a otros por la fuerza, que glorifican la violencia, que se distancian de los feminizados sentimientos de compasión. ¿Qué mundo se puede construir con esos valores? ¿Un mundo pacífico e igualitario, tal vez? ¿De verdad somos tan ingenuas? Mi admirada Petra Kelly afirmaba algo que me hizo llorar la primera vez que lo leí, allá por el 2010:

> Durante siglos, se nos ha dejado fuera del poder en las sociedades dominadas por los hombres. No deberíamos ahora permitir ser cínicamente manipuladas por hombres que desean explotar nuestras legítimas necesidades y aspiraciones, concediéndonos poder según sus criterios para servir a sus propios fines. Debemos trabajar por fines consecuentes con los valores feministas. No debería haber ninguna mujer en el ejército. Saquemos de allí a los hombres.[46]

Desde luego, los valores feministas no pueden incluir el sometimiento y la destrucción del Otro, ni una educación que destroza la compasión de los niños y de los hombres.

Acudamos a las palabras de Tilling en la novela pacifista *¡Abajo las armas!*, de Bertha von Suttner, que, en 1889, criticaba la socialización patriarcal que conducía al deterioro de la sensibilidad en los hombres y al rechazo de su fragilidad, más aún en el ejército:

> A los hombres nos está prohibido sentir ese terror; a nosotros, a los hombres, se nos obliga a reducir al silencio la voz del instinto de conservación; a nosotros, a los soldados, se nos manda que seamos insensibles a la piedad, a la simpatía; se nos fuerza a acorazarnos contra el enternecimiento que no puede menos que producir en toda alma humana el pensamiento en las calamidades que la guerra va a desencadenar. Después del miedo, nada es tan censurable en un soldado como el sentimentalismo.[47]

Por eso es indispensable que «saquemos de allí a los hombres».

Y es que hay veces que nos estamos olvidando de que la crítica al androcentrismo es eso: entender que hay prácticas, profesiones, instituciones y tradiciones que son esencialmente violentas y que, entonces, no cuadran en la cima a la que pretendemos llegar con esta escalada a través de minimundos ecofeministas de cuidado y compasión. En lo genéricamente humano, no destaca la falta de empatía y la dominación (¿o sí?). Esto ha sido ensalzado por el pensamiento patriarcal androcéntrico. Apostar por desarrollar, potenciar y valorar los cuidados y todas las virtudes asociadas implica dar un paso feminista. Y si, además, se amplían los cuidados al mundo no humano, se da un paso ecofeminista más que necesario. En este camino, intentaremos relacionarnos desde la ternura también con los demás animales, también con las bestias, que, a su vez, despliegan la ternura en tantas ocasiones.

La ética del cuidado es una crítica al androcentrismo de la ética de la justicia. Partiendo de la constatación de nuestra vulnerabilidad e interdependencia, recupera todo eso que ha rechazado el pensamiento androcéntrico: la contextualización, el cuidado atento y afectuoso, los sentimientos compasivos, el amor y la no violencia. Se acerca al *otro concreto* «como un individuo con una constitución afectivo-emocional, una historia concreta, una identidad tanto colectiva como individual»;[48] como un individuo con una individualidad específica, con sus deseos y sus necesidades. Como afirma Seyla Benhabib: «Si el punto de vista del otro generalizado expresa la norma del respeto, el del otro concreto anticipa experiencias de altruismo y solidaridad».[49] La ética del cuidado amplía, pues, el ámbito de la ética. Y una ética del cuidado ecofeminista aplica los valores del cuidado, el altruismo y la solidaridad más allá de nuestra especie a los *otros concretos no humanos.* Además, a la vista de que «[e]l punto de vista del *otro generalizado* requiere que contemplemos a todos y cada uno de los individuos como seres que tienen los mismos derechos y deberes que deseamos adscribirnos a nosotros mismos»,[50] se defiende la inclusión del resto de la naturaleza en ese punto de vista generalizado. La ética del cuidado ecofeminista que defiendo parte de la convicción de que es posible socializar y educar a las personas más allá de los mandatos de género, del racismo, del supremacismo humano y del individualismo neoliberal egoísta y desconectado.

Cuando organizaba el esquema de este libro, planteaba ir pasando de las diferentes cuestiones que me interesan según avanzaran los capítulos, a modo de escalada por la roca en la que cada minimundo nos ofrece una lección o un conocimiento y nos va llevando a la cumbre, pero en la que todos los minimundos están aislados. Había decidido diseccionar las cosas. Pensaba empezar explicando la importancia de entender que somos seres naturales, que no tenemos un cuerpo separado de un alma al modo cartesiano, que somos esencialmente cuerpos animales que forman parte de la naturaleza, que eso nos convierte en vulnerables y que, de esa vulnerabilidad, se sigue la necesidad de los cuidados. Hablaría de que somos animales, pero no hablaría de los demás animales.

A partir de ahí planeaba analizar el surgimiento de la ética del cuidado como un paradigma ético que traspasa las fronteras del formalismo y de la universalización y que se acerca al individuo concreto, al contexto, al cuidado y al amor. En esta primera parte del desarrollo del tema, ese *otro concreto* por el que deberíamos preocuparnos desde un enfoque cercano y atento sería exclusivamente un individuo humano. Por ello, los pasos que pensaba dar iban desde el humano que es animal, vulnerable e interdependiente, al humano al que hay que atender precisamente por su vulnerabilidad y su interdependencia, al humano que también debe cuidar, al humano varón que tiene que asumir los trabajos feminizados del cuidado, al humano que debe entender su esencia relacional e interdependiente y plantear políticas sobre esta constatación, al humano que debe asumir su ecodependencia. Pero no pensaba mencionar a los otros animales para no herir sensibilidades (todavía).

Una vez fijadas estas bases, pretendía empezar a hablar de la importancia de cuidar de la naturaleza y, posteriormente, de la importancia del cuidado de esa parte de la naturaleza que son los demás animales (como si las personas no fuéramos animales...). El caso es que cada vez me parecía más artificial esta división. Lo visualicé como una escalera en la que, en cada peldaño, vamos tomando conciencia de una temática, en la que los demás animales no aparecen hasta que ya hemos dejado claro que lo importante es que el ser humano es «cuidable» por naturaleza[51] y que nos estamos preocupando fundamentalmente por esta criatura con dignidad. Sin embargo, cada vez lo veía más como un baile en el que cada tema baila con el otro y luego cambian de pareja y se genera una nueva conexión. En este baile, los otros animales entraban en escena antes de lo previsto. No podía ser de otra forma si entiendo que todo está interconectado. Un baile es algo más caótico que la ascensión por la escalera. Pero, como señalaba Petyr Baelish, *Meñique*, de *Juego de tronos*, el caos es una escalera.* Así que espero

* Temporada 3, episodio 6.

que, en ese caos, encontremos también la manera de ir subiendo, escalando, bailando, hasta el ideal que defiendo (pero no con la misma intención que tenía Meñique ni con el mismo significado de *ascender...*).

Vaya por delante que no entiendo una ética del cuidado sin el cuidado de todo lo natural que nos rodea y que este cuidado no es únicamente un medio para garantizar nuestro bienestar y nuestra supervivencia, sino que lo que nos rodea merece un cuidado por sí mismo. Además, la ética del cuidado ecofeminista puede reconectarnos con esas partes que hemos tendido a ocultar, a rechazar, a convertir en pecaminosas. El cuerpo, las emociones, la ternura, el contacto físico, el erotismo, nuestra propia animalidad...

Por eso, no es posible seguir el esquema que había planteado, sino que los diferentes temas aparecerán en todos los capítulos, aunque solo sea a modo de recordatorio. ¿Y qué es lo que quiero recordar? Que hemos aceptado una forma de ver el mundo que es terriblemente egoísta, destructiva y violenta, basada en planteamientos antropocéntricos y androcéntricos interconectados que son el actual «espíritu de la destrucción»; que el androantropocentrismo es una roca sin minimundos; que no podemos hablar de paz y cuidados si lo hacemos desde el trono en el que nos hemos sentado sin que haya habido unas elecciones para decidir democráticamente si merecemos efectivamente esa posición (claro que lo del trono y las elecciones democráticas, ejem...); que sin cuidados no hay vida, pero que todas las vidas merecen cuidados (o que las dejemos en paz); que no solo importan todas las vidas, sino también todos los elementos que conforman el precioso planeta que tenemos la suerte de habitar; y que hay que poner el cuidado en el centro, pero un cuidado de verdad, pues muchas veces se nos llena la boca de bonitas palabras sobre el cuidado y el amor que no tendrán repercusión en la realidad, porque en verdad no queremos que la tenga, porque solo queremos quedar bien en el discurso mientras reproducimos el horror en la práctica:

- ¡Ay! ¡Cuánto quiero y cuido a los animales que exploto y mato cuando ya no me son rentables! ¡Cuánto amor y cuánto cuidado!

- ¡Ay! ¡Cuánto quiero a mi mujer a la que maltrato! ¡Cuánto amor misógino!
- ¡Ay! ¡Cómo amo a mi país mientras permito que los servicios públicos sean destruidos y su ciudadanía, en consecuencia, profundamente perjudicada! ¡Cuánto amor patriótico!
- ¡Ay! ¡Cuánto me importa la familia humana mientras niego a quienes están del otro lado de mis fronteras los derechos fundamentales! ¡Cuánto amor humanista!
- ¡Ay! ¡Cuánto me importa la libertad mientras ignoro que no hay libertad sin igualdad! ¡Cuánta libertad, pero solo para los ricos!
- ¡Ay! ¡Cuánto protejo a las mujeres mientras legitimo prácticas de explotación sexual que siguen reduciéndolas a cuerpos al servicio de los hombres! ¡Cuánto cuidado del patriarcado disfrazado de defensa de las mujeres!
- ¡Ay! ¡Qué importantes son el autocuidado y la atención al cuerpo y a la salud mientras instauro la idea de que nuestra vida tiene que girar en torno al trabajo, sin dejar tiempo para el ocio, ni para el descanso, ni para la pereza ni para el ejercicio físico! ¡Cuánto autocuidado productivista!

Un último recordatorio: mantengamos la coherencia y la honestidad, por favor. Y tomemos conciencia de nuestra disonancia cognitiva y de la reactancia para poder abrirnos a la posibilidad de ser una mejor versión de lo que somos (este recordatorio es también para mí misma, que también tengo lo mío).

Ya acepté en la introducción que estoy enfadada y rabiosa y que los temas de los que estoy hablando me generan mucha indignación y dolor. Me cuesta demasiado seguir la estrategia de Petra Kelly de tratar con ternura incluso a las personas que se nos oponen.[52] Pero es que estoy profundamente de acuerdo con la respuesta de Greta Thunberg a las vomitivas críticas de Donald Trump cuando afirmó de ella que era una joven enfadada que necesitaba controlar su ira: «El mundo necesita muchas más jóvenes enojadas, especialmente con lo que está sucediendo con el genocidio del pueblo palestino». Y con tantas otras cosas por las que debemos sentirnos indignadas. No hay nada peor que la indiferencia. El mal triunfa cuando las personas buenas no hacen nada para impedirlo, tal y como apuntaba Edmund Burke.

Como señala Nick Cooney: «En lugar de reaccionar violentamente por instinto y condenar los aspectos más visibles de aquello a lo que nos oponemos, necesitamos contenernos y centrarnos en cómo podemos abordar el origen del problema».[53] Esto es una obligación si queremos transmitir nuestro mensaje de forma eficaz y lograr cambios. Voy a abordar el origen del problema, y prometo que intentaré no reaccionar demasiado violentamente (parece que algo queda de esa niña que se pegaba para proteger a las lagartijas). Aunque no dejaré de condenar los aspectos más visibles. Eso tengo que hacerlo, lo siento. Y es que me debato entre mi compromiso por cuidar a quien esté leyendo esto y mi compromiso por visibilizar las injusticias que quiero criticar. Por ello, cuando lleguemos a algo especialmente doloroso, avisaré para que quien sea especialmente sensible se salte esa parte. Está bien ser especialmente sensible. Esta será mi forma de cuidarte. Porque creo plenamente en los cuidados, porque la ética del cuidado puede darnos un gran impulso en la ascensión.

Más allá de la masculinidad y la feminidad: la ética del cuidado como minimundo que permite ascender

Mientras escribo estas líneas, mi gata duerme encima de mis piernas. A veces, si duerme muy profundamente, el gato aprovecha para tumbarse también sobre mí, en ese momento en el que ella no le va a echar a zarpazos. Si se despierta y ve que está él, se va refunfuñando y, entonces, él se adueña del espacio. Cuando tengo la suerte de que permanezcan los dos, la felicidad y la tranquilidad que siento son indescriptibles. En los momentos en que solo tengo a uno de ellos, este apoya la cabeza sobre mi mano izquierda y, según se va durmiendo, su cabecita empieza a pesar más. Es lugar común en quienes compartimos nuestras vidas con otros animales sobre la base del amor y los cuidados (los de verdad) el no querer movernos para no molestarlos cuando tenemos el privilegio de que se nos pongan encima. Pues así estoy escribiendo, con una cabeza que cada vez pesa más sobre mi mano. ¿Cómo voy a despertarla, con lo a gusto que está? Mi mano se va durmiendo y acabo escribiendo solo con la derecha, ralentizando la escritura. Después de todo, tampoco está mal bajar un poco la velocidad frenética de nuestras vidas. Los demás animales nos enseñan también eso. Ay, mi gata antiproductivista (emoji de carcajada).

Dependiendo de quién lea estas líneas, la reacción será una u otra. Si hay ternura hacia los demás animales y experiencias similares, probablemente haya sonreído mientras se traslada a los momentos en que ha podido vivir con los compañeros o compañeras peludos (o calvos) situaciones parecidas. Si hay androantropocentrismo rancio, seguramente se habrá pensado que ya está aquí otra loca de los gatos que trata a los animales como bebés. En estos casos de burla o incomprensión, parece que no hemos avanzado nada desde que, en el siglo XVIII, el cartesiano Cailleau criticara a las mujeres que malgastaban sentimientos y lágrimas por los animales domésticos, que, en su opinión, no eran más que autómatas.[54]

Efectivamente, malgastar sentimientos y lágrimas por esos seres tan inferiores a los humanos ha sido entendido —y, tristemente, continúa siéndolo— como debilidad femenina. Los hombres «de verdad» no se preocupan por estas bobadas. Los hombres «de verdad» no lloran, menos aún por animalejos. La identidad viril patriarcal está estrechamente relacionada con el ejercicio de la violencia.[55] Los hombres «de verdad» demuestran su verdadera masculinidad ejerciendo violencia contra las mujeres, contra los hombres «que no son de verdad» y contra los animales.[56] Y así, los gatos son uno de los animales domesticados más maltratados en nuestras sociedades occidentales (si no contamos, claro, a los animales explotados en el complejo industrial animal). Y la violencia contra los pequeños animales aparece como un caso paradigmático de socialización patriarcal.

Como muestra Núria Querol: «Los análisis estadísticos revelan una asociación significativa entre la frecuencia de crueldad hacia los animales en la infancia y el posterior comportamiento agresivo hacia humanos».[57] Se está probando que el maltrato animal «socializa» al agresor con la violencia y es un indicador de violencia contra las personas.[58] Es más, la violencia contra los otros animales se relaciona directamente con la violencia de género, pues numerosas mujeres maltratadas presencian y sufren altos grados de maltrato animal.[59] Frente a esta realidad de violencias, se encuentran quienes «consumen su energía moral» defendiendo a los demás animales. ¿Qué hacemos con quienes no queremos movernos para no despertarlos? ¿Qué hacemos con quienes preferimos cuidar antes que violentar? ¿Esos rasgos nos hacen menos aptas y deseables para sobrevivir en un mundo androantropocéntrico?

A la vista de lo que ha primado en este mundo —el ideal del guerrero y del cazador que establecen su identidad como superior y opuesta al mundo natural, mientras devalúan los lazos de parentesco y los vínculos emocionales—[60] parece que la respuesta tendría que ser afirmativa. Más aún si el sujeto es un varón. Los varones no pueden permitirse manifestar sentimientos relacionados con la empatía. Ya hemos visto que incluso defensores de los demás animales como Tom Regan o Peter Singer decidieron quitar importancia a las emociones en la argumentación a favor del respeto hacia esos Otros inferiorizados. Las emociones feminizadas como la empatía o la tristeza están prohibidas en los hombres y en los niños. Estos solo pueden manifestar emociones relacionadas con la ira o con la violencia.[61] Todo lo demás degradaría su masculinidad. ¡Ay, la masculinidad y la feminidad! ¡Qué lindos constructos para constreñir la libertad de las personas y para conseguir que los sujetos queden sujetos —valga la redundancia— a unas normas patriarcales muy concretas! Porque el patriarcado es, efectivamente, un sistema de dominación de los hombres sobre las mujeres que legitima la inferiorización de estas últimas y que se fundamenta en la violencia machista,[62] pero también limita el libre desarrollo de los machos humanos.

Como señala Gayle Rubin, mediante la represión de ciertas características de la personalidad, se suprimen las semejanzas naturales, que son notables a pesar de las diferencias, pues ambos sexos se asemejan entre sí más que «a montañas, canguros o palmas».[63] Así, el patriarcado, o sistema de sexo-género, que oprime específicamente a las mujeres, limita a ambos sexos en tanto que los obliga a desarrollar un tipo específico de carácter. Como afirma Rubin: «Nosotras no solamente estamos oprimidas *como* mujeres: estamos oprimidas por tener que *ser* mujeres, u hombres, según el caso».[64] La sociedad nos construye de una forma muy concreta y, además, margina y domina a la población construida como femenina. ¿No podríamos, mejor, dejar que la gente fuera lo que quiera ser, sin imposiciones de género (ni de otro tipo), con una coeducación basada en valores no androantropocéntricos?

Cuando surge la ética del cuidado en los años ochenta del siglo XX, lo hace visibilizando «la otra voz», la voz de las mujeres, ignorada, silenciada y devaluada. No es una voz que surge como consecuencia de una esencia femenina cuidadora, sino que se genera como resultado de las diferencias de posición social o de poder de los individuos en virtud del sexo en los marcos sociales en los que se inscriben.[65] Es decir, que en concordancia con el pensamiento feminista que germina en el siglo XVII, la ética del cuidado pone el foco en la socialización y en la educación diferencial de los individuos, que desembocan en distinciones que acaban naturalizándose. Por ello, antes de hablar del surgimiento y de las ideas centrales de la ética del cuidado, quiero comentar algunas cuestiones sobre esta socialización patriarcal, partiendo de las palabras de Kate Millett en *Política sexual* (1969), cuando recuerda que, «desde el punto de vista político, el hecho de que cada grupo sexual presente una personalidad y un campo de acción, restringidos pero complementarios, está supeditado a la diferencia de posición (basada en una división del poder) que existe entre ambos».[66]

En el patriarcado, se divide a las personas según su sexo biológico y se construye culturalmente a los individuos de acuerdo con una jerarquía de valor, lo que determina distinciones simbólicas y desigualdades sociales y políticas, y hace que las mujeres queden relegadas a la parte más baja como consecuencia de su asociación a la naturaleza y a la animalidad. Las mujeres han sido vinculadas con aquello que debe ser controlado, domesticado y superado.[67] La conceptualización de las mujeres como naturaleza ha supuesto su exclusión de la individualidad. Mientras que los hombres se han definido a sí mismos como los creadores de la cultura, como individuos diferenciados, han conceptualizado a las mujeres como un conjunto unitario.[68] A través de pactos interclasistas realizados en el ámbito de la política, se han situado en el espacio de los iguales, en el que ejercen el poder y desde el que dominan a las mujeres. Estas han sido situadas en el espacio de «las idénticas», donde «todo es anomía y reversibilidad».[69] Al final, con las mujeres, da igual una que otra.

Las relaciones sociales que establecen los hombres y que configuran el patriarcado crean interdependencia y solidaridad entre ellos y les otorgan la posición de dominadores de las mujeres.[70] Estas no pueden ejercer el poder y, además, se les niega la individualidad. Para el patriarcado no son iguales, son «idénticas».[71] Este concepto de *las idénticas* despliega su significado más crudo en la industria de la explotación sexual, donde las mujeres y las niñas esclavizadas aparecen a ojos de los hombres que las consumen como muñecas intercambiables sin individualidad, necesidades, deseos o personalidad. No son ni «otros concretos» ni «otros generalizados». Son simplemente «las Otras», «las idénticas». Por eso es esencial hablar de «industria de la explotación sexual»,[72] pues añade a la designación de «industria del sexo» de Sheila Jeffreys el matiz de que se trata una industria de explotación de las mujeres.[73] No es algo neutro sin connotaciones éticas, sino que es una práctica basada en la violencia y en la explotación salvaje. Y luego algunos intentan venderlo como solidaridad y cuidados con el típico «y, si no, ¿de qué van a vivir?». ¡Vaya! Resulta que les tenemos que dar las gracias por aportar algo de dinero a cambio de ejercer sobre ellas violencia sexual. ¿Vemos aquí la distorsión de los conceptos? Ojo con eso. Que, si de verdad te importa alguien, le ayudas desinteresadamente, no le obligas a aceptar tu cuerpo, tus agresiones, tus fluidos y tu aliento para que pueda, a duras penas, sobrevivir.

A la vista del concepto de *las idénticas* creado para definir la situación de las mujeres, me pregunto si podemos aplicarlo también a todos esos otros animales que son reducidos a objetos en las diferentes prácticas del complejo industrial animal. Ellos (y ellas) son reducidos a un conjunto indiferenciado, con lo cual se niega categóricamente la posibilidad de que cada sujeto sea entendido como un individuo concreto con sus propias experiencias y necesidades. Como vemos, hay demasiadas similitudes en la forma en que se conceptualiza y trata a las mujeres y la manera en la que se entiende y se violenta a los demás animales. Parte del feminismo ha sido consciente de esto desde los siglos XVIII y XIX. Tristemente, la otra parte ha ignorado e ignora completamente a esos *otros concretos* oprimidos, en la misma medida en que lo hacen tantos otros movimientos y teorías emancipatorias.

Utilizando el concepto sartreano de *Fraternidad-Terror,* Celia Amorós se refiere a los pactos patriarcales como «la necesidad de ser lo que libremente se ha querido ser bajo la amenaza de ser tratado por los propios hermanos como enemigo».[74] Los hombres constituyen la fratría,[75] el grupo de hermanos vinculados por juramento, en la que se reconocen como iguales, pero «en cada uno de sus miembros —sus soportes en última instancia— se concentr[a] la sospecha de todo el grupo: todos son sospechosos y (*sit venia verbo*) sospechantes a la vez. Cualquiera puede ser un "centro hemorrágico" que ponga en peligro la tensa e inestable consistencia del grupo, cualquiera puede ser traidor».[76] Para no ser traidores, los hombres tendrán que acatar las normas patriarcales propias de la masculinidad.

Mientras que las niñas son educadas para no ocupar espacio, para no hacer ruido, para cuidar, para gustar y para desarrollar unas emociones muy concretas, al tiempo que son obligadas a reprimir otras, como las relacionadas con la ira y el enfado; los niños tienen permitido el enfado e, incluso, el ejercicio de la violencia. En la fratría, «ser varón es asumir que la violencia es *ratio* y, a veces, *ultima ratio*».[77] Es más, se potencian y se premian la agresividad y la ira en determinados juegos y deportes.[78] Esto es lógico si se piensa que hay que preparar a los niños para que participen en el espacio que se ha reservado para los hombres, esto es, el espacio público, el espacio político, el espacio relacionado con el poder. Y cabe plantearse, tal como se lo plantea Virginia Woolf en *Un cuarto propio* (1929): «¿Es la ira [...] el demonio familiar que acompaña al poder? La gente rica, por ejemplo, se enfada a menudo ante la sospecha de que la gente pobre quiera arrebatarles su riqueza».[79] Como vamos a ver, también muchos hombres están enfadados ante la sospecha de que el trabajo del feminismo vaya a implicar la pérdida de sus privilegios masculinos. El cabreo, la ira y el resentimiento de numerosos hombres blancos es una constante en aquellos que se sienten víctimas del feminismo.[80] Esa ira se potencia desde la infancia en la masculinidad más rancia y agresiva.

Otra de las normas patriarcales es que los niños no deben demostrar vulnerabilidad. Un niño que llora es una niña y ser una niña es una cosa muy mala. Un niño sensible será sancionado por su grupo de iguales. Veíamos que, al final de la película *FernGully*, Zak se acerca a sus compañeros de trabajo y, mientras camina junto a ellos con los brazos sobre sus hombros, les dice que las cosas tienen que cambiar. Esta bonita escena es inusual dentro de la socialización patriarcal. ¿Por qué? Pues porque se va amputando a los niños las capacidades de amar, de desarrollar amistades profundas y de preocuparse por los otros.[81] Es raro que un hombre adulto abrace genuinamente a sus compañeros de trabajo y no se limite a mantener un contacto rápido con palmadas en la espalda. Es extraño que haya un contacto físico entre hombres con ternura y verdadera cercanía sin que surja la sospecha de la homosexualidad.

En *Deep secrets. Boys's friendship and the crisis of connection* (2011), Niobe Way realiza un estudio con cientos de niños y chicos de diferentes culturas y nacionalidades y comprueba que, en la infancia y en la primera adolescencia, las amistades masculinas son una parte esencial de sus vidas. Comparten entre sí sus secretos más profundos, sus pensamientos y sus sentimientos, y esa amistad basada en compartir es esencial para la salud psicológica, pues proporciona autoestima, validación y conexión. Sin embargo, como consecuencia de la imposición de los estereotipos de género, las habilidades sociales y emocionales se deterioran profundamente con el paso del tiempo. Como sostiene Way, con la introducción del concepto de *homosexual*, la expresión de las emociones entre hombres empezó a entenderse como una muestra de homosexualidad.[82] Los chicos empiezan a alejarse de sus verdaderas amistades para evitar ser catalogados de afeminados y homosexuales.

Las sanciones patriarcales y homófobas tienen consecuencias devastadoras. Numerosos jóvenes de distintos países coincidían en afirmar que las amistades íntimas con las que se comparten los problemas son esenciales para no caer en depresión o «para no volverse loco».[83] La pérdida de esas amistades es irreparable. Resultados similares se encuentran en *When boys become boys. Develop-*

ment, relationships, and masculinity (2014) de Judy Chu. Como comenta Carol Gilligan con respecto a estos estudios: «Los niños de preescolar que se expresaban tan bien y eran tan atentos, tan directos y tan auténticos en sus relaciones con sus compañeros y con ella [la investigadora Judy Chu] se convirtieron poco a poco en chicos que se expresaban con dificultad, poco atentos, forzados e indirectos en esas mismas relaciones».[84] Asimismo, «al final del bachillerato, como informa Way, la intimidad emocional y la vulnerabilidad tienen un sexo (femenino) y una sexualidad (homosexual). Ser un hombre significa estoicidad e independencia».[85] Apartarse del estereotipo de la masculinidad conlleva castigos diversos.

También las niñas serán sancionadas socialmente si transgreden el mandato del decoro propio de la feminidad: se pasa de ser niña (o mujer) a ser una marimacho. Las niñas aprenden a acallar su voz y sus conocimientos.[86] Hace algún tiempo, un antiguo alumno que llegó a ser amigo me dijo que le sorprendía que yo acatara tan firmemente algunas de las normas patriarcales que tanto criticaba en mis clases. Asombrada y triste, le dije:

> Algo he hecho mal en mi docencia, porque veo que no llegaste a entender de qué va realmente el patriarcado. Cuando explico que existe una socialización patriarcal profundamente eficaz, me refiero a que cala prácticamente en toda la población, incluso en las feministas. Todas las personas buscamos reconocimiento y aprobación y, por ello, en mayor o menor medida, acatamos las normas sociales. No digamos ya las normas patriarcales. Las sanciones que se sufren en caso de no acatarlas son realmente severas y hacen mella. Tuve una compañera del colegio a la que no le permitían depilarse las axilas en la primera adolescencia y, mientras todas habíamos podido deshacernos del primer vello corporal, ella lo mantenía, seguramente en contra de su voluntad. Las burlas, los insultos y las risas eran constantes. Era realmente aterrador. Sus jóvenes compañeros de clase,* con quie-

* Uno de los que más se burlaban era, «casualmente», el «asesino de las lagartijas». Había pasado su infancia ejerciendo diferentes grados de violencia contra reptiles y peces y, al llegar a la adolescencia, había empezado a aplicarla

nes llevaba años compartiendo la vida, sabían muy bien cómo debe ser una mujer: una mujer en la cultura patriarcal debe depilarse. Si transgrede esa regla, será castigada con mayor o menor contundencia. Hay que ser muy valiente para transgredir esos mandatos. Ser feminista y haber tomado conciencia de que esos mandatos existen no te otorga por defecto la valentía necesaria para transgredirlos. Pero al menos te permite entender por qué estás tomando las decisiones incómodas que creías que tomabas por libre elección. Al menos, ahora, sabes cuál es el componente patriarcal en tus elecciones y por qué sigues haciendo cosas que preferirías no hacer, como depilarte o aceptar ciertos comportamientos machistas por parte de algunos hombres.

Especialmente relevantes son estas palabras de Gilligan, que muestran el terrible impacto del patriarcado en las personas y en la democracia:

> Como orden vital basado en la edad y el sexo [...], el patriarcado es incompatible con la democracia, la cual se sustenta en la igualdad de la voz y en una presunción de equidad. Pero también se encuentra en conflicto con la misma naturaleza humana. En el patriarcado, al bifurcarse las cualidades humanas en «masculinas» o «femeninas», se producen cismas en la psique, pues se separa a todos los individuos de partes de sí mismos y se socavan sus capacidades humanas básicas.[87]

El patriarcado pone en riesgo nuestra supervivencia e imposibilita el florecimiento de las personas.[88] Y, a pesar de las fantasías de algunos, tristemente, siguen siendo demasiado ciertas las palabras de Rita Segato: «Por detrás del contrato igualitario transparece, vital, el sistema de estatus que ordena el mundo en géneros desiguales, así como en razas, minorías étnicas y naciones desiguales».[89]

---

a sus compañeras. ¡Qué sorpresa! Con razón, Núria Querol se pregunta si las violencias hacia los demás animales por menores son «cosas de niños» (Querol, 2008).

En 1991, Susan Faludi aludió, en su libro *Blacklash. The undeclared war against American women*, a la reacción, el retroceso o el contraataque que se produce como consecuencia de los avances del movimiento feminista.[90] ¡Ay, los «energúmenos» y sus «derechos agraviados»![91] En esta misma línea, Kathleen Barry habla de *defeminism*.[92] La sociedad patriarcal se rearma para evitar el avance hacia la consecución de los derechos de las mujeres, derechos plenos, incluido el derecho a una vida sin violencia en ninguno de sus ámbitos. Una de las tácticas es negar que exista desigualdad entre hombres y mujeres e inferiorización de estas últimas. El negacionismo patriarcal es realmente irritante. Se rechaza directamente que existan los elementos del sistema de sexo-género como los roles, los estereotipos, las normas o el estatus de género. Se cierran los ojos y entonces el problema no existe, como ese juego infantil en el que, si la criatura no te ve porque te has tapado con algo, es que no estás... «¡Cucú!». Pero, como en el juego, en cuanto quitas el velo, la realidad está ahí: «¡Tras!».

No quiero apartarme demasiado de la cuestión de la socialización patriarcal, que nos permitirá entender mejor la ética del cuidado, pero quiero aprovechar ahora para poner algún ejemplo de este *defeminism* que tanto dificulta el avance hacia la igualdad real y, en consecuencia, hacia la valoración de los cuidados. Durante las clases que impartí durante algunos años a personas jubiladas, un hombre mayor negó categóricamente que existiera tal socialización diferencial. Afirmó que nunca en su vida había escuchado el mandato ese de «no llores, hombre, no seas nenaza». Una mujer se sumó a esta afirmación. Lo más gracioso de todo (aparte de la descarada forma de mentir en público) es que ese señor asistía a mi clase por segundo año. Ya había cursado mi asignatura y se había vuelto a matricular, parece ser que solamente para llevarme la contraria. ¡Ay, la reactancia y las pocas ganas de renunciar a los privilegios que el patriarcado otorga a los hombres! ¡Ay, los «hombres blancos cabreados»!

En otra clase, volví a encontrarme con algo similar por parte de este señor. Yo había estado explicando lo que Carme Valls llama «desigualdad en salud»: las distintas oportunidades y recursos relacionados con la salud que tienen las personas en función de su clase social, género, territorio o etnia y que harán que los colectivos más desfavorecidos tengan peor salud.[93] En el caso concreto de las mujeres, resalté —basándome en los análisis de esta endocrinóloga y en los de otras especialistas— que la investigación médica, la docencia y la asistencia sanitaria se han basado en parámetros masculinos. Los libros de medicina hablaban de las enfermedades como si no tuvieran sexo. Es más, hasta finales del siglo XX, no se empezaron a estudiar las diferencias en las patologías de hombres y mujeres.

Como señala Valls, en la formación médica no se ha contemplado la posibilidad de que existan diferencias en el modo de enfermar de hombres y mujeres, ni el hecho de que los métodos de diagnosticar pueden ser diferentes o que las terapias y los fármacos pueden actuar de distinta forma según el sexo del paciente o la paciente. ¿Se nos ha ocurrido alguna vez pensar que los síntomas del infarto de miocardio son distintos en hombres y en mujeres? A las mujeres no solo les duele el pecho o el brazo, pero encontramos la representación de esta falsedad en películas y series. Como resulta obvio para alguien medianamente inteligente, esto cuesta vidas de mujeres, pues ellas serán erróneamente diagnosticadas y, casi seguro, ignoradas. Tras compartir con el alumnado estos conocimientos, el buen señor dijo con todo el desprecio y la ironía del mundo:

> ¡Vamos, que yo no sé cómo es posible que las mujeres hayan tenido mayor esperanza de vida que los hombres cuando son tan maltratadas por la medicina, cuando no se han estudiado en ellas las enfermedades y cuando se les han suministrado fármacos que solo han sido probados en hombres!

Indudablemente, tendemos a aferrarnos a nuestras convicciones, aunque la realidad nos esté gritando en la oreja que no tenemos razón. Y, en el caso concreto de las dos opresiones en las que me estoy centrando especialmente —la de las mujeres y la de los otros animales—, los prejuicios patriarcales y antropocéntricos se agarran al centro de nuestro ser como si fueran un tumor inoperable. Como lúcidamente ha señalado Concha Roldán: «El patriarcado vuelve y vuelve siempre con sus consignas, más o menos explícitas, pero siempre con una pregnante viscosidad, como un "Alien" que se resiste a ser aniquilado».[94] Además, «lo que es aún mucho peor, germinando dentro de nosotras/os mismas/os, colonizándonos y destruyéndonos desde dentro».[95] Lo mismo podemos afirmar del antropocentrismo, que brota una y otra vez incluso en personas que plantean propuestas que aspiran a presentarse como respetuosas con los demás animales.

El caso es que el patriarcado se rearma. Y conduce a sinsentidos tales como negar realidades probadas. Así, en el primer año en el que impartí estas clases con personas jubiladas, otro señor me dijo prácticamente que venía a clase a contarles cosas que me inventaba. En ese momento, yo estaba hablando del fenómeno de la feminización de la pobreza... Me dan ganas de llorar. Porque una cosa es el sano cuestionamiento y el debate y otra cosa es negar la ley de la gravedad o las leyes del movimiento de Newton. Y parece que, cuando hablamos de temas de feminismo, todo es cuestión de opinión y valen lo mismo los resultados de carreras de investigación de toda una vida que lo que cree un señor que, por ejemplo, se siente atacado porque le queremos quitar el derecho a prostituir a mujeres y niñas. Como no puede ser de otra forma, vuelvo a esta cuestión. Y es que el tema de la prostitución y de la pornografía es uno de los que más ampollas generan y uno en el que nos estamos jugando algo tan serio como que se perpetúen la misoginia y la erotización de la violencia contra las mujeres. Aquí, encontramos uno de los instrumentos de socialización patriarcal más eficaces, donde los niños y los jóvenes (y los adultos) aprenden a conformar su masculinidad entendida como superioridad sobre las mujeres.[96] Como en la guerra o en la ganadería, en la industria de la explotación sexual se amputan los valores de la ética del cuidado como la preocupación atenta, la no violencia o la compasión. Y, como cuando se habla en contra de la guerra o de la ganadería, cuando se critica la industria de la explotación sexual, se activan todos los mecanismos de la reactancia, de la disonancia cognitiva y de la anestesia emocional, y el negacionismo campa a sus anchas.

Así, en el mismo curso en el que un señor negaba que las mujeres sufrieran la pobreza en mayor medida que los hombres, otro desplegó su negacionismo reduciendo mis conocimientos a opinión. Como digo, el tema de la industria de la explotación sexual es un tema que les pica a muchos. Yo había estado explicando la teoría abolicionista de la prostitución desde posturas como las de Carole Pateman cuando recuerda que «el problema de la prostitución [...] aparece encapsulado en la cuestión de por qué los varones exigen que las mujeres vendan sus cuerpos como bienes en el mercado capitalista. La historia del contrato sexual [...] ofrece la respuesta: la prostitución es parte del ejercicio de la ley del derecho sexual masculino, uno de los modos en que los varones se aseguran el acceso al cuerpo de las mujeres».[97]

Había hecho referencia también a la idea de que «la prostitución es una escuela de desigualdad humana»,[98] afirmando, con Ana de Miguel, que «la prostitución de mujeres es para los hombres una escuela de egolatría y prepotencia y la negación de toda empatía, donde priman sus deseos y no importa en absoluto lo que vivan y sientan las mujeres prostituidas. Es una auténtica escuela para aprender e interiorizar las relaciones de desigualdad».[99] Estaba poniendo el foco en la causa fundamental de que exista un mercado en el que las mujeres y las niñas son reducidas a cuerpos para ser penetrados y violentados por hombres que se creen con el derecho de satisfacer todos sus deseos de ejercer violencia sexual. La causa fundamental no es otra que esos hombres que consumen mujeres como si fueran productos, hombres que violan «niñas y mujeres anestesiadas después de tanto *shock* y dolor».[100]

Después de compartir con la clase estas investigaciones, un señor un poco molesto quiso profundizar en el tema, planteando una pregunta que no recuerdo. Otro señor, que estaba sentado detrás de él, le dio unos toquecitos de complicidad en el hombro con el dorso de la mano, mientras le decía: «Bueno, es que esto es su opinión». En ese momento, quise decir lo siguiente:

> Debemos aprender a diferenciar ciencia de opinión. Compartir mis conocimientos sobre las teorizaciones y los estudios que se han desarrollado desde diferentes ramas de conocimiento como la ética aplicada, el derecho, la psicología o la sociología es trasla-

dar al alumnado la investigación científica sobre el tema que estamos tratando. Esto es ciencia, no es opinión, incluso aceptando que la ciencia está en continua evolución, que tiene también componentes subjetivos y que no podemos garantizar certezas absolutas. Ciencia es constatar que, en el actual sistema neoliberal globalizado, prostitución y trata de mujeres y niñas (también de niños) están íntimamente relacionadas, de forma que, a la vista de la inabarcable y creciente demanda de mujeres para consumir, no es posible mantener la primera sin la segunda. Opinión es decir que yo creo que los hombres que se ponen a la defensiva cuando se afirman estas realidades aplastantes sobre la prostitución es porque son puteros aterrados por que les vayan a quitar su reducto de poder y los campos de concentración en los que mujeres y niñas son violadas a cambio de un precio que parece que limpia la conciencia de quien está ejerciendo violencia sexual. Lo primero es ciencia, lo segundo es mi opinión. ¿Se ve la diferencia?

No respondí así. Tampoco dije que me parece realmente sospechoso que hombres que en su vida han movido un dedo por defender derechos de las mujeres como el de igual salario por igual trabajo o el de una vida libre de violencia se preocupen tanto por defender el derecho de las mujeres a prostituirse. ¿Hay aquí altruismo al apoyar la causa de esas mujeres que defienden su derecho a ejercer eso que llaman «trabajo sexual» o, en realidad, lo que hay es defensa de los propios intereses en que exista esa industria que les permite violar sin repercusiones legales ni morales? No planteé estas opiniones. Tampoco era cuestión de humillar. Ya he comentado que me seduce profundamente la propuesta de Kelly de actuar siempre desde la ternura. Pero he admitido igualmente que, aunque me parezca un ideal admirable y necesario, no soy capaz de implementarlo como desearía. He aprendido a sonreír y a contestar pacíficamente, pero no he llegado a conseguir ser tierna en esencia; tal vez solo lo he logrado en apariencia (que no es poco). El ideal de Kelly era «ser tierno y al mismo tiempo subversivo».[101] Admito que se me da mejor lo segundo que lo primero. Mantengo una ternura un tanto *bestia*.

Pero el caso es que no reaccioné así y lo que hice fue sonreír tiernamente y terminar la clase. En la siguiente clase, llevé todo mi arsenal (cómo odio el lenguaje bélico) de estudios y documentales sobre la prostitución, como el corto de Mabel Lozano *¡Escúchame!** o su explicación sobre *Biografía del cadáver de una mujer*,† su cortometraje ganador del premio Goya al mejor cortometraje documental (2021),‡ en el que se narra la historia de Yamilet Giraldo, mujer colombiana que vino a España con la promesa de un trabajo en una fábrica de seda en Irún. Sus sueños de una vida digna para ella y para sus hijos se vieron truncados cuando, al llegar a Pamplona, el proxeneta la recogió, la violó y la esclavizó en uno de sus clubes. Ella consiguió salir de esa esclavitud y, una vez rehecha su vida, denunció a ese proxeneta que, desde la cárcel, contrató a unos sicarios que dieron con ella a pesar de estar en un programa de protección de testigos. Fue asesinada a tiros frente a su hijo. Con esto, se mandaba un mensaje claro a todas las mujeres prostituidas: si te atreves a denunciar, habrá consecuencias. No puedes escapar.

Durante el inicio de esa clase, leí testimonios de mujeres en situación de prostitución, compartí diferentes investigaciones y reproduje bastante material audiovisual. Cuando terminó todo esto, dije:

> El otro día, cuando explicaba la postura abolicionista de la prostitución, uno de los compañeros de esta clase dijo que lo que yo estaba explicando no era más que mi opinión. Pues bien, no es mi opinión. Esta es la realidad macabra de la prostitución: violación de los derechos humanos básicos de las mujeres, torturas, esclavitud y asesinatos.

* Producido por Mafalda Entertainment, <https://www.youtube.com/watch?v=v8c-GsEDJYI>.

† Véase <https://www.youtube.com/watch?v=zstsWT5SFl4>.

‡ Recomiendo, asimismo, su corto *Ava* (2022), producido por Mafalda Entertainment, también galardonado con ese premio (en la edición de 2024), que narra la historia de una niña con discapacidad captada por internet y esclavizada sexualmente en un piso de Palencia. Según relata su madre: «Cuando la encontré, tenía un olor, que yo decía... Yo nunca he visto ni a los animales abandonados en la peor cuadra que te puedes imaginar».

No hubo más opiniones, solo silencio; el silencio de cuando se te cierran la garganta y el estómago porque no puedes digerir tal cantidad de violencia. Frente a esto, hasta la socialización patriarcal más interiorizada tiene que callar. Aunque no siempre calla. De hecho, no suele hacerlo. Aunque en este caso, lo hizo.

Algo parecido sucedió en el último curso, cuando empecé a explicar la ética deontológica, la utilitarista y la ética de la virtud. Como el tema de la industria de la explotación sexual es uno de los que más me preocupan, suelo utilizarlo como ejemplo. Yo estaba comentando que señalar que la prostitución es algo injusto porque atenta contra la dignidad de las mujeres y las niñas que son explotadas y utilizadas como meros medios y no como fines en sí mismos sería un argumento deontológico. Después, señalé que una reflexión propia de la ética de la virtud sería afirmar, por ejemplo, que los puteros, en tanto en cuanto imponen sus deseos sobre las necesidades básicas de las mujeres y de las niñas a las que violentan, demuestran tener un carácter egoísta carente de empatía, poco apto para un mundo igualitario y justo. En ese momento, un señor gruñó y dijo que no entendía por qué ponía ese ejemplo cuando la prostitución es algo residual propio de enfermos. Y añadió que parecía que yo estaba insinuando que todos los hombres son puteros. Mi respuesta:

> Primero, no es algo residual. La industria de la explotación sexual se encuentra entre las tres prácticas de economía criminal más extendidas y lucrativas en todo el mundo, junto con la droga y las armas. Segundo, no estoy insinuando nada y, obviamente, no puedo afirmar que todos los hombres sean puteros. Solo puedo mantener que los estudios realizados en España señalan que cuatro de cada diez hombres han consumido o consumen mujeres y niñas en situación de prostitución. No son todos, pero son casi la mitad.* Y la otra mitad tal vez debería estar criticando esta indus-

* A la vista de los datos sobre la demanda de mujeres y niñas en situación de prostitución, no es difícil topar con un putero y no saberlo. Como dice mi amiga Sandra, esto no es ni siquiera una cuestión de ética ni de estética. Es una cuestión matemática.

tria de esclavitud en lugar de enfadarse cuando se habla de ella. Afortunadamente, no todos los hombres acatan las normas patriarcales.

Y, como en la historia anterior, la siguiente clase la dediqué a que conocieran la historia de *El proxeneta*, en la que Mabel Lozano nos acerca a la narrativa en primera persona de un exproxeneta condenado por prostitución coactiva, en la que se detalla la realidad de un negocio basado en la esclavización de mujeres.[102] Nuevamente, me encontré con el silencio de unas ochenta personas que ya no podían negar la realidad. Después de esto, ya no les era tan fácil a algunos desplegar en público su *defeminism* y su negacionismo. Por la noche, recibí un *mail* de una mujer que me agradecía que sacara a la luz un tema que está tan oculto. Me decía que había sido para ella como recibir una bofetada en la cara «por haber pasado todos estos años de este tema como si conmigo no fuera, por mi pasividad, por mirar para otro lado, por omisión, por no haber hecho ni dicho nunca nada al respecto». Aprovechaba para desahogar todas las emociones que el tema le había generado. Comentaba que «esas mujeres viven una especie de durísima esclavitud con un sufrimiento monstruoso, sin que al parecer a nadie le importe, pese a vivir en Europa en pleno siglo XXI. Ni a la sociedad, ni a los políticos, ni a los jueces..., a nadie parece importarle»; y añadía: «Está claro para mí ahora que ninguna mujer tiene que estar esclavizada y sometida de esta manera; esto no puede existir, es una aberración de la que todos tendríamos que sentir vergüenza». Emocionada y agradecida, contesté: «Estimada...: le agradezco enormemente su mensaje. Muchas veces recibo un gran rechazo por parte de un sector del alumnado cuando expongo estas terribles realidades. Me alegra saber que también hay personas a las que, a pesar del dolor por enfrentarse a este infierno, les mueve y les conciencia sobre esta esclavitud del siglo XXI. Gracias por haberse tomado las molestias y el tiempo de trasladarme sus impresiones. Para mí es muy importante este *feedback*. Me hace sentir que mi trabajo sirve para algo. ¡¡Muchas gracias!!».

Y es que, a pesar del *defeminism*, a pesar de la reactancia y de las respuestas más o menos agresivas que tantas veces recibo, me quedo con esto tremendamente positivo. Me quedo con la satisfacción de saber que hay veces que consigo abrir un nuevo minimundo a alguna persona. He estado varios años impartiendo esas clases y no solo se volvían a matricular algunos señores que venían con la cara de «a ver qué nos va a decir esta niña y a ver cuánto podemos molestarla», sino que, durante estos años, he tenido a numerosas mujeres que continuaban asistiendo curso tras curso y que motivaban a más personas a matricularse. Sus sonrisas, sus abrazos y sus agradecimientos eran el combustible que me daba energías para seguir ofertando esa asignatura que a veces se hacía tan dura y agotadora. También había un señor entrañable que venía y me escuchaba con una atención ilusionante y con una determinación genuina de querer aprender. Dos cursos atrás, otro señor se me acercó al terminar una clase sobre el debate en ética aplicada sobre la pornografía. Tenía los ojos llenos de lágrimas. Me dijo, claramente conmovido: «¡Gracias! ¡Gracias por tu valentía y por traernos esta realidad tan terrible!». Menos mal que hay hombres que se saltan los mandatos patriarcales y que no tienen miedo ni vergüenza de emocionarse con las injusticias y de mostrar su humanidad y su fragilidad. No es tan común como cabría desear, pero existe. Hace un tiempo, un querido compañero de trabajo se emocionó durante su oposición, hablando de la universidad en la que había estudiado y realizado su tesis doctoral. Las bromas que siguieron a esa oposición fueron del tipo: «No digáis esto, no vaya a ser que este se vuelva a poner a llorar». Eran bromas de compañeros que le querían bien, pero son un ejemplo claro de cómo los hombres que se muestran vulnerables recibirán algún tipo de sanción, aunque sea *solamente* una *leve broma.*

Durante el curso pasado, varios estudiantes dijeron que estaban desfasados los ejemplos que estaba aportando para mostrar que existe una violencia simbólica patriarcal y que los medios de comunicación, la literatura, las películas o las series siguen lanzando y reproduciendo lo que Ana de Miguel llama «la doble verdad»:[103] la instauración y legitimación de un sentido de vida distinto, y frecuentemente opuesto, para los hombres y para las mujeres; la idea de que las niñas tienen que ser de una forma y los niños de otra, y que lo que se vincula con la masculinidad tiene más prestigio y valor. Argumentaban que eso era algo propio de su generación, pero que ya no sucede en las generaciones actuales. Al menos no en Occidente. Dijeron que las nuevas generaciones son libres de elegir sus vidas y que los productos culturales ya no diferencian entre masculino y femenino.

Es pertinente diferenciar entre patriarcados de coerción y patriarcados de consentimiento, entendiendo que existen en el mundo patriarcados duros en los que todos los ámbitos de la sociedad, incluidas las leyes, legitiman la doble verdad y la inferioridad de las mujeres; y patriarcados blandos, en los que las leyes se comprometen con la igualdad entre hombres y mujeres, pero se mantiene una violencia simbólica y una socialización diferencial que incita a los individuos a adaptarse a los estereotipos de género y a acatar las normas de manera pretendidamente voluntaria.[104] Es conveniente diferenciar entre estos dos tipos de patriarcados para no caer en la errónea afirmación de que todas las mujeres del mundo se encuentran sometidas a la misma opresión.

En las sociedades formalmente igualitarias, hay más igualdad y más libertad que en las sociedades profundamente misóginas y sexistas, pero eso no significa que aquí ya esté todo conseguido y que el feminismo ya no sea necesario. La socialización patriarcal continúa ejerciendo un papel fundamental en la configuración de los individuos y del mundo. De Miguel llama «el mito de la libre elección» a esa supuesta libertad en la que, «casualmente», las mujeres *deciden libremente* acatar las normas de la feminidad.[105] Se ignoran los condicionantes culturales que nos llevan a decidir depilarnos, llevar el pelo largo o dedicarnos a profesiones relacionadas con los cuidados y se presentan estas elecciones como libertad individual femenina. Parece ser que el hecho de que tantas jóvenes (y cada vez más niñas) decidan presentarse hipersexualizadas* es algo que

* Conviene recordar que «no tiene que ser negativa la sexualización en sí misma, sino la construcción disimétrica entre lo femenino (inorgánico, manipulable) y lo masculino (orgánico, poderoso). Esta disimetría es en sí misma una forma de violencia simbólica, muy eficaz porque está inscrita en todas nuestras formas de comunicación y ni siquiera la percibimos. Y ya sabemos que la violencia simbólica es el primer paso para que se produzca la violencia física» (Bernárdez, 2020: 60).

les viene de dentro, de sus propios gustos, sin condicionante alguno. Parece ser que el hecho de que las muñecas, la industria del cine o de la música, las series o las propias estrellas mediáticas reproduzcan constantemente la idea de que el éxito de una mujer depende en gran medida de resultar sexualmente atractiva[106] no influye en absoluto en lo que las mujeres concretas vayan a desear y a buscar... *Defeminism* y negación de obviedades. Y, quizá, también, un poquito de falta de inteligencia y de pensamiento crítico...

Y así estaba en clase otra vez teniendo que enfrentarme a los prejuicios arraigados y a la reactancia del personal. Es molesto, pero admito que encuentro cierto placer en enfrentarme a esos conflictos. Nuevamente, puse en marcha mi modo de proceder ante estos casos. Ante la ignorancia, el atrevimiento y el populismo científico: aluvión de datos y estudios.* En este caso, lo que hice fue llevar vídeos de varios jóvenes *influencers* actuales que han vuelto a las ideas más reaccionarias del patriarcado: defienden con contundencia y violencia que existe una forma de ser para las mujeres y otra para los hombres, que salirse de esas normas es una degeneración de lo que debe ser por naturaleza, que los hombres no lloran, que deben ser duros, que tienen que ser protectores y proveedores, que las mujeres no deben tener relaciones sexuales si quieren ser merecedoras de respeto y de una pareja estable, que no deben imponerse ni levantar la voz, que deben acatar los mandatos de los hombres. Estas son las maravillas de la *manosfera,* o *machosfera,* «donde encontramos el antifeminismo más virulento».[107]

Dediqué toda la semana con mi amiga Eugenia y con su novia

* Soy consciente de que el populismo científico no se puede combatir con cientifismo, pues la ciencia es plural y no es neutra desde el punto de vista de los valores —tal y como defendió Marta I. González en su conferencia «Populismo científico en tiempos posnormales» en el Congreso Internacional INCONRES, «Claves ético-epistemológicas de las nuevas dinámicas sociales y narrativas persuasivas en la era digital» (18/06/25), del proyecto de I+D+i/PID2020-117219GB-100 (INconRES), financiado por MCIN/AEI/10.13039/501100011033, al que pertenezco—. Así pues, sin mantener el cientifismo, valoro las investigaciones feministas con décadas o siglos de recorrido, aun aceptando los sesgos que pueden contener (como toda investigación).

Clara a buscar los vídeos más vistos sobre esta cuestión. No se trata de pocos vídeos con una audiencia minoritaria o estadísticamente despreciable, sino que encontramos muchísimo contenido de este tipo, con millones de visualizaciones y comentarios de apoyo. Llevé unos veinte vídeos y las capturas de pantalla con el número de seguidores del tiparraco que hablaba (o que, más bien, vomitaba), con el número de visualizaciones y con comentarios a favor. ¿Cuál fue la respuesta de todos aquellos que, la semana anterior, me habían dicho que esto era algo que ya no pasaba entre la juventud? ¿Aceptaron su equivocación y comprendieron horrorizados que estamos retrocediendo al machismo más casposo que ahora es aceptado y defendido por la gente joven? Me río mientras redacto esta pregunta. Esta no fue su respuesta. Lo que hicieron fue: unos, enfadarse y decir que no entendían por qué llevaba esto o que no era necesario poner tantos vídeos; otros, decir que estaba llevando vídeos de personas jóvenes, pero no de gente más mayor. ¡Los ojos se me salían de las órbitas! Ya me reí. No era para menos. Con la carcajada, dije:

> La semana pasada, me recriminabais que estaba desfasada y sosteníais que la juventud actual ya no mantiene pensamientos ni conductas sexistas. Os estoy demostrando que estáis equivocados. Os muestro que muchos jóvenes muy influyentes sí que los acatan, los defienden y los plantean como el ideal que seguir y, entonces, me preguntáis que qué pasa con la gente no tan joven. Si queréis, lo busco y os lo traigo la próxima semana. ¿Servirá eso para que cambiéis vuestra opinión?

Defeminism y negación de obviedades... Reactancia y enfado. Está claro que algo no estamos haciendo bien las feministas en lo que respecta a cómo transmitimos nuestro mensaje. Nos hace falta aprender pedagogía. Algo estamos haciendo mal. Y parece que peor lo estamos haciendo las feministas académicas. Muchos hombres se sienten atacados cuando les hablas de industria de la explotación sexual, de violencia de género, de desigualdad en salud, de feminización de la pobreza. Sienten que los estás acusando directamente de ser los culpables de esas injusticias. Tal vez, en lo más profundo e inconfesable, saben que el avance feminista amenaza sus privilegios y eso no les gusta. Sea como sea, debemos buscar otra pedagogía para que los hombres asuman estas legítimas demandas. Aunque no podemos perder de vista lo que acabo de señalar: cualquier avance en justicia social supone que pierdan algo quienes se encuentran en la parte buena de la situación injusta. Así, los hombres perderían mucho. Por ejemplo, perderían la posibilidad de ejercer violencia sexual con mujeres y niñas esclavizadas. Aunque también ganarían. Una sociedad más justa e igualitaria es una ganancia para todo el mundo.

Pero vuelvo a insistir en las pérdidas, y no todo el mundo está dispuesto a perder. Recordemos lo que afirmaba Virginia Woolf con respecto al enfado de los ricos. Y los ricos no son los únicos que se enfadan y se ponen alerta. Así, por ejemplo, de cara a construir un mundo más justo, ¿aceptaremos perder el privilegio de expoliar los países del sur global con nuestras terribles prácticas de extractivismo? ¿Aceptaremos perder el privilegio de producir y consumir a una escala tan brutal para satisfacer deseos superfluos? ¿Aceptaremos perder el privilegio de deslocalizar nuestras industrias para aprovecharnos de las personas trabajadoras de países en los que no hay derechos laborales y evitar, así, pagar un sueldo digno? ¿Aceptaremos perder el privilegio de pagar por la ropa un precio irrisorio por haber sido fabricada por personas esclavas? ¿Aceptaremos perder el privilegio de sentir el sabor de los cuerpos de los otros animales que son reducidos a carne? El riesgo de que las respuestas a estas preguntas sean negativas es tan alto que nos pone frente a la amplitud del problema: pocas personas están dispuestas a renunciar a privilegios para hacer del mundo un lugar más amable y más tierno. Así, con respecto a la última cuestión, Sue Donaldson y Will Kymlicka dan en el clavo cuando afirman que:

> No somos optimistas respecto a las perspectivas de que se produzca un cambio radical y, desde luego, no nos engañamos creyendo que se pueda cambiar en algo el mundo con la mera exposición de mejores argumentos morales. Los humanos hemos construido nuestras sociedades —nuestras culturas y economías— sobre la explotación animal y mucha gente tiene un gran interés en perpetuar

> esas prácticas de una forma u otra. Por desgracia, los argumentos morales resultan poco eficaces cuando van dirigidos tan abiertamente en contra del egoísmo y las expectativas heredadas. La mayoría de nosotros no somos santos morales: estamos dispuestos a actuar sobre nuestras convicciones morales cuando nos cuesta poco, pero no cuando exige que renunciemos a nuestro nivel o estilo de vida. Habrá gente que esté dispuesta a prohibir la caza del zorro, pero seguro que no lo estará tanto a renunciar a la carne o al cuero, por no hablar de dejar de colonizar los hábitats de los animales salvajes, extender la ciudadanía a gatos y vacas o aceptar la coexistencia con palomas y coyotes. Toda teoría que pida a la gente que se convierta en santos morales está condenada a ser ineficaz desde el punto de vista político y sería una ingenuidad esperar lo contrario.[108]

Lo mismo que afirman con respecto a la explotación de los demás animales se extiende al resto de explotaciones y opresiones. Admito, pues, que soy ingenua con lo que estoy escribiendo, esperando que alguien descubra un minimundo nuevo en mis palabras. Pero como es el único ámbito desde el que puedo intentar algo, aquí sigo, deseando que alguien comprenda que lo justo es renunciar a los privilegios construidos sobre la opresión del resto y que lleve esa convicción a la práctica.

Con respecto al tema que nos estaba ocupando, constato que pocos hombres, o, al menos, no los suficientes, están dispuestos no ya a perder privilegios, sino a aceptar siquiera la realidad de que seguimos habitando un mundo patriarcal. Y, además, demasiadas mujeres se suben al carro de negar esta realidad. Seguiremos insistiendo, entonces, y añadiendo propuestas políticas a nuestros razonamientos éticos. El trabajo tiene que ser conjunto y multidisciplinar. Unas aportan unas semillas y otras, las ayudan a crecer. Y así poco a poco.

Constatar que el patriarcado configura a los sujetos de acuerdo con una serie de normas, sanciones, premios, discursos de legitimación, estereotipos, roles y estatus nos lleva a entender que estamos en una organización social que justifica la inferiorización de la mitad de la humanidad y que infravalora todo lo relacionado con las mujeres y con la feminidad. Además, este sistema de organización está basado en una violencia estructural contra las mujeres. No puedo dejar de transcribir lo que dice al respecto Kate Millett, pues nos ayuda a entender que la violencia machista no es un elemento aislado, sino un componente estructural del sistema de dominación. Está en los cimientos de ese sistema, en la misma medida en que lo está la violencia racista en el sistema de dominación racista, la violencia colonial en el colonialismo o (aunque Millett no se refiera a ella) la violencia antropocéntrica en el sistema de dominación de los demás animales:

> No estamos acostumbrados a asociar el patriarcado con la fuerza. Su sistema socializador es tan perfecto, la asunción de sus valores tan firme y su historia en la sociedad humana tan larga y universal, que apenas necesita el respaldo de la violencia. Por lo común, sus brutalidades pasadas nos parecen prácticas exóticas o «primitivas» y los actuales extravíos individuales, patológicos o excepcionales, que carecen de significado colectivo. Y, sin embargo, al igual que otras ideas dominantes, como el racismo y el colonialismo, la sociedad patriarcal ejercería un control insuficiente, e incluso ineficaz, de no contar con el apoyo de la fuerza, que no solo constituye una medida de excepcionalidad, sino también un instrumento de intimidación constante.[109]

Lo cierto es que los sistemas de dominación cuentan con la violencia y con la amenaza de la violencia para sostenerse. Y, además, esas violencias se entrecruzan demasiadas veces en lo que Kimberlé Crenshaw ha llamado *interseccionalidad*.[110] Pero no solo tenemos que pensar en la violencia física directa, sino que se acumula una amalgama de violencias diversas. Una de ellas es la marginación y la falta de reconocimiento. Atendiendo a la interconexión de los aspectos económicos con los sociales, culturales y políticos, entendemos, con Nancy Fraser, que la justicia y la igualdad entre las personas exigen, por un lado, políticas de redistribución que, con reformas estructurales, solventen las injusticas socioeconómicas; por otro, políticas de reconocimiento que atiendan a los elementos simbólicos y a las injusticias culturales que establecen desigualdades de estatus e infravaloración de las mujeres (y de otros actores sociales); y políticas de representación que aseguren la participación igualitaria en la vida social y política.[111] Ya me he referido a que el estatus de género establece como superior a los hombres y a lo asociado con la masculinidad. De esta forma, actividades como el cocinado de los alimentos, que tradicionalmente ha formado parte de los roles adjudicados a las mujeres en el ámbito doméstico al menos en las sociedades occidentales, adquieren un valor especial cuando son realizadas por hombres. En este caso, ya no hablamos de cocina, sino de alta cocina. Y los grandes chefs que se conocen son mayoritariamente hombres. Este es solo un ejemplo entre tantos otros. El androcentrismo se multiplica. Veamos ahora cómo opera en la ética.

Durante doce años, he impartido la asignatura de Ética y Filosofía Política en el grado de Educación Social. Aunque no solo me ha pasado en esta titulación, es cierto que el alumnado de este grado ha sido especialmente significativo en mi vida. De esas clases, han salido personas que se han convertido en grandes amistades que continúan compartiendo mi camino.* Otras no han permanecido, pero me han marcado en diferentes aspectos. Llevo a todas ellas en el corazón y les mando mi amor desde estas líneas. En cualquier caso, también ha sido relevante el alumnado que no ha llegado a relacionarse conmigo de forma personal, incluso quienes han odiado mis clases o a mí misma. Ellas y ellos me han ayudado a crecer. He sacado grandes enseñanzas del trabajo con estas personas, pues me fui formando como docente en esas clases de gente comprometida con el cambio social.

Una de las prácticas que solía hacer en estas clases era plantear dilemas morales para analizar sus razonamientos e incentivar el de-

* Una de mis mayores alegrías es mi amiga Andrea, que empezó la carrera con una misoginia bastante preocupante y acabó haciendo conmigo un trabajo de fin de grado sobre las terribles consecuencias de la prostitución para la vida de las mujeres. Vaya chute de energía y esperanza apreciar estas evoluciones y experimentar el paso de la relación docente-alumna a la amistad igualitaria y sincera. Todas estas personas han sido también mis maestras. Así, por ejemplo, Lara me enseña cada día con su activismo LGTBQ+.

bate. El dilema de Heinz era uno de los dilemas hipotéticos a los que nos enfrentábamos. A grandes rasgos, se plantea la siguiente situación: la esposa de Heinz está muy enferma y morirá si no toma un medicamento especial. Un farmacéutico tiene ese medicamento y le ha puesto un precio desproporcionadamente alto. Heinz no puede pagar tanto dinero, así que se plantea robar la medicina. Mis estudiantes debían argumentar si Heinz debía o no robar el medicamento y —lo más importante— por qué sí o por qué no.

Una de las cosas que comprobaba año tras año es el peso de la mayoría. Efectivamente, quien no acepta las conductas o las opiniones de la mayoría suele recibir rechazo social.[112] Por ello, si quien empezaba a hablar argumentaba con razonamientos del tipo «debería robar el medicamento porque el valor de la vida está por encima del valor de la propiedad», lo más probable es que el resto le siguiera. Menos voces se atrevían a razonar de otra forma: «Yo creo que debería robarlo porque es su mujer, porque la quiere y es importante para él. Aunque antes de robarlo, podría hablar con la gente conocida y tratar de recaudar el dinero de otra forma o pedirle al farmacéutico que le dejara pagarlo a plazos». Y solo algunas personas suficientemente conscientes, inconformistas y revolucionarias pasaban al «robaría ese medicamento y todos los demás porque las farmacéuticas juegan con la vida de las personas y merecen que nos rebelemos». Este es uno de los motivos por los que he adorado a este alumnado. Todos los años solía haber algunas personas que razonaban así. Estas argumentaciones me recuerdan a la reflexión de Josephine Donovan sobre el dilema de Heinz desde la propuesta de Deane Curtin de la «ética politizada del cuidado». Donovan defiende que «con el enfoque de la ética política del cuidado, la respuesta tendría en cuenta una dimensión más amplia que implica observar el contexto social y económico [...]. Así, el sistema de salud controlado por corporaciones privadas se convierte en el villano principal de la obra, y el incidente debería servir para motivar la acción y cambiar el sistema».[113] Cuando mis estudiantes culpaban a las farmacéuticas, yo trataba de ocultar —sin éxito— el orgullo que me generaba tener alumnado que daba estas preciosas respuestas, y preguntaba: «¿Y lo estáis haciendo? ¿Estáis haciendo activismo o acción social no violenta contra las farmacéuticas? ¿Y a qué esperáis?». Pues si las clases de Ética y Filosofía Política no sirven para motivar el trabajo por la justicia y el cambio sociopolítico, yo me bajo del carro...

Iba apuntando cada una de sus respuestas y señalaba las personas que razonaban como el primer ejemplo que he puesto y las que razonaban como el segundo. Siempre hacía coincidir este momento con el final de la clase. Antes de terminar, mencionaba a todas las personas que habían ido más allá del principio abstracto «el valor de la vida está por encima del valor de la propiedad» y, al terminar la lista de nombres, acababa la clase diciendo: «Todos los mencionados tenéis un juicio moral subdesarrollado». Me despedía y me iba sonriendo mientras escuchaba sus comentarios de asombro o de queja. En la siguiente clase, comenzaba preguntando si alguien había buscado por qué esas personas eran subdesarrolladas desde el punto de vista del juicio moral. El caso es que así comenzaba mi explicación sobre la ética del cuidado, que surge en los años ochenta del siglo XX en reacción al androcentrismo y a la invisibilización e inferiorización de las mujeres en los estudios sobre el desarrollo del pensamiento moral. Surge en el contexto de los Estados Unidos de Reagan, con sus políticas de autorregulación del capitalismo financiero, que implican *de facto* la destrucción del Estado benefactor.[114] Esta época está caracterizada por la política ultraliberal que acaba con todo sistema de protección, es decir, de cuidado. Así, «el *care* es [...] una respuesta a un modelo que finalmente lleva al desmantelamiento de lo público, de lo social, en pos de un individuo autónomo e independiente, independiente de los otros, descontextualizado».[115] La ética del cuidado viene a poner en valor la interdependencia, la contextualización y los valores, como la atención respetuosa y amorosa, silenciados y despreciados por el pensamiento androcéntrico.

Lo que sorprendía o indignaba a mis estudiantes —la jerarquía en la forma de razonar de unas personas y de otras— fue lo que hizo que Carol Gilligan fuera más allá de los estudios de Lawrence Kohlberg, que le habían llevado a elaborar una escala de desarrollo moral dividida en dos grandes niveles: el convencional y el posconvencional, subdivididos en tres estadios cada uno y ordenados según un nivel creciente de abstracción y capacidad de universalización.[116] Kohlberg había realizado sus investigaciones únicamente con sujetos varones. Posteriormente, había determinado que esa escala servía para todo el mundo (vaya sorpresa, lo mismo que ha pasado en el mundo de la medicina, entre tantos otros...).

Gilligan aplicó la escala a mujeres y se percató, asombrada, de que la mayoría de ellas no alcanzaba el supuesto nivel superior de razonamiento moral. ¿Por qué? Porque razonaban de una manera distinta, «con una voz diferente», atendiendo a otro tipo de valores y virtudes: atendían al contexto concreto en lugar de universalizar; se centraban en los cuidados, el amor, la amistad y la no violencia en lugar de en los principios abstractos; ponían la interconexión y la interdependencia en el centro en lugar de enfrentarse a los dilemas morales como problemas matemáticos.[117] La empatía, la contextualización y los cuidados eran excluidos en los trabajos basados exclusivamente en la justicia. Pero estas cualidades morales, entendidas como inferiores a la abstracción, la universalización y los razonamientos sobre principios y derechos, eran las que aparecían especialmente en las mujeres. Y —*spoiler alert*— son las cualidades que debemos desarrollar si queremos alcanzar una cultura de paz y respeto, si queremos llegar a esa cumbre ecofeminista de compasión, igualdad y apoyo mutuo. Aunque esto no quiere decir que haya que renunciar a la justicia, a los derechos y a la universalidad, pues ponen límites a la ética del cuidado.[118] Justicia y cuidado son compatibles y complementarios.[119] Y la «voz diferente» que Gilligan escuchó es, en realidad, una «voz humana», no una voz femenina.[120]

El sexismo y el androcentrismo de la manera de proceder de Kohlberg es palpable. Por un lado, había excluido a las mujeres como sujetos de los estudios y no había considerado que hubiera ningún problema en ello (¡qué raro!). Parece ser que se puede considerar válida una escala que pretende explicar el desarrollo moral de la humanidad al completo excluyendo a la mitad de la humanidad. Magistral... Kohlberg no era el único. Gilligan constató que también en los estudios de Freud o Piaget se había tomado la vida del varón como la norma y, desde ahí, se había establecido una deficiencia en el desarrollo de las mujeres. Al aceptar que la perspectiva de la justicia es la forma adecuada de enfrentarse a los dilemas morales, estos pensadores evaluaron el desarrollo de las niñas como inferior al de los niños.

Ellas tendían a razonar atendiendo a los sentimientos y a las relaciones, mientras que ellos tendían a hacerlo de acuerdo con principios abstractos. El sexismo y el androcentrismo permitieron que lo primero fuera entendido como inferior y lo segundo, como lo superior y lo adecuado. Se establece una jerarquía en lugar de apreciar la complementariedad que existe entre ambas formas de argumentar.[121] ¿Y de dónde viene esta jerarquía? Del hecho de que se haya dado valor a lo asociado con la masculinidad, a lo apropiado para el ámbito público, a lo puramente racional separado de las emociones. Volvemos a la idea de que el androcentrismo es una roca sin minimundos, pues amputa cualidades humanas básicas que han sido entendidas como femeninas y, por lo tanto, han sido ignoradas y despreciadas. Y, como recuerda Victoria Camps: «No se trata de postular una naturaleza femenina específicamente "cuidadosa" o "cuidadora", sino de constatar la existencia de una cultura que no han hecho suya los hombres y, por lo mismo, no ha sido parte de la vida pública, sino que ha sido considerada más bien un estorbo para los comportamientos públicos».[122] Pero, en realidad, apartar el cuidado de la esfera pública deteriora la democracia y la vida de las personas.[123]

Las diferencias en las formas de razonamiento moral de hombres y mujeres no se deben a que exista una ontología específica de cada sexo, sino a la educación diferencial y a los roles de género que sitúan a las mujeres en el ámbito privado como cuidadoras naturales de quienes necesitan atención. El desarrollo de identidades sexuadas conduce a tendencias diferenciadas. Es probable que el pensamiento moral varíe según el sexo porque los varones sienten que les toca preocuparse por la justicia y los derechos, mientras que las mujeres sienten que les corresponde atender a las relaciones.[124]

Efectivamente, no todas las mujeres argumentan de acuerdo con el cuidado ni todos los hombres argumentan de acuerdo con los derechos. Como sostiene James Rachels: «Los dos sexos no habitan en universos morales diferentes».[125] En cualquier caso, podemos afirmar, con Seyla Benhabib, que, cuando las mujeres pasan a formar parte de la investigación, ya sea como objetos de investigación o como sujetos que la llevan a cabo, «descubren diferencias allí donde antes habían dominado las similitudes, perciben disonancia y contradicción donde reinaba la uniformidad, se dan cuenta del doble sentido de las palabras allí donde se habían dado por supuestos los sentidos de los términos y dejan clara la persistencia de la injusticia, la desigualdad y la regresión en el seno de procesos que antes se consideraban justos, igualitarios y progresistas».[126] Esto es lo que sucedió con los estudios de Gilligan sobre la ética del cuidado. Esto es lo que pasa también con la ética animal y con la ética ambiental, que se enriquecen y transforman con la visión ecofeminista, que, desde la perspectiva de género, muestra los puntos de contacto entre los diferentes sistemas y prácticas de dominación.

En diferentes investigaciones realizadas por mujeres se ha constatado que la feminización y la consecuente infravaloración de la ética del cuidado impide una correcta autocomprensión de la especie humana. Además, tiene consecuencias desastrosas en los planos social, político y ecológico. Muchas veces nos encontramos con discursos que ensalzan el cuidado, que hacen hincapié en su relevancia, pero esos discursos no van de la mano de cambios reales en la práctica ni de políticas activas para garantizar el derecho de todas las personas a recibir cuidados (no hablemos ya de cuidar a quienes no son humanos...). Quienes cuidan informalmente siguen recibiendo poco o ningún apoyo, y quienes cuidan profesionalmente reciben salarios miserables y poco o ningún reconocimiento social. ¡Tiene narices!

La ética del cuidado considera las relaciones con los demás desde la convicción de que obviar nuestra mutua dependencia implica el aislamiento. Parte de la idea básica de la naturaleza humana como interdependiente. No podemos olvidar que el «sentido de interdependencia se ignora con facilidad en nuestra sociedad».[127] Por ello, la ética del cuidado es una propuesta revolucionaria, porque aspira a transformar tendencias psicológicas muy arraigadas. En efecto, «allí donde el patriarcado está en vigor y se hace cumplir, la voz humana es una voz de resistencia, y la ética del cuidado, una ética de la liberación».[128]

Como sostiene Nel Noddings: «La virtud descrita por el ideal ético del cuidado se construye en relación. Se llega al otro y se crece en respuesta al otro».[129] Pero ¿ese Otro es exclusivamente un Otro humano? ¿Las actividades del cuidado y la actitud cuidadosa deben aplicarse únicamente dentro de nuestra especie? ¿Una ética a la altura de los desafíos del siglo XXI puede ser una ética antropocéntrica? ¿Una ética de la virtud puede excluir el cuidado y la compasión por el resto de la naturaleza y por los demás animales? En el ecofeminismo se ha defendido la necesidad de transformar la percepción arrogante que los humanos tienen del mundo no humano y desarrollar en su lugar una percepción afectiva.[130] Hablamos de acercarnos a los diferentes, a las diferentes, sobre la base del afecto y el reconocimiento y la valoración de esas diferencias. Es más, se ha puesto en el centro la realidad de que es precisamente el pensamiento androantropocéntrico jerárquico el que conduce al desastre ambiental que nos está empujando hacia un colapso generalizado.[131] Por lo tanto, las virtudes del cuidado, el amor, la no violencia, la compasión o el respeto deben ser plenamente universales. Además, debemos ir más allá del individualismo y atender seriamente a nuestro ser relacional, pues «las cuestiones éticas importantes conciernen a las relaciones y la satisfacción de las necesidades, no a la perfección del virtuosismo individual».[132] Y nuestras relaciones no se agotan en nuestra especie, sino que también nos relacionamos con el resto de la naturaleza.

Es preciso desarrollar una coeducación que aleje especialmente a los niños de la competitividad, del individualismo y de la agresividad. La coeducación apuesta por modificar los modelos culturales androcéntricos que conducen a muertes prematuras de mujeres y, especialmente, de hombres.[133] Aspira a potenciar la libertad de las personas más allá de los mandatos de género.[134] Se busca «el desarrollo de personas libres que trabajen de forma cooperativa en pos del bien común».[135] Pero ¿ese bien común excluye al resto de la naturaleza y a los demás animales? Si es así, mantengo que no es una coeducación a la altura de los desafíos del siglo XXI. La educación en virtudes tiene que extenderse de forma que los cuidados se practiquen más allá de nuestra especie, ateniendo a las relaciones con los animales, con las plantas y con el resto del mundo.

Pues ¿es posible desarrollar un carácter plenamente virtuoso basado en los cuidados si nuestras prácticas cotidianas están cimentadas en la violencia y la destrucción de los demás animales y de la biosfera en su conjunto? ¿Qué relaciones del cuidado se desarrollarán desde ahí? ¿Entenderemos como pacífica una sociedad fundada en políticas y prácticas androantropocéntricas? ¿Podemos considerar que es una actitud cuidadosa un modo de vida basado en el exterminio de la biodiversidad, en el extractivismo, en la explotación sin límites de los bienes comunes y en el maltrato y el asesinato de miles de millones de otros animales entendidos como medios para la satisfacción de deseos humanos? ¿Qué ideal de ser humano estaríamos desarrollando en este supuesto (que, al final, es nuestra realidad)?

En la ética del cuidado se ha criticado la caracterización del ser humano como estrictamente racional, libre y autosuficiente. Se han resaltado características invisibilizadas como la animalidad, la interdependencia y la vulnerabilidad. Desde esta perspectiva se ha apostado por valorar los trabajos de los cuidados y la actitud atenta y respetuosa para lograr una vida digna basada en las virtudes de la empatía y la no violencia. Pero limitar esto a los seres humanos sería mantener la arrogancia antropocéntrica que determina que solo los humanos cuentan moralmente. ¿Y puede la arrogancia ser una virtud deseable para una ética del cuidado que realmente se preocupe por el Otro y por la Otra?

El Otro no es solo el Otro humano. El Otro es también el animal cuya vida es arrebatada para convertir su cuerpo en carne que será consumida como alimento. El Otro es el animal cuya vida es cada vez más difícil en los entornos que le están siendo arrebatados. El Otro es también el bosque o la selva que son arrasados para que los terrenos sean transformados en pasto (para alimentar al Otro animal que será convertido en carne). El Otro es también el musgo o el liquen que son eliminados por prácticas demenciales de organización forestal basadas en la idea de que la naturaleza tiene que ser organizada por el hombre. El Otro es también el arrecife de coral que pierde su color y muere porque el capitalismo neoliberal contamina y destruye la naturaleza incluso en los lugares más recónditos. El Otro son también las plantas que son exterminadas para implantar campos de cemento o monocultivos. El Otro es también la especie que se extingue porque nos negamos a caminar hacia un decrecimiento ecofeminista animalista ordenado.

Si la ética del cuidado surgía como la «otra voz» que atendía a los contextos y a las relaciones, necesitamos ahora que se escuche bien alto la «otra voz ecofeminista animalista» que extiende los cuidados más allá de nuestra especie; que acepta que, en la naturaleza, puede que la mejor forma de cuidar sea simplemente la de dejarla hacer;[136] que no solo reconoce los trabajos de cuidados tradicionalmente realizados por mujeres, sino que revaloriza también los trabajos que hace la propia naturaleza en sus ciclos ecológicos;[137] que se acerca a los otros animales con una mirada compasiva, entendiendo que no hay cuidado posible en la esclavitud y la explotación; que comprende que no habrá paz mientras el Otro diferente sea visto como inferior y como objeto de dominación; y que, en fin, recuerda que las virtudes necesarias en nuestro tiempo incluyen necesariamente el respeto, la empatía, la ternura y la amabilidad hacia todos aquellos y todas aquellas vulnerables con quienes compartimos este vulnerable planeta.

Como vemos, «los ideales éticos de la coeducación ecofeminista son los opuestos a los del pensamiento androantropocéntrico. Trabajamos por la igualdad entre hombres y mujeres y entre todos los individuos oprimidos, por la justicia universal e interespecie, por la compasión más allá de lo humano y por el respeto y los cuidados hacia toda la biosfera. La coeducación ecofeminista está equipada con estos valores que [podemos] aportar a la infancia como el legado más noble».[138] Veamos, pues, qué minimundos nos aporta el pensamiento ecofeminista para ver si nos conviene continuar por ahí la escalada.

Capítulo 2

Hermana, yo sí te creo; Madre Tierra, yo sí te creo: por qué el ecofeminismo

IRIS: Si dijera lo que siento y pienso, nadie querría tener nada que ver conmigo, mi voz sonaría demasiado fuerte [...], pero tienes que relacionarte con la gente. [...]

CAROL: Pero si no dices lo que piensas ni lo que sientes, ¿dónde estás tú en esas relaciones?

CAROL GILLIGAN

Nosotras queremos trabajar con nuestros hermanos del movimiento verde, pero no queremos estar sometidas a ellos. Ellos deben demostrar su buena voluntad para abandonar sus privilegios de miembros de la casta masculina.

PETRA KELLY

La obsesión antropocéntrica de dominar la biosfera nos ha llevado a intentar domesticar todas las formas de vida. La vida salvaje trabaja realizando funciones ecológicas que benefician a todo el ecosistema, a la comunidad multiespecie, pero nosotros la domesticamos para que trabaje exclusivamente para la especie humana.

MARTA TAFALLA

Porque hay que creer a quienes están en situación de opresión y explotación

La conversación con la que empiezo este capítulo está extraída de una de las entrevistas de los estudios de Carol Gilligan con adolescentes. Gilligan se refiere al conflicto que surge entre el propio conocimiento de lo que está bien —la brújula interior— y lo que la sociedad patriarcal marca como adecuado. Las jóvenes aspiran a la aceptación social, pero saben que eso supone ocultar sus convicciones más profundas. Como determina Gilligan con respecto a Iris, la chica de la conversación de arriba: «[Ella] ha silenciado su propia voz para poder relacionarse con otra gente. Se trata de una medida adaptativa que se recompensa socialmente».[1] Así como los jóvenes en el patriarcado tienden a perder sus habilidades relacionales, las jóvenes pierden su propia voz. Iris tiene que callar porque sabe que lo que siente y lo que piensa no cuadra con lo que se espera de ella: «Mi voz sonaría demasiado fuerte...».

Durante mucho tiempo, yo misma he acallado lo que siento y lo que pienso porque, si no, nadie (o no mucha gente) hubiera querido relacionarse conmigo en esta sociedad androantropocéntrica. Recupero esa frase de Vampi, el simpático murciélago de *Fern-Gully* que tanto me marcó en la infancia, cuando le dice a Zak, después de que este se haya sincerado: «La verdad no gana siempre amigos, pero es útil, indudablemente. Tú no estás mal para un homínido». Como dije, volver a la caverna a explicar lo que se ha visto fuera de ella es una tarea complicada. Iris es consciente de que hay muchas cosas que no puede decir, aunque, en el fondo, sepa que es lo que está bien. Por lo que a mí respecta, me encantaría que los otros animales consideraran que no estoy mal para ser un homínido. Me importa más lo que ellos puedan pensar de mí que la opinión de los prisioneros de la caverna. Tal vez esto ya es algo que debería callar para poder relacionarme con la gente... Pero he decidido no silenciar más lo que me dice mi brújula interior. Por eso, ofrezco mi narrativa más personal y más política. Poder escribir todo esto se convierte en un acto de liberación de mi propia voz y de todas aquellas voces, humanas y no humanas, que reproduzco, incluso aunque eso suponga que vaya a haber gente que ya no quiera tener nada que ver conmigo. Y, además, que a nadie le amarga un chisme...

En cualquier caso, recupero y comparto las palabras de Virginia Woolf: «Cuando un tema es altamente controvertido —y toda cuestión sobre el sexo lo es [y no digamos ya los temas relacionados con la explotación de la naturaleza y de los demás animales]—, una no puede confiar en que dirá la verdad. Una no puede más que mostrar cómo llegó a formarse la opinión que tiene. Una no puede más que dejarles a sus oyentes la posibilidad de sacar sus propias conclusiones mientras observan las limitaciones, los prejuicios y las peculiaridades de la conferenciante».[2] Eso es lo que estoy tratando de hacer. A partir de ahí, que cada cual juzgue mis limitaciones, mis prejuicios y mis peculiaridades. Me limito a mostrar mi opinión partiendo de mi realidad situada, de mis conocimientos sesgados y de mi sensibilidad particular. Abordo en concreto la dominación patriarcal y la inferiorización y explotación del resto de la naturaleza, con especial atención a los demás animales, aunque esto no quiere decir que sea indiferente a otras opresiones y violencias. Así, por ejemplo, no profundizo demasiado en las opresiones por etnia, lugar de procedencia u orientación sexual, pero no porque no me preocupen. Tampoco me extenderé en la destrucción de las plantas, a pesar de compartir con muchas personas la sensibilidad y la preocupación por ellas.[3] Soy consciente de mis preferencias acotadas, porque

> nuestras decisiones sobre las cuestiones en las que trabajamos están considerablemente determinadas por sesgos perceptivos. Estos sesgos hacen que prioricemos las cuestiones que cuentan con un elemento que nos interesa, cuestiones que involucren a los que sean parecidos a nosotros (probablemente personas) y cuestiones que son populares en la sociedad en general o en un grupo social. Lo más probable es que sean factores circunstanciales y sociales los que nos lleven a involucrarnos en una causa social.[4]

Aunque mis sesgos y mis circunstancias hagan que me centre en ciertos temas, este apartado debe extenderse a quienes sufren cualquier tipo de opresión o explotación. Sus voces deben ser escuchadas y respetadas. Aunque «consuma» mi energía moral en defender a los demás animales, tengo energía moral de sobra para interesarme también por los «temas más importantes» (emoji de la cara que mira con suspicacia hacia un lado). Lo que les pasa a las personas sometidas también me hiere profundamente y el silenciamiento de sus clamores me indigna y me enfurece. En este capítulo, hablaré del feminismo, del cuestionamiento de las experiencias de las mujeres y de algunas de las propuestas de la teoría ecofeminista que considero que nos aportan elementos valiosos para habitar el mundo aplicando la no violencia, la compasión y la ternura, también más allá del mundo humano. Empecemos con el feminismo.

Como hilo conductor de este apartado, me voy a centrar en un vídeo que utilizo en mis clases. Lo que se nos muestra no es muy distinto de lo que nos encontramos en otros vídeos virales de nuestros días. En él, una mujer explica por qué no es feminista. Lo graba porque, según narra, había compartido una foto en la que sujetaba un cartel que rezaba: «No necesito el feminismo porque creo en la igualdad, no en privilegios y supremacía»; y, a pesar de haber obtenido mucho reconocimiento (la imagen había sido compartida hasta por la revista *Time*), también se había encontrado con muchas críticas e, incluso, odio. Sostiene que la mayoría de las críticas provenían de feministas que le señalaban que no entendía lo que es el feminismo, que es propiamente un movimiento por la igualdad. Sin embargo, para ella, la tercera ola del feminismo no era un movimiento por la igualdad. Después de afirmar esto, dedica el resto del vídeo a «demostrar» su aseveración. Durante varios cursos, he solicitado a mi alumnado que buscara información que corroborara lo que afirma esta señora. Ha sido imposible confirmar lo que sostiene.

Descubrí este vídeo porque había aparecido en una red social y mi pareja de ese momento me etiquetó en él para que lo viera. Lo vi por la mañana y comenté: «Has conseguido que se me atragante el desayuno. Cuánta ignorancia en tres minutos». Numerosas personas me exigieron que explicara por qué consideraba que era ignorancia cuando, en realidad, era todo sentido común y datos probados. Al final, siempre hay gente que parece tener interés en tus conocimientos, pero que, en realidad, solo quiere volcar su odio y su miedo sobre ti, después de haberte hecho perder el tiempo desarrollando explicaciones que no piensan ni leer. Conscientes de esto, algunas de mis estudiantes de la asignatura Género y Educación en Igualdad* solían interesarse, cuando se acercaban las vacaciones de invierno, por cómo sobrevivía yo a esas fiestas llenas de *cuñados* en comidas y cenas. Me pedían consejos para comportarse en esos casos de *defeminism* en los que los machirulos y las machirulas de turno empiezan a interrogarte más o menos violentamente sin ninguna intención de entender lo que quieren que expliques.

Cuando era joven, desperdicié muchas energías en explicar co-

* Concretamente, un grupo compuesto por preciosas personas que, al terminar las clases en 2021, me regalaron un cuadernito en el que cada una había escrito palabras de cariño y reconocimiento. Gracias a todas ellas, con un abrazo especial a Esther y a Teo. Aprovecho para mandar mi amor también a otras alumnas de Educación Social, Antropología o Filosofía que me han hecho muy feliz: Alba, Beatriz, Juan, Luisa, María, Maialen, Olatz, Oli, Paloma, Susana y tantas otras estudiantes que me han cuidado como profesora y como persona. Aunque no os pueda nombrar a cada una, sabéis quiénes sois y sabéis que estáis en mi círculo de cuidados.

sas a personas que, de entrada, no querían saber nada, pues no tenían mayor intención de cuestionar sus propias opiniones, entendidas como realidades probadas. Con el tiempo, entendí que una práctica esencial de autocuidado es buscar la paz y no perder ni un segundo con personas fanáticas y acríticas. Esto es lo que les recomendaba a mis estudiantes. Habiendo conseguido llegar al punto de respetar mi tiempo y mi tranquilidad, en estos casos de reactancia *defeminista,* opto por responder: «A mí me pagan por explicar estas cosas. Si te interesan mis explicaciones, te paso presupuesto». Así evito el confrontamiento con un poco de «sana» soberbia y salvajismo... Y luego ya solo ignoro la ristra de comentarios furiosos que se desatan y me río de cómo le gusta a alguna gente perder el tiempo y entrar en guerras. Esto es lo que hice con las personas de internet seguidoras de la mujer no feminista. Pero, como ahora sí que me pagan, voy a explicar por qué este vídeo se limita a ser una muestra tras otra de ignorancia e, incluso, de mentiras. Antes de empezar a analizarlo, conviene entender en qué momento estamos:

> Hemos entrado en la era de la posverdad, en la que el concepto de verdad no solo se relativiza, sino que pierde su sentido al aplicarse a todo tipo de mentiras y manipulaciones, en la que los hechos objetivos influyen menos en la formación de la opinión pública que las emociones y las convicciones personales. Hablamos de posverdad cuando los modos compartidos de comprobación de hechos y justificación de argumentos se han vuelto irrelevantes ante la prevalencia de lo que las personas sienten como su verdad, cuando la verdad se ha convertido en una cuestión emocional e identitaria.[5]

Lo primero que observa esta señora es que «si el feminismo busca la igualdad, ¿por qué no vemos una representación igualitaria por los problemas de ambos géneros?». Empezamos bien... Primera muestra de ignorancia: el feminismo no es un movimiento que busque la igualdad así en genérico. Es más, el feminismo, antes que movimiento, fue y es teoría, una teoría sobre la ilegítima inferiorización de las mujeres, sobre la injusta exclusión de las mujeres de las categorías universales de la modernidad,[6] sobre el prejuicio que mantiene el argumento de las naturalezas diferentes y complementarias de los sexos.[7] Como recuerdan Amorós y De Miguel:

> [L]a teoría crítica feminista es *militante* [...]; trata de poner en evidencia [los] sesgos en cuanto *sesgos no legítimos* que obvian o distorsionan lo concerniente a la mitad de la especie con la pretensión, además —como ocurre en el discurso filosófico tradicional— de autoinstituirse en expresión histórica de su autoconciencia. En este sentido, la teoría feminista no es un paradigma más al lado de otros, sino que se constituye en el Pepito Grillo de los demás paradigmas en cuanto sexistas o patriarcales; así, no puede renunciar a ciertas *pretensiones normativas*, que debe validar a su vez. Y para tal validación, invoca el punto de vista de la *universalidad*, nervio de todo feminismo reivindicativo desde sus orígenes.[8]

La teoría feminista, pues, aparece como el Pepito Grillo que muestra el sexismo subyacente en los diferentes ámbitos de la sociedad y de la cultura, como, por ejemplo, la ética de la justicia, que excluía las voces de las mujeres e ignoraba la importancia de las virtudes del cuidado. Hubo que desarrollar planteamientos críticos y vindicaciones feministas para poder fundamentar lo que, posteriormente, sería uno de los movimientos más potentes y transformadores de la historia. El feminismo es teoría, es militancia social y política, y es una práctica cotidiana o forma de entender y vivir la vida que supone un proceso individual de cambio personal.[9]

El feminismo analiza el mundo patriarcal y se propone deslegitimar las argumentaciones que fundamentan la exclusión, la opresión y la violencia contra las mujeres. Por lo tanto, el feminismo es una teoría y un movimiento social que aspira a conseguir que las mujeres tengan los mismos derechos y las mismas oportunidades que los hombres. La verdad es que no entiendo por qué es tan difícil de entender. Una vez, un alumno me pidió una tutoría porque tenía bastantes dudas sobre el feminismo. El pobre estaba lleno de prejuicios, pero, aparentemente, estaba dispuesto a cuestionarlos y a aprender. Después de explicarle en profundidad los objetivos de esta teoría y movimiento social, me dijo sorprendido que, entonces, el feminismo estaba condenado a desaparecer en caso de que fuera exitoso. «Efectivamente —le dije—, es a lo que aspiran todas las teorías emancipatorias y los movimientos de liberación, a dejar de existir porque dejan de ser necesarios». A continuación, me planteó otra cuestión: «Pero entonces, ¿no estaréis secretamente tratando de que no triunfe la lucha feminista para no quedaros sin trabajo? Por ejemplo, en tu caso, si triunfa el feminismo, ya no podrás impartir la asignatura de Teoría y Praxis del Feminismo». «Claro —respondí—, porque con el triunfo de la Revolución francesa, dejamos de estudiarla, ¿verdad? En caso de que triunfara el feminismo, estudiaríamos la historia que nos llevó al triunfo del feminismo, como hacemos ahora, solo que aún con muchas metas que lograr». Qué lástima que tantos jóvenes lleguen al feminismo con tantos prejuicios. Pero qué gratificante cuando te encuentras con alguno que de verdad los quiere revisar.

El feminismo no solo pone el foco en la socialización y la educación diferencial a las que me he referido antes; también trata de deconstruir el argumento de las naturalezas diferentes y complementarias de los sexos: esa idea de que las mujeres tienen una esencia determinada por naturaleza que las hace más adecuadas para las actividades del cuidado en el espacio doméstico, mientras que los hombres poseen unas características distintas que los capacitan para ocupar los puestos prestigiosos del ámbito público. ¡Qué bien les ha venido a los señores que ellos hayan tenido que ocupar, por esencia, los puestos más prestigiosos y liberadores!

En resumen, el feminismo se centra y se preocupa por la situación injusta en la que se encuentran las mujeres como consecuencia de vivir en un sistema de dominación patriarcal que legitima su opresión y la violencia contra ellas. Como afirma Karen Warren:

> Un «tema feminista» es cualquier tema que contribuya de alguna forma a comprender la opresión de las mujeres. La igualdad de derechos, el salario igual por igual trabajo y la producción alimentaria son cuestiones feministas siempre y cuando una formulación de las mismas contribuya a una comprensión de la continua explotación o subyugación de las mujeres. Acarrear agua o buscar madera para el fuego son temas feministas siempre y cuando la responsabilidad fundamental de las mujeres en esas áreas

contribuya a su pérdida de participación plena en la toma de decisiones, en la producción de ingresos o las posiciones de alto estatus ocupadas por hombres. Entonces, lo que se considere un tema feminista depende en gran parte del contexto, en concreto, de las condiciones materiales e históricas de las vidas de las mujeres.[10]

Si el feminismo analiza las condiciones de las vidas de las mujeres para tratar de superar la situación de opresión y violencia en la que se encuentran, se entiende que el sujeto político del feminismo son las mujeres. Y que el sujeto político del feminismo sean las mujeres significa que la preocupación esencial del feminismo va a ser atender a los problemas que afectan a las mujeres, entre los que se encuentran la degradación ambiental —en tanto en cuanto afecta específicamente a sus vidas—[11] o la violencia contra los demás animales —pues hay una correlación entre esta y la violencia patriarcal, en el sentido de que, a mayor crueldad contra los animales, mayor riesgo para la vida de las mujeres—.[12] El objetivo del feminismo es atender a los «temas feministas»: esos temas que nos ayudan a entender la opresión de las mujeres. Esa es la preocupación fundamental y, como es obvio, abarca una infinidad de cuestiones. Así, por ejemplo, la ética del cuidado es una ética feminista porque atiende a la infravaloración de virtudes feminizadas y critica el silenciamiento de las voces de las mujeres. Por lo tanto, es un tema feminista esencial.

Los problemas que afectan a los hombres no son el objetivo del feminismo, aunque también se haga referencia a ellos como una consecuencia necesaria del patriarcado, que también limita el libre desarrollo de la identidad de los hombres al imponerles una forma de estar en el mundo basada en los valores y en las conductas androcéntricas. Respondo, entonces, a lo planteado por la mujer del vídeo: «Si el feminismo busca la igualdad, ¿por qué no vemos una representación igualitaria de los problemas de ambos géneros?». Porque lo que el feminismo busca no es la igualdad, es la liberación de las mujeres de un sistema que las excluye, somete y asesina. Esta liberación conduciría a la igualdad, pero es una consecuencia, no el objetivo único.

En cualquier caso, el feminismo también conecta con otras

teorías y movimientos, apoyando otras causas y mostrando y estudiando conexiones entre sistemas y prácticas de dominación. El ecofeminismo puede verse como un ejemplo paradigmático de estos pactos en los que el feminismo nutre y se nutre de otras teorías y praxis. Hablamos de «pactos de ayuda mutua»[13] que permiten observar similitudes y vínculos entre sistemas opresivos, colaborar, enriquecer y enriquecerse con otras propuestas de transformación y aplicar la ética del cuidado en diferentes contextos. Estos pactos nos abren nuevos minimundos sumamente prometedores. Y todo esto sin perder de vista que la meta central del feminismo es atender a los problemas de las mujeres.

El vídeo de la mujer no feminista es una muestra clara de lo que sucede en tiempos de posverdad. Podría traer mil ejemplos, pero me voy a limitar a uno. A finales de 2017, me enfrenté a una situación desagradable como resultado de esa falta de conocimiento de lo que busca el feminismo. El secretario del Instituto Psicoanalítico de Salamanca me propuso presentar mi libro *La ética animal: ¿una cuestión feminista?* en una tertulia que se lleva a cabo semanalmente en Salamanca (y que, según parece, ha celebrado ya su treinta aniversario). Me comentó que se trataba de una tertulia de «alta cultura», a la que asistían personas con «alta formación», como jueces, médicos, abogados o profesorado universitario, la mayoría de ellos ya retirados. Una podría esperar que fuera el entorno idílico para ir a debatir sobre diferentes planteamientos con rigurosidad y respeto. Está claro que los prejuicios actúan de un lado y del otro: tristemente, damos por hecho que la gente con menos formación será maleducada y ruda, y que las personas con educación superior mantendrán un comportamiento a la altura de sus estudios. Pero la realidad se impone y desmiente los estereotipos, unos y otros. Mi participación en esa tertulia supuso un gran aprendizaje en este sentido.

He señalado en repetidas ocasiones que las personas que nos dedicamos a analizar y criticar diferentes injusticias solemos enfrentarnos a conductas desagradables e, incluso, agresivas. Las reacciones que encontré en esta «tertulia de alta cultura» fueron, de lejos, las más virulentas, irrespetuosas y lamentables que he recibido en los años que llevo exponiendo en público. ¡Vaya contraste con la vez que di una clase en una cárcel para hombres en la provincia de Palencia y tuve que tragarme mis prejuicios, pues me encontré con un entorno agradable, respetuoso y abierto al debate sincero y estimulante! Por el contrario, las personas «altamente formadas» de la tertulia de Salamanca llegaron incluso al insulto. Mi amiga Clara, que me había acompañado desde Valladolid y que presenció espantada todo lo que tuve que vivir, me dijo que tenía incluir en mi currículum «haber sobrevivido a la tertulia X de Salamanca» y que eso debería servir para que me dieran directamente una plaza fija en la universidad. Algo tendrían que convalidarme.

En la presentación en la tertulia, expuse algunas de las ideas esenciales del feminismo, del ecofeminismo y de la ética animal. Un señor planteó la primera pregunta: «Este libro que presentas es el resultado de una tesis doctoral, ¿verdad?». Hablaba mientras hacía un movimiento con la mano como si estuviera apartando una mosca, mostrando con su lenguaje corporal el desprecio por mi trabajo. Cuando respondí afirmativamente, añadió: «Se nota, porque se ve claramente que es una primera investigación sin ninguna maduración». Era la primera vez que me menospreciaban por haber escrito una tesis doctoral (emoji de cara sorprendida). Y es cierto (y obvio) que, nueve años después, dispongo de más conocimientos y he madurado mis investigaciones, pero las ideas principales prevalecen: existen conexiones entre la dominación de las mujeres y la explotación de la naturaleza y de los otros animales, y un mundo basado en la violencia y en la opresión de quienes han sido considerados inferiores es un mundo menos deseable que uno basado en la compasión y en la paz. Había puesto el dedo en la llaga: consumir los cuerpos de otros animales cuando tienes la libertad de elegir no hacerlo implica la decisión de mantener la violencia en tus prácticas diarias. ¿Y a quién le gusta escuchar esto? Pues a poca gente, la verdad. Menos aún si te dicen, además, que existe un sistema de opresión de las mujeres y que ambos están conectados.

Siguieron una multitud de cuestiones enfocadas únicamente en justificar un modo de vida basado en la violencia, pero que se intentaba vender como pacífico. No hubo ninguna intervención encaminada a profundizar en mis planteamientos conceptuales. Todo era reactancia y faltas de respeto. La «alta cultura» quedó más que clara cuando una mujer me preguntó, haciendo honor a la falacia *ad hominem*, si yo consumía leche. Ante mi respuesta negativa, llegó la inteligencia en grado sumo: «¿Y qué pasa, que las almendras no sufren cuando las aplastan para hacer la bebida de almendras que te bebes?». Lo escribo y no puedo evitar reírme. Y reírme a carcajadas. Mi gato levanta la cabeza y me mira con sorpresa, tal vez, con la misma sorpresa que yo sentí al sufrir las «preguntas de la alta cultura» en mis propias carnes...

Aunque me esté apartando un poco del tema, cuento esto porque quiero que se compruebe que, efectivamente, las personas que nos dedicamos a analizar y criticar diferentes injusticias solemos enfrentarnos a conductas molestas y violentas. Mucho más si las injusticias que criticamos son las patriarcales y, aún más, si nos atrevemos a criticar también las injusticias contra los demás animales* y, además, conectamos unas y otras. Levantamos ampollas y, al mismo tiempo, esas reacciones nos levantan ampollas a nosotras. La emocionalidad es una parte constitutiva de nuestro ser humano y, aunque queramos mantener el ideal de Kelly de comunicar y relacionarnos con ternura, nos lo ponen difícil demasiadas veces. Vuelvo a lamentarme por la peculiar psicología humana y vuelvo a aceptar mi falta de herramientas pedagógicas para lidiar con ella.

Voy a narrar ahora las dos preguntas que conectan con mi análisis del vídeo de la no feminista, pero, antes, quiero añadir que, de esta experiencia en la tertulia, me quedo con la intervención de una adorable ancianita que levantó la mano solo para decir: «Estemos o no de acuerdo con lo que propone la ponente, de lo que no me cabe duda es de que todo lo que ha venido a exponernos lo ha desarrollado con amor. Lo que mueve a esta chica es el amor profundo y la compasión». Cuando salieron todas las personas que habían asistido, rabiosas, hinchadas de orgullo y satisfechas por la humillación a la que me habían sometido, esta mujer se me acercó, clavó

* Las personas que, desde diferentes ramas del conocimiento, se dedican a defender a las plantas, se enfrentan a otro tipo de violencia: la negación de la relevancia de su trabajo o, incluso, el rechazo a la publicación de sus investigaciones. Parece que al antropocentrismo no le gusta que nos preocupemos por algo que no sea humano...

sus húmedos ojos en los míos y, mientras me sujetaba la mano, me dijo: «No dejes que se apague ese amor y no dejes de trabajar con la pasión con que lo haces. Gracias por traer propuestas de amor y de paz». Mi experiencia con esta señora fue suficiente como para que valiera la pena no haber saltado por encima de las mesas y haberme ido a un lugar seguro. Hay que buscar estos reductos de paz, pues nos encontramos con lo peor del ser humano, pero también con lo mejor.

Volviendo a la cuestión de lo que es o no es el feminismo, recupero las dos preguntas de esta tertulia que me hicieron darme cuenta de que estaba haciendo algo mal en mi forma de comunicarme, pero, también, de que había algo que no funcionaba en quienes recibían el mensaje. Había explicado lo que es el feminismo tal y como lo acabo de describir más arriba. Y, aun así, un hombre dijo:

> Nos estás presentando un libro que se titula *La ética animal: ¿una cuestión feminista?* y nos tiene que parecer bien. Me pregunto qué pasaría si alguien escribiera un libro que se titulara *La ética animal: ¿una cuestión machista?* ¿Tendría tan buena aceptación como tú esperas que tenga tu libro, o la gente se llevaría las manos a la cabeza por ver que alguien está reivindicando el machismo como tú estás reivindicando el feminismo?

Lo que contesté es que veía que no me había explicado bien (lo cual es factible), aunque en realidad lo que quería decir es que, explicara lo que explicara, algunas personas seguirían entendiendo lo que querían entender. ¿En qué momento había dicho yo que el feminismo buscara lo mismo que busca el machismo: la inferiorización de los hombres; la violencia salvaje y sistemática contra ellos; la normalización de su violación, su maltrato y su asesinato; la mutilación de sus genitales; la usurpación de su derecho al voto, al estudio, al trabajo o a una vida libre de violencia; la conversión de sus vidas en un infierno al verse reducidos a objetos sexuales o a fábricas de bebés; su ridiculización y sospecha cuando se atreven a denunciar algún acto de violencia que han sufrido; la invisibilización de sus aportaciones a las diferentes ramas del conocimiento;

su hipersexualización en el mundo audiovisual o su utilización como arma de guerra? No puedo entender que haya gente que siga pensando que feminismo y machismo son lo mismo, pero al revés.

De verdad que me cuesta habitar un mundo en el que alguien es capaz de creer que existe una teoría y un movimiento social que apuesta por hacer con los hombres todo lo que ellos han hecho —y hacen— con nosotras, cuando el feminismo ha sido y es una teoría y un movimiento esencialmente pacífico. Y no todos los hombres lo hacen, pero nos iría mucho mejor si los que no lo hacen empezaran a enfrentarse a los que sí lo hacen, en lugar de sentirse atacados y tratar de defenderse.

En mi caso, por poner un ejemplo, cuando escucho un discurso sobre el racismo, tomo conciencia de la problemática y no salto diciendo: «Oye, que yo no he oprimido a ninguna persona racializada; no me metas en el mismo saco que los racistas». Entiendo que me están hablando de una problemática estructural como consecuencia de un sistema de opresión racista. No interpreto que se están refiriendo concretamente a mí, culpabilizándome. Y, aun así, como persona blanca, sé que el racismo tiene mucho que ver conmigo. Y no me enfada que me lo digan, me enfada que suceda. Y asumo avergonzada que me beneficio de que exista un racismo estructural que oprime a las personas racializadas que son explotadas, por ejemplo, para que yo pueda tener camisetas a un euro. Y, entonces, me comprometo con la causa y trabajo dentro de mis posibilidades por conseguir el fin de esa opresión y por erradicar en mí lo que haya de racismo. Lo mismo podría decir con el resto de las opresiones que yo no padezco.

Otro ejemplo: cuando se critican las prácticas extractivistas del norte global, la expoliación de los países empobrecidos, no entiendo que se me está diciendo que soy yo quien va a esos países a robarles sus bienes comunes y a destrozar la naturaleza para lucrarme. Entiendo que me están hablando de una problemática estructural del neoliberalismo de las élites occidentales (y también de las élites no occidentales...), no interpreto que se están refiriendo concretamente a mí, culpabilizándome. Y, aun así, como persona occidental, sé que el extractivismo tiene mucho que ver conmigo. Y no me enfada que me lo digan, me enfada que suceda. Y asumo avergonzada que me beneficio de que se roben los bienes de otros países para que podamos disfrutarlos aquí a bajo precio. Y, entonces, me comprometo con la causa y trabajo por conseguir el fin de esa injusticia, aunque a mí me perjudique que esa práctica injusta se acabe.

En cada caso, haré lo que pueda y lidiaré con mis propias incoherencias. Lo que no haré será ponerme a la defensiva y negar mi participación en la opresión de la que se esté tratando. Pido lo mismo en el caso de la dominación patriarcal. No necesitamos hombres ofendidos por sentirse incluidos en el mismo saco que los machistas, violadores, maltratadores o androcéntricos. Necesitamos hombres que se unan al feminismo para acabar con ese saco. Por favor, que alguien me diga cómo llegar a los hombres para que entiendan de qué va el feminismo y para que no sientan que los estamos criminalizando solo por ser hombres. Yo no tengo las herramientas adecuadas para hacerme entender. Desde luego, ese señor de la «tertulia de alta cultura» no había entendido nada, o no había querido entender. Me faltan herramientas pedagógicas...

Un conocido que asistió a la tertulia me dijo que lo que pasaba era que yo hablaba a un nivel y el público escuchaba en otro muy diferente. Efectivamente, así era. Y, tristemente, así sigue siendo en demasiadas ocasiones. Yo hablo basándome en la ética, en los ideales, en lo que debería ser, en lo que me gustaría que fuera. La gente escucha anclada en su realidad situada, en sus valores arraigados y en su formación específica, y no entienden que tú estás defendiendo un planteamiento utópico (aunque no ingenuo).

Escribo y hablo a partir de la ética. Propongo una reformulación de códigos morales que considero que nos impiden ascender hacia un mundo de no violencia y compasión. Cuando, en *Matadero cinco: la cruzada de los niños* (1969), Kurt Vonnegut narra las muertes en la guerra y en otros entornos, afirma: «Es lo que hay».[14] La reflexión, desde el punto de vista ético, sería: «Bien, es lo que hay, pero ¿es lo que debería haber?». ¿Debería haber guerras en las que mueren masacradas personas inocentes? ¿Deberían los Estados mantener prácticas de asesinatos masivos contra la población de otros Estados? Y, en la misma medida: ¿Debería la sociedad aceptar que hay personas que pueden ser sometidas debido a su sexo, su color de piel, su lugar de procedencia, su clase, sus capacidades o su orientación sexual? ¿Debería la humanidad basar su vida en la violencia sistemática contra los demás animales y en la destrucción a gran escala del resto de la naturaleza? La guerra, el sexismo, el racismo, el clasismo, el heterosexismo o la inferiorización y explotación de la naturaleza y de los otros animales, de hecho, «es lo que hay». Pero ¿es lo que debería haber? ¿Debemos aceptarlo simplemente porque «es lo que hay»? Del hecho de que sea lo que hay, ¿se sigue necesariamente que tenga que continuar siendo así? ¿No somos capaces de transformar nuestros paradigmas, nuestras instituciones, nuestras tradiciones y nuestras prácticas culturales si estas se basan en la violencia y en la dominación? Podemos. Otra cosa es que queramos.

A veces y sobre todo en el plano teórico, cuando no estoy en contacto con personas concretas, tengo ciertos problemas para aceptar otras visiones del mundo y para entender que hay gente que no ve las cosas como las veo yo o que no actúa como yo lo hago. De hecho, es tan poca la gente que comprende mi forma de entender y sentir las cosas que me siento bastante sola en este aspecto. Al mismo tiempo, mis vínculos con las personas que la comprenden son profundamente valiosos y prácticamente indestructibles. Digo esto porque soy consciente de que estoy pidiendo un imposible: que todo el mundo se comporte y razone como lo hago yo. Al mismo tiempo, añado que no es que me crea una deidad conocedora del bien y del mal, de la justicia y de la injusticia, y que sea el modelo que todo el mundo debería seguir. Soy bastante consciente de mis incoherencias, de los cuidados de los que me escaqueo y de las injusticias que he cometido y cometo. Y no son pocas. Las observo, las asumo y las rechazo. Si me dedico a la ética no es solo porque me guste la argumentación filosófica. Es, sobre todo, porque tengo un compromiso firme con hacer del mundo un lugar mejor desde donde yo pueda aportar algo. Y con «mejor» me refiero a más pacífico, más compasivo, más igualitario, más respetuoso, también con el mundo no humano. Y, como digo, me cuesta entender que haya gente que no desee este ideal y que se ponga a la defensiva cuando le hablan de opresiones en las que está en la parte favorecida.

Ya acepté que estoy de acuerdo con lo que plantean Donaldson y Kymlicka con respecto a lo ingenuo de esperar que las personas sean santas morales. Tal vez quiera un mundo que es imposible conseguir. Porque entiendo que, si esto es así con una persona que tiene un buen nivel de vida en un país occidental con Estado de bienestar, con más motivo va a ser con personas en situación de pobreza o de vulnerabilidad. Comprendo la tesis de Ronald Inglehart (1990) que apunta a que la conciencia ecológica se desarrolla con el aumento de los ingresos, en el sentido de que solo aquellos que tienen asegurada la subsistencia y las comodidades materiales pueden emprender campañas a favor de la naturaleza. Pero también entiendo la crítica de Joan Martínez-Alier a esta tesis posmaterialista: no podría explicar ni la existencia del ecologismo materialista que surge en los países ricos ni la de movimientos ecologistas en los países pobres.[15] Si existe un «ecologismo de los pobres»[16] que utiliza lenguajes ajenos al mercado y se preocupa por otros valores como la biodiversidad, la diversidad cultural, los derechos de los animales o los derechos territoriales de los pueblos indígenas,[17] ¿por qué no podemos lograr el desarrollo de la conciencia ecofeminista del cuidado? Como me niego a aceptar que eso es imposible, sigo aportando estas semillitas por si alguien se anima a ayudarlas a crecer. Desde luego, no me conformo con eso de que «es lo quc hay».

En mayo de 2025, en el *Cape Horn International Center* (Puerto Williams, Chile), después de mi intervención en la *III Conferencia Internacional CHIC. Filosofías, educación y éticas para la conservación biocultural*, un señor me dijo que, si contaba a ocho personas de la calle mi propuesta de la ética ecofeminista del cuidado y ninguna estaba de acuerdo con ella, es porque algo fallaba en mi propuesta. No dije nada, pero pensé que, sin ninguna duda, las propuestas de las sufragistas eran rechazadas por más de ocho personas en la calle y eso no significaba que estuvieran mal. Afortunadamente, el rechazo generalizado de la sociedad de su tiempo no las desalentó. De lo contrario, yo no podría ser profesora de universidad, ni votar, ni escribir este libro, ni tener garantizados mis derechos civiles, políticos, económicos o sociales. ¡Gracias, queridas sufragistas, por mantener la determinación y la esperanza! ¿Qué sería de nosotras sin las propuestas feministas y sin su praxis de liberación?

Vuelvo ahora al feminismo y a la «tertulia de alta cultura» con la otra pregunta «interesante» que planteó, en este caso, el moderador, que había visto que mi reacción a los ataques violentos que estaba recibiendo no era tan pacífica como cabría esperar. Para calmar las aguas, me propuso un cambio conceptual. A la vista del rechazo que generaba el término *feminismo*, propuso que nos planteáramos dejar de llamarlo así y empezar a llamarlo *igualismo*. Claro, si lo que el feminismo busca es la igualdad, ¿por qué no referirnos a él como *igualismo*, término que eliminaría el componente problemático de hacer referencia a las mujeres? Buf...

Y aquí volvemos al problema que se plantea en el vídeo de la mujer que dice no necesitar el feminismo porque no cree en la supremacía ni en los privilegios. «Si el feminismo busca la igualdad...». Vamos a ver: la igualdad la buscan todos los movimientos sociales de liberación. Todos ellos buscan la igualdad en un aspecto concreto, pero lo que están reivindicando es que las personas no sean violentadas, dominadas o discriminadas por un componente específico como el color de la piel, el sexo, la clase o la orientación sexual. ¿Llamaremos a todas las luchas *igualismo* para no herir sensibilidades?

El feminismo se llama feminismo porque atiende a los problemas de las mujeres como consecuencia de la pervivencia del sistema patriarcal. Exigir que el feminismo se haga cargo de los problemas de los hombres es tan absurdo como exigir al movimiento por los derechos de la infancia que se preocupe también por los derechos de las personas adultas. Y exigir que el feminismo pase a llamarse *igualismo* demuestra cualidades en las que mejor no me detengo... Y es que ya sabemos que al «¿para cuándo un día del hombre?» se suma el «¿para cuándo un día del orgullo hetero?» y toda una serie de idioteces por el estilo.

Si aquella no feminista que no necesita el feminismo entiende que el feminismo es un movimiento por la supremacía porque no atiende a los problemas de los hombres, es porque, le guste o no, no sabe lo que es el feminismo. La ignorancia es muy atrevida y nos lleva a hacer el ridículo más espantoso. Lo malo es que una horda de ignorantes te jalea y entonces te reafirmas en tu ignorancia y, a la vez, reafirmas a la horda de ignorantes en un precioso «círculo

Poullain».* En las redes, este vídeo estaba consiguiendo precisamente esto: como la no feminista se presentaba como una voz con conocimientos —cuando, en realidad, estaba intentando justificar prejuicios sin ningún fundamento—, la gente que pensaba como ella se veía legitimada porque alguien con apariencia de saber decía lo mismo que ellos y ellas creían. Bienvenidas al fin del pensamiento crítico y de la sabiduría... Bienvenidas a la posverdad patriarcal.

En el resto del vídeo, se dedica a aportar unos supuestos datos que supuestamente confirman que el feminismo no busca la igualdad, sino que crea un mundo de sexismo contra los hombres porque no atiende a los problemas de estos. Se refiere a problemas como que hay más hombres violados en las prisiones de Estados Unidos que mujeres violadas; que casi la mitad de las víctimas de violencia doméstica en Estados Unidos y Canadá son hombres, pero que no tienen refugios ni programas de defensa legal, ni asesoramiento ni atención jurídica, como las mujeres; o que los hombres constituyen el 80 % de las personas que se suicidan, el 92 % de las muertes laborales, el 77 % de las víctimas de homicidio y el 97 % de las muertes en las guerras. Con respecto a este último tema, nada dice de la utilización de las mujeres como arma de guerra, de las violaciones masivas, de las agresiones sexuales y de los asesinatos que sufren las mujeres y las niñas en los conflictos bélicos como consecuencia de la misoginia.[18] Véanse, por ejemplo, las torturas sexuales que perpetraron los militares serbios a mujeres bosnias y croatas. O la macabra realidad de que, tras la invasión de Ucrania, aumentaran exponencialmente las búsquedas de «ucranianas» en páginas pornográficas. Lo mismo sucede actualmente con «palestinas». Doble genocidio. Doble indignación.

Cuando la mujer del vídeo habla de estas cuestiones, ignora un

* En el siglo XVII, el filósofo cartesiano François Poullain de la Barre había señalado que se da una retroalimentación entre lo que dicen los considerados sabios y lo que piensa la mayoría de las personas. Los sabios han mamado un prejuicio y luego lo reproducen. El común de los hombres, al escuchar de boca de los considerados sabios lo que ellos mismos piensan, se reafirman en su creencia (Poullain de la Barre, 2007).

componente central de la teorización y el trabajo feminista: la constatación, el análisis y la crítica de la socialización patriarcal y de su repercusión en la vida de las personas, tanto de mujeres como de hombres. Efectivamente, como consecuencia de los modelos culturales que configuran la masculinidad y la feminidad, la sociedad enfrenta problemáticas como la muerte de hombres jóvenes en accidentes absurdos o diferentes problemas psicológicos como resultado del mandato de triunfo en una sociedad de la competencia.[19] La consigna básica de socialización en la masculinidad, «ser varón es ser importante»,[20] es un privilegio y, al mismo tiempo, una exigencia constante, pues los hombres tendrán que demostrar su importancia con conductas que muestren la masculinidad patriarcal.

Pero esta masculinidad se ha quedado obsoleta porque está enferma de agresividad en una sociedad en la que las actitudes y los comportamientos violentos ya no son necesarios para sobrevivir.[21] Así, la pervivencia de esta masculinidad tiene consecuencias desastrosas. Hablar de violaciones de hombres o de homicidios sin aludir a que esas violaciones o asesinatos son perpetrados prácticamente en su totalidad por otros hombres es describir la realidad de forma fraudulenta. También lo es hablar de la indefensión de los hombres que son víctimas de violencia en el hogar sin aludir al mandato patriarcal de la masculinidad como entidad autosuficiente, poderosa e inquebrantable. Que se ridiculice o se ignore a los hombres que son violentados es una consecuencia de esa idea patriarcal que nos dice que los hombres no se pueden mostrar vulnerables, que los hombres no pueden llorar (pero cuidado con tratar de equiparar una problemática minoritaria con una violencia estructural que afecta a millones de mujeres). Esa idea permea en toda la sociedad, determinando también las políticas públicas. Y lo mismo podemos decir con respecto al tema de las muertes laborales, los suicidios o los homicidios: son, entre otros factores, consecuencia de los roles y las normas de género que exigen a los hombres ponerse en riesgo para demostrar que son «hombres de verdad», o del deterioro de sus habilidades de manejo de las emociones al que me he referido en el capítulo anterior. El feminismo aborda todas estas cuestiones, por lo que el vídeo de la no feminista es absurdo lo mires por donde lo mires.

Hay otras cuestiones interesantes que analizar. Por un lado, en contra de todos los estudios sobre el techo de cristal, afirma que, «como mujer, es más probable que encuentre un trabajo en el Gobierno o en el Ejército, a pesar de no estar cualificada, solo para que cumplan una cuota de igualdad. [...] También es más probable obtener un lugar en la universidad». Sostiene que no es feminista porque quiere ganarse su trabajo, no que se lo regalen «para llenar una cuota». Volvemos otra vez a mostrar la ignorancia en grado sumo sin que la aludida se ruborice siquiera.

No me voy a extender demasiado en este tema, aunque sí que quiero señalar algunas cosas. Entre ellas, que las cuotas no asignan trabajo a mujeres sin cualificación para ese desempeño. No es como si ahora yo, profesora de Ética, fuera a entrar en el Ejército sin tener la formación necesaria para estar ahí solo porque se lo exige una cuota (no entraría ni aunque me regalaran la plaza, todo hay que decirlo, porque vuelvo al «no debería haber ninguna mujer en el Ejército; saquemos de allí a los hombres» de Kelly, pero, bueno, lo pongo como ejemplo). Las cuotas son una medida que evita que determinados individuos disfruten de ventajas injustas. Como señala Victoria Camps: «Sin duda, las leyes especiales y las acciones positivas, por contrarias que nos parezcan a la concepción, quizá más ilustrada, de la igualdad, han constituido el avance más significativo en el desarrollo del derecho a la igualdad».[22] Las cuotas equilibran el reparto de bienes públicos, ya que las oportunidades en igualdad de condiciones no han sido las mismas para hombres y mujeres. Como recuerda María Teresa López de la Vieja, las cuotas «contribuye[n] a minar los privilegios anacrónicos —un mundo jerarquizado, premoderno— que se sostienen sobre las energías y la buena voluntad femenina».[23] Las cuotas compensan un trato deficiente hacia las mujeres, pues las barreras de género no se superan solo con el mérito y el esfuerzo personal. A igualdad de capacidades, mérito y esfuerzo, se tiende a elegir a los hombres como consecuencia del estatus de género, en la misma medida en que, a igualdad de capacidades, mérito y esfuerzo, se tiende a elegir a personas sin discapacidad o a personas blancas. Por lo tanto, las cuotas no regalan trabajos a personas sin capacitación. Lo que consiguen es sociedades más justas en las que las personas con capacitación no serán discriminadas por factores como el sexo, el color de la piel o la condición física o psicológica.

Por otro lado, la mujer no feminista toca dos temas especialmente problemáticos: uno, que siempre son las mujeres quienes consiguen la custodia de los hijos en caso de divorcio; y el otro, que, a las mujeres, y no a los hombres, se las toma en serio en caso de ser violadas. Según ella, nadie se reirá de una mujer sometida a esa vejación, mientras que los hombres violados serán siempre ridiculizados. Sin negar que, en efecto, la masculinidad patriarcal conduce al rechazo de aquellos hombres que sufren violencia sexual porque se considera que han transgredido el mandato de la heterosexualidad y el de la capacidad de autodefensa, hay mucho que decir con respecto a estas dos terribles afirmaciones.

En *Misoginia judicial: la guerra jurídica contra el feminismo* (2022), Beatriz Gimeno analiza la aterradora situación que viven muchísimas mujeres que se enfrentan a juezas y jueces misóginos y patriarcales y a toda una serie de instancias estatales que permiten que la violencia de género continúe, ya sea por falta de acción, de determinación, de condena o de confianza en las mujeres. Esta violencia institucional se mantiene en diferentes casos de violencia vicaria, en los que se niega la versión de las madres y de profesionales que solicitan la retirada de las visitas paternofiliales al padre maltratador como consecuencia de los malos tratos y de las amenazas constantes. En diferentes casos, la consecuencia de esta violencia institucional ha sido el asesinato de las criaturas. ¿Y todavía nos atrevemos a decir que se cree a las mujeres siempre que denuncian violencias o violaciones? Sé que estoy dando demasiadas vueltas a la rabia que siento, pero es que no es para menos. ¡Hay una mujer que graba un vídeo que se hace viral y que recibe un apoyo desproporcionado en el que dice que los Estados escuchan las voces de las mujeres! Entonces, ¿por qué hemos necesitado gritar tan alto «hermana, yo sí te creo»? ¡Precisamente porque no nos creen! El caso de La Manada en España aparece como un caso paradigmático. Aunque, como señala Gimeno:

> Si bien a pie de calle la violación ocurrida en julio de 2016 fue reconocida como espacialmente brutal, lo cierto es que sigue ha-

> biendo más de treinta agresiones sexuales grupales al año, y muchas de ellas terminan con el asesinato de la víctima. Tampoco es difícil encontrar casos en los que las víctimas directamente no son creídas, en los que los interrogatorios resultan mucho más ofensivos y en las que se emiten sentencias incomprensiblemente absolutorias o muy leves. Hay, en definitiva, procesos en los que las víctimas son sometidas a un calvario policial y judicial mucho mayor que el que vivió la víctima en este juicio, en el que, al menos, contó con un apoyo muy activo del feminismo y donde los medios no se atrevieron a desplegar tanto la misoginia habitual.[24]

Es espantoso constatar esta realidad, la realidad de la violencia sexual que se ejerce sistemáticamente contra las mujeres y la puesta en cuestión de los testimonios de estas víctimas de la misoginia y de la violencia patriarcal.[25], * Llevo dando clases en la Universidad de Valladolid desde el año 2012. Cada uno de los cursos, me he enfrentado a la durísima situación de recibir a alguna alumna (o a varias) que, después de tratar los temas de feminismo, se acerca a decirme que ha sido víctima de violación o de violencia en la pareja. ¡Todos y cada uno de los años en los que llevo dando clase he tenido que escuchar y arropar a mis chicas llorando, diciéndome que han sido violadas por un familiar y que su familia no las cree; que sus parejas las maltratan y sus amigas las han abandonado, o que sus parejas las obligan a realizar prácticas sexuales violentas que ellas no desean! ¡Cada año! ¡Con mis chicas de dieciocho, de veinte o veintidós años! Chicas a las que adoro y a las que tengo que decir que, como profesora de Ética, no puedo más que escu-

* Recomiendo la charla TED de Inés Hercovich «Negociar sexo por vida» en la que analiza diferentes testimonios de mujeres víctimas de violación y los mecanismos mentales que se activan cuando se escuchan estos testimonios. Tendemos a silenciar unos aspectos y a amplificar otros para que la historia se adapte a lo que esperamos de una violación. En realidad, las violaciones no concuerdan con el imaginario social según el cual suelen ser eventos rápidos con un desconocido violento. Véase <https://www.youtube.com/watch?v=iPk9VTATmGM>.

charlas, acompañarlas y, si lo necesitan, abrazarlas. Chicas a las que tengo que proteger y cuidar. Me he comprometido a ello. No concibo la docencia de otra forma. ¿Cómo no voy a sentir rabia y tristeza?

Solo puedo escucharlas, pero la escucha tiene una fuerza especial. Como recuerda Gilligan con respecto al surgimiento de la ética del cuidado: «Para oír una voz diferente —es decir, una voz carente de sentido según las categorías interpretativas predominantes— fue imprescindible emplear una forma de escuchar que generase confianza».[26] Esto es algo que constató el psicoanalista Jonathan Shay en *Achilles in Vietnam: Combat trauma and the undoing of character* (1994), en el marco de su trabajo con veteranos de guerra que relataban sus terribles experiencias vitales: la superación del trauma pasa por poder comunicar la experiencia a alguien en quien puedas confiar. Entendemos, entonces, la dimensión del problema de que la voz de las mujeres sea puesta en entredicho. Yo intento que mis alumnas al menos sientan que pueden confiar en mí, que soy un lugar seguro, aunque solo sea para hablar y compartir el dolor y (oh, sorpresa) la rabia.

En mi último año impartiendo la asignatura de Ética y Filosofía Política en la Facultad de Educación de Palencia, numerosas alumnas se animaron a compartir en clase las experiencias de violencia sufridas por ser mujeres: empezó una valiente y luego se fueron uniendo otras, que hablaban en primera persona o en tercera, relatando las violencias sufridas por sus amigas o, incluso, por sus madres. Hablaban con esa «voz humana»[27] que ha sido silenciada. Les agradecí profundamente que se hubieran atrevido a poner en palabras esos infiernos. Nunca me había pasado. Siempre venían a mí alumnas avergonzadas que me hablaban bajito y en privado. Que estas mujeres se atrevieran a alzar la voz delante de cuarenta personas fue excepcional. Las víctimas no tienen (tenemos) nada de que avergonzarse. Terminé la clase con los ojos llenos de lágrimas y el corazón lleno de alegría. Mis estudiantes, mi gran esperanza. Ojalá podamos protegerlas como se merecen, como se merece toda persona, como se merece todo ser vivo.

Kate Millett se refería a la violencia patriarcal como «un instrumento de intimidación constante». No solo la sufren quienes de hecho la sufren, sino que todas las mujeres vivimos bajo la amenaza de esa violencia en diferentes grados. En consecuencia, limitamos nuestra autonomía y nos resignamos a una vida vivida desde el miedo. Hace años, una alumna contó en clase que, una noche, volviendo a casa con los apuntes en la mano, se percató de que un hombre la estaba siguiendo. Realizó varios cambios de camino para corroborar que la seguía. Al ver que giraba en cada giro que ella hacía, tiró los apuntes al suelo y empezó a correr. El señor empezó a correr también. Exhausta y aterrada, llegó a su casa. Cerró la puerta. A los pocos minutos, escuchó con horror que trataban de abrirla. Se abrió. Era su padre. Traía en la mano los apuntes que había tirado y le preguntaba que por qué había salido corriendo al verlo. La cuestión es que no lo había visto, solo había visto a un señor que caminaba detrás de ella y había sentido miedo, el miedo a ser víctima de la violencia patriarcal, el miedo a la violación, que es utilizada como mecanismo de control de las mujeres.[28]

Este es el resultado de vivir en un sistema de dominación con una violencia estructural. Y de ahí la importancia de contar con el concepto de *violencia de género*, *violencia machista* o *violencia patriarcal* para poder mostrar y analizar la realidad a la que se enfrentan las mujeres en el patriarcado. Como bien ha mantenido Celia Amorós, «conceptualizar es politizar».[29] Al contar con conceptos claros, podemos intervenir de forma adecuada en la práctica. En el caso concreto de la violencia patriarcal, al acuñar ese concepto, contamos ya con una categoría general que permite agrupar lo que de otra manera serían fenómenos dispersos y discontinuos. Pasamos de casos concretos y desconectados de violencia contra mujeres específicas a entender que nos enfrentamos a una violencia estructural que está en la base del sistema. Las mujeres sufrimos esas violencias por el mero hecho de ser mujeres. No hay más motivo: se debe exclusivamente a haber nacido hembra humana* en una sociedad que construye a esos sujetos desde la idea de que son inferiores a los machos humanos.

* Habría que analizar más en profundidad la opresión de las mujeres trans, que no se basa en la biología, sino en la construcción patriarcal de la feminidad. Las violencias que sufren son violencias patriarcales de lo más brutal. Toda mi sororidad y mi respeto hacia ellas.

La importancia de contar con conceptos claros, con buenos conceptos, es indiscutible. Así lo vemos, por ejemplo, en el caso de la industria de la explotación sexual: serán muy diferentes las medidas políticas que tomar y el imaginario social que se crea si utilizamos los conceptos despolitizados de *cliente*, *empresario del sexo* o *trabajo sexual*, a si empleamos los conceptos más adecuados de *putero*, *proxeneta* y *explotación sexual*. Lo mismo sucede con el concepto de *cambio climático*, que puede sugerir un cambio, pero no necesariamente negativo. Por el contrario, con *caos climático*[30] entendemos mejor la impredecibilidad de la situación que vamos a enfrentar. Igualmente, como veremos, el concepto de *bienestar animal* esconde violencia detrás de bonitas palabras hipócritas.

Pues bien, con respecto al tema que estoy tratando, conviene realizar un nuevo cambio: de *agresiones sexuales grupales* o *violaciones grupales*, pasaremos a *repetidas violaciones cometidas por varios hombres en grupo*. Si nos referimos a una violación grupal, parece que ha sido una única violación. El imaginario que se crea con este concepto oculta la realidad macabra de múltiples violaciones cometidas por múltiples hombres. Con este imaginario, las políticas y las prácticas serán insuficientes. Debemos contar con buenos conceptos y definir adecuadamente los que estamos utilizando, para evitar encontrarnos con usos fraudulentos como cuando unos violadores sostienen que la víctima «consintió» en la agresión, un maltratador dice que «ama» a su mujer o cuando hablamos del «cuidado» y el «amor» hacia los animales que son reducidos a instrumentos y son explotados para beneficio humano.

Otro ejemplo de la importancia de los conceptos lo tenemos en el caso de La Manada, en el nombre mismo que se pusieron esos violadores misóginos. Ellos se entendían a sí mismos como lobos en busca de una presa. Es curiosa esta imagen del lobo en un país que masacra sistemáticamente a esos hermosos y fascinantes animales que han sido inferiorizados, demonizados y asimilados a la crueldad, como comprobamos en la célebre frase de Plauto popularizada por Hobbes: «el hombre es un lobo para el hombre». Desde hace décadas, los cuentos infantiles han reproducido estas ideas peyorativas. Así, se ha generado un imaginario alejado de la realidad, pues los lobos raramente atacan al ser humano. Son animales que, como tantos otros, tratan de sobrevivir en ecosistemas devastados. A algunos les viene muy bien mantener ese imaginario de peligrosidad para adueñarse del campo, exterminar a esas bellezas* y hacer que la gente ya ni pueda pasear sin miedo a recibir un disparo. Como he escrito en otro lugar:

> Cuando, desde el feminismo, gritamos que «la manada somos nosotras», nos reapropiamos del concepto de *manada* de una forma que se ajusta a la realidad de los lobos. Se habla, entonces, de lealtad, de protección del grupo, de cariño. No se alude a la peligrosidad, a la maldad, a la rapiña, al hecho de infundir terror en las presas que se crucen por delante. Una manada es un conjunto de hermosos animales con el interés de no sufrir y de vivir junto a su familia. No permitamos que ese concepto se use para perpetuar la violencia contra las mujeres y para afianzar los prejuicios contra los lobos. Cada lobo, cada loba, importa por sí mismo como ser individual que experimenta su propia vida. Además, importan todos y todas porque realizan labores esenciales para los ecosistemas. Solo la falta de cordura, el egoísmo y la carencia de empatía pueden tergiversar esta realidad.[31]

Hablar de «manadas» para referirse a grupos de niños, jóvenes u hombres adultos que violan en grupo a mujeres transmite un mensaje muy negativo sobre estos animales. Los lobos no merecen que se mantenga esa imagen. Los violadores de San Fermín son un grupo de violadores, criminales, misóginos. No son lobos. Los lobos son una de las maravillas de la naturaleza. Los violadores son una consecuencia despreciable y vomitiva del patriarcado. No dignifiquemos a esos violadores con un nombre de animal.

El documental *No estás sola: la lucha contra La Manada*† es un regalo y un impulso para la esperanza, tanto por los actos de sororidad con la víctima que en él se narran como por el hecho de que

* No dejes de ver el documental *Salvaxe, salvaxe* (2024), dirigido por Emilio Fonseca y producido por Xiana do Teixeiro en Walkie Talkie Films.

† Dirigido por Robert Bahar y Almudena Carracedo y producido por Lucernam Films (2024).

una plataforma multitudinaria se anime a dar espacio a un producto feminista. Lo mismo podemos decir, por ejemplo, del documental *Nevenka*,* en el que se narra la que podríamos considerar la historia pionera del #MeToo en el año 2000 en España: el acoso sexual sufrido por Nevenka Fernández por parte del político Ismael Álvarez, del Partido Popular, la valiente denuncia y la insuficiente condena. Que fuera ella, la víctima, quien tuviera que abandonar el país (igual que la víctima de La Manada) nos dice mucho de a qué nos estamos enfrentando.

Mucho nos queda por hacer aún en el ámbito de la visibilización, la denuncia y el rechazo de las diferentes violencias contra las mujeres. Mucho nos queda por hacer aún para que sea un hecho eso de «¡hermana, yo sí te creo!». Porque, tristemente, ni el grueso de la sociedad ni el aparato estatal creen a las mujeres. Es más, la falta de formación en cuestiones de género nos lleva a la triste e indignante realidad de que muchos de quienes deberían estar protegiéndonos mantienen y justifican los prejuicios machistas más rancios y violentos. En lugar de universalizar los valores del cuidado, dispersamos el odio y la misoginia.

Con respecto a esto, no me canso de narrar una lamentable historia que viví. Hace bastantes años, tuve la mala suerte de coincidir en una cena con un miembro de la Guardia Civil que se dedicaba concretamente a custodiar a mujeres víctimas de violencia de género con orden de alejamiento. El tipo en cuestión estaba muy enfadado con las leyes sobre violencia de género y consideraba que se estaban gastando recursos públicos en proteger a mujeres estúpidas. Lo que relató fue más o menos lo siguiente:

> Llevo un tiempo dedicando mi horario laboral a custodiar a una mujer cuyo marido tiene una orden de alejamiento. Llego a las 8:00 y estoy con ella hasta las 15:00. Cuando llego cada día, las vecinas se me acercan y me cuentan que, en cuanto salgo por la puerta, la mujer maltratada llama por teléfono a su maltratador, que se presenta en la casa al poco rato y pasan el tiempo juntos

* Dirigido por Maribel Sánchez-Maroto con guion de Marisa Lafuente (2021).

hasta las 7:30 de la mañana, y se marcha antes de que llegue yo. (Aquí trascribo sus palabras literales, que se me quedaron grabadas.) No me jodas, se merece que la mate. Porque está el Estado pagándome a mí un sueldo para protegerla y ella saltándose la orden de alejamiento voluntariamente. Luego llorará.

Este señor, miembro de las Fuerzas y Cuerpos de Seguridad del Estado, encargado de proteger y garantizar los derechos de la ciudadanía, deseaba que desapareciera el derecho básico a la vida de esta mujer que, como consecuencia de la violencia sufrida, había desarrollado todos los síndromes, dependencias emocionales e indefensión aprendida propios de estas víctimas. Para este defensor de la ciudadanía, esta mujer no merecía atención integral, ni siquiera la atención psicológica para conseguir vencer el síndrome de Estocolmo, el estrés postraumático o la dependencia emocional. No. Esta mujer merecía que la mataran por desperdiciar recursos del Estado...

En realidad, lo que nos merecemos toda la ciudadanía es que el funcionariado y, en general, todas las personas que trabajan en un país tengan una formación completa en cuestiones de género, en cuestiones de discriminación y en cuestiones de violencia. Más aún si esas personas están encargadas de protegernos y de cuidarnos. ¿Qué protección pueden tener las mujeres víctimas de violencia de género si algunos de quienes tienen que protegerlas no saben las consecuencias psicosociales de esa violencia?

Otra anécdota me sirve para profundizar en esta cuestión. En 2018, impartí un curso de formación de veinte horas para el Ayuntamiento de Valladolid. Acudieron fundamentalmente trabajadoras sociales, educadoras sociales y psicólogas y, también, un policía municipal que trabajaba en casos de violencia machista. Empecé el curso indagando en sus conocimientos sobre el género y sobre la violencia de género. La idea común era que la violencia de una mujer contra un hombre también es violencia de género. No sabían que el género es un constructo de opresión de las mujeres y que, por tanto, la violencia de género es aquella que sufren las mujeres como consecuencia de ser entendidas como inferiores a los hombres.[32] Con esta falta de conocimientos, difícilmente se pueden entender las causas últimas de esta violencia y actuar eficazmente para erradicarla. No olvidemos que «conceptualizar es politizar». Debemos tener claros los conceptos para poder intervenir bien en la práctica. No era el caso.

Un policía que trabajaba cada día con sucesos de violencia patriarcal desconocía lo que eran el patriarcado y el género. Lo mismo me pasó en la clase de la cárcel a la que me he referido antes. Era un curso de verano sobre género y violencia simbólica que ofertaba la UNED. Iba a centrarme en la prostitución como una forma de violencia contra las mujeres. Para ello, comencé analizando qué es el feminismo y qué es el género. Junto a los presos, asistían varias mujeres matriculadas y la psicóloga de la prisión. Cuando expliqué lo que era el feminismo, la psicóloga gritó desde el final de la sala: «¡Eso no es así! ¡El feminismo busca oprimir a los hombres!». En una cárcel en la que, probablemente, gran parte de los presos se encuentran allí por delitos de violencia de género, la psicóloga que los trataba no sabía lo que era la violencia de género. Desalentador...

Aunque, en estos dos casos, hay un final feliz: cuando acabé la clase, la psicóloga se me acercó y me dijo: «Hay que ver qué equivocada estaba. Gracias por tu clase. He aprendido muchísimo». Igualmente, al acabar el curso del Ayuntamiento, recibí un *mail* del policía, que recupero ahora después de tantos años y vuelvo a sentir la felicidad que sentí entonces al leerlo:

> Hola, Angélica. Como no pudimos hablar al finalizar el curso, quería felicitarte; la verdad es que has conseguido que mi visión de este tema cambie sustancialmente: ahora analizo desde un prisma mucho más amplio cualquier noticia que pueda estar relacionada con la VG. Te pido disculpas si durante los primeros días del curso y debido a mis «reducidos» conocimientos, ponía en «duda» alguna de tus afirmaciones, pero, como digo, se debía, ahora lo sé, a mi falta de conocimientos sobre la materia. En fin, no quiero entretenerte. Te reitero mi felicitación por tu paciencia, capacidad para llegar a los alumnos y predisposición al diálogo. Muchas gracias y hasta la próxima.

Necesitaba recordar estas historias para recuperar un poco de energía y esperanza. La actitud y la conducta cuidadosa es una de esas semillas que tenemos que hacer crecer. Invertir tu tiempo en agradecer a alguien que consideras que ha hecho algo bien es un pequeño gesto de atención y cuidados que puede tener consecuencias maravillosas. A veces, el trabajo tiene sus recompensas. Para mí, efectivamente, las tuvo. Y las tiene. Sonrío al terminar este párrafo.

Me gustaría finalizar este apartado con esta buena sensación. Pero, sin negar que existan estos actos que ayudan a mantener la esperanza, es mi obligación recordar que, al igual en los estudios del desarrollo del juicio moral, la voz de las mujeres continúa sin ser escuchada. O, en caso de escucharse, se pone en duda. Esta fue una de las constataciones que hicieron las integrantes del Colectivo de Mujeres de Boston a finales de la década de 1960 con respecto al tema de mujeres y salud. En concordancia con la forma de proceder de las feministas radicales, las catorce mujeres que crearon el grupo se dieron cuenta de los aspectos positivos que conllevaba contarse sus vivencias personales, compartiendo sus conocimientos y sus análisis. Enseguida comprendieron que era necesario contar con más mujeres que aportaran sus experiencias y conocimientos a fin de crear un material de ayuda de uso individual o grupal, terapéutico y formativo basado en la fuerza que surge de la ayuda y el apoyo mutuo. De ahí nace el libro *Our bodies, ourselves* (1972), traducido al castellano como *Nuestros cuerpos, nuestras vidas.* Sostienen sus autoras que pensar en conjunto hace que surja conocimiento y poder. Al compartir las experiencias personales, descubrieron que no solo los «expertos» pueden aportar conocimiento, sino que las mujeres también tienen mucho que enseñarse a sí mismas y mucho que aprender juntas. Lo personal es político. La participación en la elaboración del conocimiento permitiría, así, criticar lo que decían los expertos. Este es un tema muy importante en el ecofeminismo, que comparte con el ecologismo la desconfianza y la crítica hacia una ciencia y una tecnología que silencian los aspectos negativos de los paradigmas vigentes.[33]

Muchas de las autoras descubrieron el escaso control que las mujeres tienen sobre sus vidas y sus cuerpos y tomaron la determinación de aprender a definir lo que realmente necesitaban. Las historias que se narran en el libro se presentan como experiencias políticas cruciales, ya que se entiende que cada mujer tiene una fuerza potencial para impulsar el cambio político y social. Volvemos otra vez a la importancia de la narrativa en primera persona que presenta los valores del cuidado como esenciales para la ética. Desde ahí, propusieron superar la idea de la mujer cuidadora que se sacrifica por el bienestar de los demás y comenzar a pensar en una misma. La ética del cuidado no exige abnegación y autosacrificio femenino. Por el contrario, se trata de compatibilizar el cuidado de los otros y el autocuidado.

Las autoras de *Our bodies, ourselves* desarrollaron una crítica al sistema biomédico que se mantiene en las sociedades patriarcales y que limita la participación de las mujeres en la salud y en la sociedad. Al escuchar la voz de las mujeres, se entienden como «mejor preparadas para evaluar las instituciones que deberían cubrir nuestras necesidades sanitarias [...]».[34] Estas instituciones, tan estrechamente relacionadas con los cuidados, precisan de una bioética narrativa, feminista y decolonial.[35] Más aún, tienen mucho que aprender asimismo de los planteamientos ecofeministas que recuperan también las voces de las mujeres en su intento de poner de manifiesto los vínculos entre el sistema de dominación patriarcal, el sistema de dominación antropocéntrico y todos los demás sistemas de dominación. Vamos, pues, con la teoría ecofeminista.

Porque aspiramos a un cuidado contra la lógica de la dominación

Al igual que el Colectivo de Mujeres de Boston del que surge el libro *Our bodies, ourselves*, numerosas integrantes de la comunidad de mujeres de Cambridge-Boston que tomaban clases de ética feminista con Mary Daly en los años setenta desarrollaron un trabajo conjunto que partía de las propias experiencias. No olvidemos nunca que lo personal es político. Muchas observaron las similitudes entre el trato recibido por las mujeres y el trato recibido por los demás animales y por la naturaleza.[36] Carol Adams entrevistó a muchas de ellas, y todas coincidían en señalar las conexiones existentes entre el sistema patriarcal que cosifica y oprime a las mujeres y el sistema antropocéntrico que explota la naturaleza y a los demás animales. No eran las primeras en hacerlo. Ya he hecho referencia a varias de las feministas que, desde el siglo XVIII, se preocuparon por los demás animales mientras reivindicaban los derechos de las mujeres.

Como señalé en la introducción, dar voz a las experiencias e intuiciones de estas mujeres contribuye a crear una «epistemología feminista radical» con la que cuestionar la ideología patriarcal y sus distorsiones.[37] El trabajo de Adams en este sentido nos aporta narrativas en primera persona que contienen aspectos esenciales para la ética ecofeminista del cuidado. Visibiliza vivencias relevantes en las que las mujeres se identifican con los demás animales y, desde ahí, desarrollan una relación de respeto profundo. Veamos tres de estos testimonios de mujeres en la década de 1970:

> Mira cómo se ha tratado a las mujeres. Nos han controlado completamente, [nos han] violado, no se nos ha dado credibilidad ni tomado en serio. Lo mismo pasa con los animales. Los hemos mutilado y domesticado. Sus ciclos, su existencia misma está ajustada a las necesidades humanas. Eso es lo que los hombres han hecho con la mujer y la tierra.[38]

> Las feministas se dan cuenta de lo que significa ser explotada. A las mujeres, como objetos sexuales; a los animales, como objetos comestibles. A las mujeres las convierten en madres patriarcales; a las vacas, en máquinas de dar leche. Es lo mismo. Creo que las mujeres no son caníbales innatas. Yo no como carne por los mismos motivos que no como acero. En mi conciencia ya no existe la posibilidad de poder comer animales. Igual que cuando tengo hambre no me como mi propia mano.[39]

> Cuando me di cuenta de que los animales viven, caminan, le dan la bienvenida al día, lloran, tienen lazos afectivos, gustos, me dio asco pensar en la matanza de animales, cocinarlos y comérmelos.[40]

El primer testimonio vuelve a situar en el centro de atención el tema de la falta de credibilidad de la voz de las mujeres. Como afirma esta entrevistada, tampoco se toma en serio la voz de los animales, que son reducidos a objetos para la satisfacción de los deseos humanos. En el segundo, se aprecia la importancia para estas mujeres de una dieta libre de sufrimiento animal, algo que también encontramos en numerosas sufragistas antiviviseccionistas.[41] Finalmente, tenemos la experiencia de una mujer que, al llegar a comprender el mundo interior del resto de los animales, se compromete a poner fin a prácticas de violencia contra ellos como el consumo de su carne. En estas narrativas, el significado ético *emerge* de las situaciones particulares, mostrando que la actitud ética apropiada con el resto de los animales es la de respeto y compasión. Vemos, por tanto, que el ecofeminismo se apoya en una ética del cuidado extendida más allá de los límites de nuestra especie.

Será central atender al contexto, a la interdependencia, a la ecodependencia, a la ternura y a un amor que no se agota en la relación con los humanos. Mantendremos, también, la importancia de los principios y los deberes, conscientes de que «los derechos, sin una ética de la preocupación que los acompañe, pueden ser una perspectiva nada prometedora para una sociedad, pero una ética de la preocupación sin derechos subyacentes no da protección alguna a los derechos básicos de las partes que entran en la relación».[42] Sin duda, «la ética del cuidado ha de estar acompañada de políticas activas y regulaciones legales que precisan una base de sustentación más sólida que la contextual. De lo contrario, todas las propuestas, por más vanguardistas que parezcan, desembocan en una asunción conformista de las jerarquías existentes».[43] Como constatábamos en el capítulo anterior, justicia y cuidado se complementan.

Como vimos, las propuestas de ética de la justicia de Kohlberg habían silenciado la voz de las mujeres y despreciado las virtudes del cuidado. El mismo Jürgen Habermas entendió las cuestiones relativas al cuidado como meras cuestiones de vida buena que no son problemas morales en el sentido estricto, sino que pertenecen a la periferia de la teoría moral.[44] Parecía que los temas personales eran menos valiosos e importantes que los temas morales de justicia. Sorprendida por esta postura, Seyla Benhabib recuerda que «incluso en las sociedades modernas y altamente racionalizadas, en las que la mayoría de nosotras somos asalariadas y ciudadanas políticas, los temas morales que más nos preocupan y que más nos conmueven no nacen de los problemas de justicia, ya sean económicos o políticos, sino de aquellos otros que surgen de la calidad de nuestras relaciones con los demás en "los ámbitos del parentesco, del amor, de la amistad y del sexo"».[45] Si mantenemos una forma no antropocéntrica de estar en el mundo, entre estos ámbitos se encontrará el de nuestra relación con el resto de la naturaleza y con los demás animales, con los que también pueden desarrollarse relaciones de respeto, amor, amistad e, incluso, un cierto parentesco. Escuchar la voz de las mujeres en este tipo de relaciones amplía el ámbito de la ética y abre la posibilidad de relacionarse de forma no jerárquica también con el mundo no humano. Esta es una de las aspiraciones esenciales del ecofeminismo.

En este apartado nos acercaremos a algunas de las propuestas más relevantes de pensadoras ecofeministas a las que admiro profundamente. Entiendo estos planteamientos como minimundos para seguir escalando, siempre y cuando haya predisposición a abrir la propia mente. En mi caso, surgieron como teorizaciones reveladoras que ampliaron mi perspectiva y que conectaron directamente con mis sentimientos más arraigados.

Llegué al ecofeminismo en el año 2010 gracias a la asignatura de Ética Ambiental y Género impartida por Alicia Puleo en el máster que estaba cursando en ese momento, asignatura que actualmente imparto y que, afortunadamente, me permite enseñar en el contexto académico que me condujo a donde estoy ahora. Venía de haber realizado con ella mi trabajo de fin de carrera sobre la ética animal de Peter Singer y Tom Regan. En esa primera investigación, ya me estaba faltando la referencia a la empatía hacia los demás animales. Por ello, descubrir las ideas ecofeministas fue como un trago de agua fresca en una calurosa tarde de verano. No quisiera jerarquizar, pues todas estas escritoras han activado mi pensamiento y me han aportado conceptualizaciones esenciales para lo que pienso, lo que siento y lo que soy. Pero es cierto que hubo dos autoras que me llegaron a lo más hondo. Por un lado, ya sabemos: Petra Kelly, que con su bondad y su trabajo incesante marcó el camino que quería seguir. Y, por otro, y no menos importante, Carol Adams, en la que se unían dos de mis más importantes intereses y pasiones. En su pensamiento encontré lo que me faltaba. Por fin, alguien conectaba las dos opresiones que tanto me indignaban —e indignan—. Fue amor a primera lectura. Te podrás imaginar, entonces, lo que significa para mí que este libro sea prologado por esta referente intelectual y vital.

Aunque no todo lo que cabría esperar, las cosas han cambiado en el curso de estos dieciséis años. Cuando empecé a interesarme por estos temas, la academia se mostraba bastante reacia a darles el lugar que merecen. A duras penas podías abrirte camino si te dedicabas a «las cosas de mujeres y de animales».* Recibí prudentes consejos sobre el riesgo de centrar mi trabajo y posicionarme abiertamente a favor de planteamientos como los de Adams, en los que se visibiliza y critica la conexión entre la opresión de las mujeres y la explotación del resto de los animales en la industria cárnica, mostrando la relación entre el consumo de carne, el poder, el racismo y la virilidad patriarcal. Como sostiene Adams, «la jerarquía de la proteína cárnica refuerza una jerarquía de raza, clase y sexo»,[46] pues se imponen los patrones culturales alimentarios de las personas blancas y se prioriza el consumo de carne de los hombres blancos. Las mujeres y el resto de las personas inferiorizadas no tendrán el mismo acceso al alimento animal, que se considera de mayor calidad.

Además, según muestra Adams con numerosos ejemplos, la hipersexualización desempeña un papel relevante tanto en la explotación de las mujeres como en la de los demás animales. En demasiados anuncios publicitarios y representaciones de los medios audiovisuales, ambos aparecen reducidos a objetos sexuales

* Como lamenta Marta Tafalla: «Algunos colegas de mi universidad creen que mi interés por los animales es un rasgo infantil. Dicen que me gustan "los animalitos" y se refieren a ellos usando diminutivos, como si fueran dibujos animados o juguetes. ¿Cuándo olvidó esta gente que sus vidas están entrelazadas con las vidas de todos esos seres a los que ya ni siquiera ven ni oyen?» (Tafalla, 2022: 54). Como vemos, tampoco hemos cambiado tanto.

en posiciones de disponibilidad que potencian la imagen de ser «violable».[47] Tristemente, existe «un ciclo de objetificación, fragmentación y consumo, que enla[za] la matanza y la violencia sexual en nuestra cultura».[48] Pero mostrar esto al inicio de tu carrera profesional puede tener consecuencias desastrosas. Es una lástima, pero, en la universidad, como en tantos otros ámbitos laborales, los temas que investigues serán o un impulso para tu estabilidad laboral o una losa que te impida avanzar. Muy probablemente, quienes me iban a evaluar eran consumidores de la carne de los demás animales y, quizá, también, de mujeres cosificadas en la pornografía o, incluso, en la prostitución. Hay a quien puede costarle ser objetivo en la valoración de una investigación cuando está cuestionando su modo de vida. No digamos ya si pone en peligro sus intereses económicos.

¿Cuántos científicos ven obstaculizadas sus carreras por haber intentado demostrar la insostenibilidad o la insalubridad del consumo de carne o de productos lácteos? ¿Cuántas personas pueden desarrollar libremente investigaciones financiadas si van en contra de *lobbies* tan poderosos como el de la carne* o el de la energía? Quienes nos dedicamos a temas controvertidos desde distintos ámbitos del conocimiento vivimos con poca tranquilidad en diferentes aspectos. Por este motivo, hay que proceder con cautela; con esa cautela que, más o menos, he mantenido durante años y que ahora abandono en estas páginas. A veces, pienso que, cuando lleguen tiempos de *El cuento de la criada* (Margaret Atwood, 1985), todos estos posicionamientos me pondrán en serios apuros. *Es lo que hay.*

Ya alabé la determinación de las sufragistas que no cesaron en su activismo incansable que nos permitió conseguir nuestros derechos básicos, aunque, casi dos siglos después, lamentablemente, siguen sin estar garantizados para todas las mujeres del mundo. Como ya he explicado:

* Sobre este tema, véanse las investigaciones sobre las tácticas del poderoso *lobby* de la carne, que, poniendo en duda el consenso científico, niega la repercusión desmedida que el consumo de productos que provienen de la explotación de los otros animales tiene en el agravamiento del caos climático (Almirón y Moreno, 2021; Almirón, 2020).

> [El feminismo] ha abordado todos los desafíos de cada época. Allá donde exista una problemática, habrá un análisis feminista de la misma. Allá donde se esté trabajando por un mundo mejor, habrá feministas introduciendo la perspectiva de género. Siendo esto así, no es de extrañar que las terribles consecuencias ambientales de la forma androantropocéntrica de habitar el mundo y la injusticia inherente a la explotación y la violencia contra los demás animales hayan sido estudiadas en clave feminista desde mediados de los años setenta del siglo XX.
>
> Creo que no sería descabellado afirmar que el gran tema de nuestro tiempo es el colapso ambiental. Cualquier problemática social queda en parte eclipsada si pensamos en la desertificación, en la alteración de los ciclos biogeoquímicos, en el caos climático, en el envenenamiento del aire por la dispersión a gran escala de sustancias peligrosas o en el exterminio de la biodiversidad que se encarga de realizar las funciones ecológicas esenciales para el buen funcionamiento de los ecosistemas.[49]

La Tierra nos grita. ¿Seremos capaces de escucharla y de creer lo que nos dice? La cita de Marta Tafalla con la que inicio este capítulo deja muy clara la locura por la que brama la Tierra: el antropocentrismo, con sus ansias de dominio, domestica la vida salvaje para que beneficie exclusivamente a los seres humanos en lugar de a toda la comunidad multiespecie.[50] Esto conduce necesariamente al colapso de los ecosistemas. Dado que la existencia humana depende absolutamente del buen funcionamiento del mundo natural, toda teoría emancipatoria y todo movimiento social debería poner estas cuestiones en el centro de su agenda.

El ecofeminismo surge como la corriente del feminismo que aborda esta problemática en conexión con la dominación de las mujeres. Apuesta por creer lo que nos dicen nuestras hermanas y nuestra Madre Tierra. También atiende a lo que nos dicen los demás animales.[51] De este modo, se presenta como una bisagra entre los movimientos y teorías feminista, ecologista y animalista, tendiendo puentes entre ellos. Puede considerarse que hay tantas definiciones de ecofeminismo como teóricas y activistas.[52] En cualquier caso, existe una base común: la constatación de los puntos de contacto entre la dominación de las mujeres por parte de los hombres en el sistema patriarcal y la dominación y explotación de la naturaleza por parte de los humanos.[53] Se abordan los «temas feministas» y de justicia social en conexión con la búsqueda de la ecojusticia y de la sostenibilidad ambiental, tomando como referencia los valores del cuidado aplicados más allá de nuestra especie.

Existen diferentes propuestas ecofeministas que actúan como minimundos para ascender, pues nos hacen tomar conciencia de realidades de las que no siempre somos conscientes. En el plano filosófico, se han desarrollado planteamientos que apuntan a las conexiones conceptuales entre el sistema de dominación de las mujeres, el sistema de dominación de la naturaleza y los restantes sistemas de dominación.

Hemos visto que el feminismo surge como un proceso de desnaturalización de las mujeres, como la exigencia de separarlas del «conjunto de connotaciones con las que la idea de naturaleza es definida y redefinida en un universo simbólico en el que el hombre se piensa a sí mismo como cultura».[54] El feminismo aparece como la justa vindicación de la pertenencia de las mujeres a la humanidad. Partiendo de la constatación de que el antropocentrismo es un problema epistémico y moral que nos hace entendernos erróneamente como criaturas pertenecientes a una esfera independiente de la biosfera,[55] el ecofeminismo no se limita al legítimo rechazo de la deshumanización de las mujeres, sino que a ello le suma la revalorización de la naturaleza depreciada, así como la constatación de que los humanos no son solamente seres culturales, sino que son esencialmente naturales. La naturaleza aparece, pues, como un tema feminista y como una categoría política.[56]

Este tipo especial de feminismo no se limita a situar a las mujeres en el plano superior de la cultura, sino que defiende una deconstrucción del pensamiento dualista que separa la realidad en binomios jerarquizados tales como cultura-naturaleza, hombre-mujer, razón-emoción, mente-cuerpo, humano-animal, civilizado-primitivo, amo-esclavo, producción-reproducción o público-privado.[57] También tenemos el dualismo justicia-cuidado, tan relacionado con el dualismo masculino-femenino.

El análisis de estos dualismos nos permite entender cómo opera el pensamiento occidental con miras a legitimar la opresión, teniendo como centro los dualismos que naturalizan la opresión de género, clase, raza y naturaleza,* que conectan estrechamente con todos los demás. En *Feminism and the mastery of nature* (1993), Val Plumwood estudia el pensamiento de filósofos como Platón o Descartes y de ahí extrae las características esenciales del pensamiento dualista. La primera característica es la negación (*backgrounding*). A través de este proceso, se rechazan las similitudes o continuidades entre el amo y el Otro. Se niega cualquier dependencia del Uno al Otro y se entiende a este último como inesencial. La segunda característica es la hiperseparación o exclusión radical: el Otro no es conceptualizado solo como diferente, sino fundamentalmente como inferior. Como sostiene Plumwood: «La exclusión radical es un indicador clave del dualismo».[58] Así, en el caso concreto de la explotación de los demás animales:

> [E]l concepto de *carne* debe efectuar simultáneamente varios cortes o exclusiones radicales: proceso-producto, mente-cuerpo, nosotros-ellos. El primero de estos cortes implica una disociación radical que niega la conexión entre los procesos puestos en marcha por nuestras intenciones y el producto final de la carne mercantilizada y definible en términos cuantitativos. El segundo disocia radicalmente la subjetividad que está en el origen de estos procesos de la de su víctima, negándoles cualquier parentesco en cuanto seres socialmente conectados, intencionales y comunicativos, y presentando a la víctima meramente como carne. [...] El tercer corte implicado en el concepto de la carne concebida como mercancía, típico de la sociedad industrial moderna, niega la posibilidad de que los consumidores humanos puedan adoptar alguna vez la forma de carne.[59]

Algo similar se puede decir con respecto a prácticas concretas de opresión de las mujeres en las que estas son reducidas a carne, como la prostitución[60] o la explotación reproductiva. Isabel Balza

* Es decir: masculino-femenino, mente-cuerpo, civilizado-primitivo y humano-naturaleza, respectivamente.

ha analizado esta última práctica de violencia contra las mujeres basándose en lo que ha llamado una «biopolítica feminista de la carne».[61] Como acertadamente afirma: «El fenómeno del alquiler de úteros [...] es uno de los ejemplos contemporáneos más feroces de lo que supone la producción de carne, en este caso, humana. [...] En la gestación subrogada se reduce el cuerpo y la subjetividad de las mujeres a mera carne productora, reconociéndose tales cuerpos solo como materia consumible y mercantilizable».[62] Esta opresión patriarcal en la que se mantiene el pensamiento dualista no solo conecta la opresión de las mujeres con la de los demás animales en el sentido de que ambos son reducidos a carne, sino que también guarda similitudes con la explotación de la naturaleza. Así, podemos hablar de «extractivismo reproductivo», pues las prácticas del extractivismo en los países expoliados del sur global son demasiado semejantes a la práctica de la extracción de criaturas a las mujeres más vulnerables y empobrecidas.[63]

Hablamos de una práctica de extrema mercantilización, de deslocalización y de colonización de los cuerpos de las mujeres pobres.[64] Las granjas de mujeres para gestar muestran una vez más los vínculos entre la dominación patriarcal y la antropocéntrica. El pensamiento dualista está en la base de los sistemas de dominación. Su tercera característica es la incorporación o definición relacional. En este caso, nos encontramos con el proceso mediante el cual el Otro es definido en relación al Uno. Aunque exista una relación entre ambos, no es una relación de iguales, sino que las características del amo son entendidas como las valiosas e importantes. Ya vimos que el ser humano se ha definido en oposición jerárquica a los demás animales: él es racional, ellos, irracionales; él es un ser cultural, ellos, naturales.[65] También el ideal del hombre es definido en oposición a la mujer, y las características asociadas a la feminidad son devaluadas y rechazadas. Así, tanto en el caso de los demás animales como en el de las mujeres, se aprecian también las dos últimas características del dualismo, esto es, el instrumentalismo o la objetivación y la homogeneización o el proceso de estereotipado: el Otro animal o la Otra mujer (el Otro colonizado, el Otro empobrecido, el Otro inmigrante, la Otra colonizada, la Otra empobrecida, la Otra inmigrante...) son reducidos a medios para el fin del amo, por lo que su valor es meramente instrumental. Asimismo, la clase dominada es entendida como homogénea por naturaleza. No hay diferencias entre los individuos que la componen. Todos tienen las mismas características.

¿Recordamos el concepto de *las idénticas*? Ahí se ve cómo el proceso de homogeneización funciona privando de individualidad a los individuos inferiorizados. Los sistemas de dominación aspiran a eliminar la diversidad y a imponer las características del Uno. En la actual «sociedad de la supervivencia», el clima de miedo profundiza este proceso, pues «las diferencias no se atreven a mostrarse, de modo que solo se produce una prosecución de lo *igual*. [...] Lo *distinto* es inasequible a la lógica de la eficiencia y la productividad, que es una *lógica de lo igual*».[66] ¿Diríamos que sería más bien una *lógica de lo idéntico*?

Tal y como hemos comprobado, los mecanismos utilizados para justificar los distintos sistemas de dominación son demasiado similares. ¿Podemos, entonces, seguir afirmando que lo que le hacemos a la naturaleza y al resto de los animales es independiente de las opresiones que sufren las personas? ¿Seguiremos criticando que haya quienes «consumen su energía moral» en defender a los demás animales? ¿Continuaremos sin ver que, en todas las opresiones, operan los mismos mecanismos argumentativos y justificativos? ¿Llegaremos a entender que debemos realizar un trabajo conjunto partiendo de la constatación de las interconexiones? Vamos a profundizar más en estos temas.

Desde el ecofeminismo, se analizan cuestiones conceptuales y filosóficas claves que nos permiten observar los vínculos entre sistemas de dominación. Se apuesta por redefinir las nociones androcéntricas y antropocéntricas[67] para conseguir conceptos no opresivos.[68] Ya hemos visto que la visión androantropocéntrica de la realidad y de los seres humanos es una roca sin minimundos. Ciertamente, tal y como ha mantenido Karen Warren, ciertos temas conceptuales, como la manera en que se conceptualizan nociones esenciales como *ser humano*, *racionalidad* o *ética*, son temas feministas.[69] Hemos visto también que «conceptualizar es politizar». Por ello, los conceptos ecofeministas que atienden a la vulnerabilidad, la interdependencia y la ecodependencia y que reivindican, por tanto, la importancia esencial de los cuidados son semillas que conviene ayudar a crecer.

Se ha mostrado la forma en la que conectan en el plano conceptual la dominación de la naturaleza y la dominación de las mujeres y de otros individuos oprimidos. Para ello, filósofas como Warren han analizado los marcos conceptuales sobre los que se asientan nuestras vidas. En otro lugar, he explicado estas cuestiones filosóficas:

> Como sostiene Warren,[70] un marco conceptual es el conjunto de valores, supuestos, creencias y actitudes básicas que configuran la forma en la que cada persona se entiende a sí misma y al mundo que la rodea. Los marcos conceptuales son como unas gafas construidas socialmente y afectadas por factores como el género, la raza, la clase social, la procedencia, la edad, las creencias religiosas o la orientación afectivo-sexual, entre otros. Estas lentes cargadas de valores nos permiten percibir y percibirnos, y determinan en gran medida cómo lo hacemos. Nuestro marco conceptual está impregnado de androantropocentrismo (también de otros elementos, como neoliberalismo, racismo, productivismo...).
>
> Con Warren, podemos afirmar que, si un marco conceptual justifica y legitima relaciones de subordinación y dominación, entonces es un «marco conceptual opresivo». Estos marcos opresivos tienen tres características esenciales. Por un lado, el pensamiento jerárquico-valorativo, que establece una escala de valor, otorgando mayor prestigio a lo que se considera superior. Por otro lado, los dualismos valorativos que acabamos de analizar, como pares antagónicos y excluyentes en los que una de las partes es considerada inferior a la otra. Finalmente, los marcos conceptuales opresivos están caracterizados por una estructura de argumentación que justifica la inferiorización y la opresión: la lógica de la dominación[71]. Esta es la característica más significativa de los marcos conceptuales opresivos.[72]

Esta estructura lógica implica una serie de valores que posibilitan establecer como justa la subordinación. La lógica de la dominación permite legitimar esa subordinación desde la negación de ciertas características a los individuos dominados. Así, por ejemplo, los hombres se adjudican la racionalidad y se la niegan a las mujeres. Desde los dualismos y el pensamiento jerárquico-valorativo que sitúan la razón como superior a las emociones, se determina la inferiorización y se justicia la opresión de las mujeres con la lógica del dominio.[73]

> Por lo tanto, la lógica de la dominación convierte las diferencias en un pretexto para la dominación. Pues, incluso si entendemos que una diferencia (por ejemplo, la capacidad racional o la fuerza física) puede ser entendida como superioridad (por ejemplo, un humano adulto en pleno uso de sus facultades mentales puede considerarse *superior* a un humano recién nacido o a otro animal recién nacido; o un hombre que ha desarrollado su musculatura puede considerarse *superior* a una mujer con menor fuerza física), esto no implica en absoluto una diferenciación moralmente relevante o un argumento que justifique la dominación (en estos ejemplos, la mayor capacidad racional de ese humano o la mayor fuerza física de ese hombre no les daría derecho a someter a quienes acaban de nacer o a las mujeres menos fuertes, respectivamente). Es más, si alguien es *superior* en algún sentido, parece más bien que debería surgir de ahí una obligación de protección hacia quien es *inferior* en esa característica concreta.[74]

Efectivamente, ampliar los valores de la ética del cuidado nos debería llevar en la dirección de deslegitimar la dominación presentada como legítima y de defender los cuidados, el respeto y la protección de esos Otros y Otras inferiorizados, ya sean humanos o no humanos.

> Demos un paso más en el análisis: si un marco conceptual opresivo, caracterizado por los tres elementos señalados, explica, mantiene y justifica la subordinación de las mujeres a los hombres, entonces es un «marco conceptual opresivo patriarcal».[75] Nuestra sociedad occidental conceptualiza la realidad desde esos tres elementos, inferiorizando a las mujeres. Nos movemos, pues, en

> marcos conceptuales opresivos patriarcales en los que la dominación de las mujeres está estrechamente relacionada con el resto de las dominaciones, incluidas la de la naturaleza y los demás animales. Si [...] «un "tema feminista" es cualquier tema que contribuya de alguna forma a comprender la opresión de las mujeres»,[76] el análisis y la deconstrucción de la lógica de la dominación son temas necesariamente feministas y, como tales, tendrían que convertirse en ejes centrales de la coeducación. Pues, en el proyecto coeducativo, ¿no debería ser central enseñar a la infancia el rechazo a la idea de que se puede dominar legítimamente al diferente? ¿Y no sería hipócrita e injusto enseñar el respeto hacia quien es diferente, pero mantener que, si ese diferente es un animal, entonces puede ser violentado, explotado y asesinado sin ninguna carga moral? ¿Este ideal ético hipócrita potenciaría o eliminaría las virtudes no androcéntricas por las que apuesta la coeducación?
>
> Entender cómo están configurados los marcos conceptuales opresivos patriarcales nos permite observar los vínculos conceptuales y las similitudes entre los diferentes sistemas de dominación. Comprobamos, de este modo, que la igualdad, la justicia y la no violencia precisan de un rechazo directo a la lógica de la dominación. Y una coeducación en clave ecofeminista permitiría aplicar los valores no androcéntricos de empatía y cuidado más allá del mundo humano, caminando, así, hacia un mundo menos violento y más compasivo.[77]

Dado que todos los sistemas de dominación se legitiman a través de la misma lógica, el trabajo ecofeminista se enfoca en su deconstrucción. Es cierto, como bien señala Val Plumwood, que «la oposición a todas las formas de opresión es un objetivo mayúsculo, mucho más fácil de proclamar que de alcanzar».[78] Consciente de esto y con la esperanza pendiendo de un hilo, mantengo que el análisis de los dualismos conceptuales y de la lógica de la dominación nos permite construir nuevas perspectivas para seguir escalando hacia ese objetivo tan difícil de alcanzar. Para ello, necesitamos un cuidado contra la lógica de la dominación, un cuidado que no sea hipócrita, un cuidado que no incluya violencia.

Otro minimundo interesante que nos aporta el pensamiento ecofeminista es la constatación de que «hay una relación clara y profunda entre militarismo, degradación ambiental y sexismo»,[79] pues la visión androcéntrica basada en la violencia que desemboca en la creación de ejércitos para destruir a quienes son considerados enemigos contribuye de forma central al despilfarro de recursos y a la destrucción de la naturaleza.[80] ¿Cómo quedan el mundo natural, los suelos, los ríos, las plantas, los demás animales, cuando las bombas arrebatan vidas humanas? ¿A qué nos conduce la idea androcéntrica de que la reconciliación se logra a través de la violencia en lugar de a través del diálogo y de las virtudes del cuidado? Al sometimiento del adversario[81] y a la destrucción ambiental.[82]

Pacifismo, ecologismo y feminismo se complementan[83] y el rechazo al militarismo aparece como esencial para el desarrollo de una cultura de paz, igualdad y sostenibilidad. Considero que es indispensable transitar este minimundo antimilitarista. Nunca dejarán de horrorizarme los ejércitos. Nunca dejarán de repugnarme las guerras. Los fines que persiguen no son consecuentes con los valores feministas. Vuelvo otra vez a *¡Abajo las armas!* con las palabras del doctor Bresser: «¿Creen ustedes que los soldados enamorados de su carrera desean la paz? ¿Piensan que nadie construiría arsenales, gastaría millones en maniobras, levantaría fuertes y atrincheramientos, si en todo ello no viera más que simples simulacros? ¿Opinan ustedes que las naciones se divierten fortificándose, para enviarse besos a través de las fronteras? Quien dice *Si vis pacem...* sabe muy bien el resto, y los diputados que votan créditos tampoco tienen los ojos cerrados».[84] El rearme no es inocente. Me duele Gaza, me duele el Congo, me duele Sudán y me duelen todas las personas que, a lo largo y ancho del globo, están siendo masacradas, porque los poderosos quieren jugar a la guerra, sabiendo que ellos no combatirán en ella. El ecofeminismo muestra que la única ruta posible pasa por el pacifismo y por el antimilitarismo unidos al ecologismo, al feminismo, al animalismo, al anticapitalismo, al antirracismo y al anticolonialismo.

El pensamiento ecofeminista no se ha limitado a revelar las conexiones conceptuales entre los diferentes sistemas opresivos. También ha puesto de manifiesto numerosos vínculos empíricos entre la dominación de las mujeres y la explotación de la naturaleza.[85] Recordemos que «un "tema feminista" es cualquier tema que contribuya de alguna forma a comprender la opresión de las mujeres».[86] Por lo tanto, «la degradación y la explotación medioambiental son preocupaciones feministas porque una comprensión de estas contribuye a una comprensión de la opresión de las mujeres».[87] Así, de entre las diversas vinculaciones empíricas, podemos recordar la constatación de que los químicos tóxicos y los contaminantes ambientales afectan de forma específica a los cuerpos de las mujeres, las niñas y los niños.[88] El aumento de la incidencia del cáncer de mama o de alteraciones del ciclo menstrual son solo una muestra de la repercusión de la degradación ambiental en la salud de las mujeres.

Por otro lado, los roles de género también nos permiten ver que la destrucción de la naturaleza es un tema feminista. Así, trabajos de subsistencia del hogar tradicionalmente realizados por mujeres en países del sur global se ven tremendamente afectados por la destrucción de los bosques originarios y la implantación de monocultivos.[89] La desaparición de la variedad de árboles impide a las mujeres contar con bienes necesarios como comida, combustible o medicinas. De este modo, sus vidas se ven gravemente perjudicadas. Y lo mismo se puede decir de la imposición del paradigma del «mal desarrollo»,[90] que privilegia la producción de mercancías y la acumulación de capital y desprecia actividades realizadas por mujeres que satisfacen las necesidades básicas mediante el autoabastecimiento, pero que no forman parte de la economía de mercado.[91]

Por estos motivos, el ecofeminismo les propone al ecologismo y a la ética ambiental que incluyan la perspectiva feminista en sus análisis y propuestas de acción. Conseguirían, así, teorías y prácticas más completas por cuanto no permanecerían indiferentes a las repercusiones concretas del modelo androantropocéntrico en las vidas de las mujeres. En la misma medida, el ecofeminismo solicita al feminismo que atienda a la problemática ambiental para no dejar desatendidas preocupaciones y problemáticas de mujeres, especialmente de mujeres empobrecidas, vulnerables, indígenas y campesinas. Resulta obvio: «Si la naturaleza es contaminada, las personas y los animales se enferman, y [estas] mujeres son las más afectadas por su triple situación de vulnerabilidad de etnia, sexo-género y clase».[92] Por ello, es necesario «reafirmar la tradicional sororidad internacional feminista, en este caso frente a la contaminación, la destrucción del medio natural, la aniquilación de las formas campesinas de producción sostenible y la secuela de miseria, enfermedad y muerte».[93] También frente a la violencia contra los demás animales.

En el primer capítulo, analicé el pensamiento androantropocéntrico como una roca sin minimundos. Ese pensamiento fundamenta una forma de proceder que compromete nuestra supervivencia y la de todo el mundo vivo. Las palabras de Marta Tafalla definen a la perfección esta forma de actuar de los humanos:

> Sustituimos bosques salvajes, funcionales y rebosantes de vida por plantaciones de las que extraer madera. Sustituimos praderas biodiversas por monocultivos industriales donde cultivar el grano para el ganado, rociados con pesticidas y herbicidas. Interrumpimos los ríos con presas que impiden a los peces desplazarse. Convertimos los ríos en tuberías porque creemos que el agua es nuestra, y encauzándolos con paredes de hormigón impedimos que los animales salvajes puedan bajar a beber. Destruimos bosques de ribera porque nos molestan en la gestión del agua. Desecamos humedales porque decimos que no son productivos y usamos sus acuíferos para la agricultura industrial. Eliminamos a los caballos salvajes, que realizaban funciones relevantes en los ecosistemas y beneficiaban a las demás especies, y los sustituimos por caballos domesticados y usados como herramientas para fines humanos, condenados a malvivir tirando de carros, siendo explotados en carreras de caballos o usados para la caza y la guerra, es decir, para dañar a otros animales y seres humanos. Eliminamos a los lobos, cuyo trabajo beneficia a la comunidad multiespecie, y criamos perros que van a malvivir permanentemente atados para vigilar fincas o que van a ser maltratados por los cazadores. Esta obsesión por dominar y domesticar es una de las causas fundamentales de la crisis ecológica, pero estamos tan encerrados en la cosmovisión antropocéntrica que nos cuesta reflexionar sobre ella. A menudo ni siquiera nos damos cuenta de que es una cos-

> movisión entre otras posibles y creemos que se trata de una concepción objetiva e imparcial de la realidad.[94]

A pesar de la gravedad de la situación, gran parte del feminismo ignora o rechaza la posibilidad de desarrollar cosmovisiones alternativas a la antropocéntrica que no impliquen dominación ni conduzcan al colapso ambiental. Hemos visto ya que la cosmovisión antropocéntrica es errónea desde el punto de vista moral y epistémico. En la práctica, destruye las bases de nuestra existencia y afecta a las mujeres de formas específicas. ¿Por qué esa parte del feminismo permanece impasible ante esta realidad? Como ya he señalado en otra parte:

> Si las bases de la existencia no están garantizadas porque han sido destruidas como consecuencia de la imposición de la cosmovisión androantropocéntrica y racista que opera con la lógica de la dominación, el resto de las reivindicaciones quedan comprometidas. Al igual que las críticas marxistas a los derechos humanos de primera generación mostraron lo insuficiente de proclamar el derecho a la vida, a la igualdad o a la dignidad sin tener garantizados unos derechos económicos y sociales básicos como el agua, el alimento, la educación o las vacaciones,[95] las críticas ecofeministas apuntan a que las vindicaciones feministas deben atender a la destrucción antropocéntrica del mundo natural. Dado que tener aseguradas las condiciones materiales de la existencia es la condición indispensable para poder abrir el abanico de reivindicaciones de igualdad y justicia, un feminismo que no entienda la importancia de respetar la naturaleza atenta contra sus propias bases. Un feminismo que no perciba las conexiones entre las violencias contra las mujeres, la explotación de la naturaleza y las violencias contra los demás animales deja sin considerar problemas que afectan a numerosas mujeres en todo el mundo. No será, por tanto, un feminismo a la altura de los desafíos más urgentes del siglo XXI.[96]

El ecofeminismo será el Pepito Grillo del Pepito Grillo.

Y lo mismo que estoy exigiendo al feminismo se lo exijo a los demás movimientos sociales y a las políticas públicas, ya que, como acertadamente afirma Ynestra King, «no sirve de nada liberar a las personas si el planeta no puede sostener sus vidas liberadas o salvar el planeta ignorando el valor de la existencia humana, no solo por nosotros, sino por el resto de la vida en la Tierra».[97]

A la vista de estas constataciones, tenemos que recordar que el lema de algunas propuestas ecofeministas de «poner la vida en el centro» tiene que concretarse, pues, de cara a la mera supervivencia, «la vida que hay que poner en el centro es la vida salvaje, son las demás especies».[98] En el centro estarán quienes ayudan a mantener una vida saludable y digna de ser vivida. Y en la revalorización de los trabajos de cuidados y de reproducción de la vida, se atenderá también a todo lo que aportan las demás especies. Por eso, el *rewilding* se presenta como un elemento central de cara a la construcción de un mundo sostenible, un *rewilding* que «debe defenderse cálidamente envuelto en una filosofía ecofeminista que lo articule».[99] Planificaremos un *rewilding* ecofeminista que recupere lo salvaje, el respeto y la ternura. Como señala Isabel Balza: «Más allá de configuraciones verticales y dominadoras, ser (de nuevo) salvajes exige adoptar disposiciones horizontales que permitan nuevas relaciones entre los seres —animales y no animales— que componen la Tierra».[100] Para lograr esta horizontalidad, debemos superar el androantropocentrismo y poner en valor la ética del cuidado.

En 1984, Petra Kelly se quejaba de la situación mundial y proponía soluciones. Más de cuarenta años después, sus palabras siguen sonando actuales, tanto por el análisis como por las propuestas de actuación:

> Nuestra sociedad es un medio ambiente maquinal y artificial: duro, frío, racional, inhumano, lleno de cables, misiles atómicos, [...] vídeos porno y violentos para la familia, juegos de ordenador para los pequeños, atrofia de la ternura y el erotismo, desesperación encubierta, alcoholismo y drogadicción, residencias de ancianos grises y frías, aumento de la tasa de suicidios... Y cada día, aniquilación masiva del planeta: miles de personas mueren por culpa del hambre, las aguas contaminadas, la multinacional Nestlé o Union Carbide. [...] En todas partes del mundo, algunos va-

> mos en busca de refugios donde sobrevivir, de botes salvavidas, y pretendemos hacer del mundo actual otro en el que imperen la suavidad, la no violencia, la ternura. Nuestro rumbo debe llevarnos, sin compromisos, en otra dirección ecológica. Eso significa ponerse a andar políticamente por la vía suave.[101]

Seguimos buscando «refugios donde sobrevivir»... Apartándose de la fría racionalidad instrumental, Kelly apostaba por los valores del cuidado como medio para garantizar la dignidad de las personas y el respeto por el mundo no humano. Desde el firme rechazo a la opresión especial que sufrían las mujeres, trabajó incansablemente contra el androcentrismo y contra el sexismo —tanto en general como en el movimiento ecologista en particular— y a favor de la sororidad, consciente de que el sistema patriarcal trata de mantener divididas a las mujeres.[102] Como vemos en la cita con la que abro este capítulo, mantenía la firme determinación de trabajar con los compañeros del movimiento ecologista, siempre y cuando ellos renunciaran a los privilegios que les otorga pertenecer a la «casta masculina».[103] Mantenemos esta resolución y la ampliamos a los compañeros del movimiento animalista y de los demás movimientos de liberación. No queremos que la defensa de la ética ecofeminista del cuidado suponga una nueva «alianza ruinosa del feminismo».[104]

Las mujeres no vamos a ser ahora las sacrificadas salvadoras del planeta ni las defensoras solitarias de las personas y de los seres vivos. Los valores del cuidado tienen que desarrollarse también en los hombres, y las prácticas y las actitudes cuidadosas deben ser implementadas de forma equitativa. Los «pactos de ayuda mutua» nunca supondrán una merma en la autonomía de las mujeres ni la vuelta al sacrificio en nombre de una supuesta naturaleza maternal y cuidadora.[105] Nuestra voz ecofeminista tiene que ser escuchada.

A la vista de lo que hemos analizado en el anterior apartado, no es de extrañar que el trabajo de Kelly fuera menospreciado, y su palabra, cuestionada. Es más, un suceso concreto de su vida nos pone frente a la realidad de la humillación y el trato vejatorio que sufren las mujeres en los medios de comunicación y en las representaciones plástico-simbólicas, más si esas mujeres se preocupan por la naturaleza. En su caso, se enfrentó a una representación hipersexualizada de ella misma en la sexista revista *Penthouse*. Recordando que nunca se sintió ofendida por las numerosas caricaturas de su persona en las que se hacía una representación exagerada de cualidades existentes, se querelló contra la revista por el atentado contra su dignidad en concordancia con la cultura patriarcal que reduce a las mujeres a objetos sexuales.

Doy voz a Kelly, que describe dicho dibujo humillante:

> La representación como *call-girl* dispuesta a todo, desnuda y armada con una pistola, en una postura ordinaria y explícita, con la pistola en la mano, y vestida solo con un par de botas, me atribuye todo aquello contra lo que vengo luchando desde hace años: la violencia, la concepción de la mujer como objeto de placer, un humillante sexismo y la comercialización sexual de la mujer.[106]

Ella entiende esta representación como un acto deliberado de difamación de sus valores y compromisos pacifistas y feministas. Constituye, por lo tanto, una violación de su dignidad como mujer y como persona.

Dos años después de mi nacimiento, Kelly se preguntaba hasta cuándo seguiría siendo quebrantada la dignidad de la mujer. Tristemente, en el año en el que cumplo cuarenta años, continúa siéndolo. Así, en varias conversaciones con compañeras de distintas universidades españolas, hemos hablado de cómo temblaría el mundo académico si las profesoras universitarias nos atreviéramos a sacar a la luz nuestras experiencias con algunos compañeros, si nos decidiéramos a empezar un #MeToo en ese entorno. Cuando lo hemos comentado, todas hemos tenido algo que contar al respecto. No me puedo ni imaginar lo que podrían narrar las estudiantes... Por no llenar todas las páginas que me permiten escribir en este libro, me voy a limitar a describir una sola de esas experiencias que me ha tocado vivir en la universidad, la cual muestra cómo el desprecio y la difamación de los valores y compromisos que sufrió Kelly siguen estando a la orden del día. Me vuelven a interesar sus palabras porque podría decir perfectamente lo mismo que ella comenta con respecto a su posicionamiento al hablar de la discriminación de las mujeres: «No me he mostrado ni mojigata ni carente de sentido del humor al respecto. Al contrario: he defendido siempre el derecho de la mujer a un desarrollo erótico en igualdad de derechos con el hombre, y me he declarado partidaria de una contracultura erótica, como medio de liberación de los estereotipos de la sexualidad definida por el hombre».[107] Suscribo cada una de sus palabras. En mi caso, nadie me puede acusar de no tener sentido del humor. Pero una cosa es tenerlo, y otra, permitir las ofensas que nos llegan.

El curso pasado, un colega de mi universidad me invitó a participar en un seminario que coorganizaba anualmente. Como lo que voy a contar no es el único desprecio que he recibido por su parte, me mostré reacia a compartir mis investigaciones en un entorno tan poco amable. Yo le transmití mis reservas y mis quejas sobre algunos de sus comportamientos. Ni me miró a la cara. Está claro que la voz de las mujeres no suele ser escuchada y, cuando no puede ignorarse, incomoda. Parapetados en una cordialidad inestable, «aclaramos» las cosas y me comprometí a participar. Una hora después, me abordó por los pasillos para que eligiera fecha y le diera el título de mi presentación. Me pilló tan de sopetón que me quedé un rato aturullada. ¿De qué iba a hablar? ¿De teoría feminista? ¿De ecofeminismo? ¿De ética animal? ¿De ética ambiental? ¿De ética del cuidado? Finalmente, me decanté por uno de los temas que más me indigna en la actualidad: las cuestiones relacionadas con la industria de la explotación sexual. Di el título: «Pornografía y prostitución desde la ética aplicada». La respuesta a mi elección evidenció la falta de respeto por mi dignidad y, como en el caso de Kelly, constituye un acto deliberado de difamación de mis valores y mis compromisos feministas y abolicionistas:

«¿Qué vas a hacer, darnos un seminario práctico?».

Como la mayor parte de las veces en las que las mujeres sufrimos este tipo de agresiones disfrazadas de bromas, mi respuesta fue una risa tonta. Fui incapaz de reaccionar. Me despidió con uno de sus abrazos demasiado pegajosos que tanto rechazo me generan y se fue. Cuando fui consciente de lo que había vivido, ya era tarde.

En ese momento, me conformé con compartirlo con mis amigos del departamento y con poner una excusa para no participar en el seminario. Admito que no he sido capaz de expresarle el verdadero motivo de mi determinación de no intervenir nunca en ese espacio. Supongo que es más «elegante» callar en ese entorno y gritarlo a los cuatro vientos en estas páginas, para contribuir a esa «epistemología feminista radical» y para que quien lo lea tome conciencia de lo que nos toca vivir a las mujeres, incluso en los entornos de pretendida «alta cultura» y «alta formación». Tal vez se dirá que soy una bestia por traerlo aquí... Encima que lo estoy contando con ternura y cuidado... ¡Ay!, ¡cuánta incomprensión! (emoji de demonio morado sonriendo con picardía).

Dije al principio que a nadie le amarga un chisme. Es más, el cotilleo es una habilidad cognitiva esencial para la evolución de las sociedades humanas, ya que favorece la cooperación.[108] Manteniendo la convicción del valor social del chismorreo, matizo mi afirmación: a nadie le amarga un chisme..., salvo a quien protagoniza el chisme del que debería sentirse avergonzado. Que así sea. Y que las voces silenciadas de las mujeres nos traigan todos los chismes machistas para que sepamos de quiénes estamos rodeadas.

Como vemos, el desprecio, el descrédito y la humillación de las mujeres es una constante patriarcal. En los años sesenta, precediendo al ecofeminismo, la bióloga Rachel Carson, en su obra *Primavera silenciosa* (1962), alertó de las terribles consecuencias para la vida del uso de insecticidas y plaguicidas. El silencio de la primavera se debía a que los pájaros estaban desapareciendo. Pero las consecuencias negativas de la contaminación por sustancias químicas también eran sufridas por el ser humano.[109] Por ser mujer, sus investigaciones serían ignoradas y su profesionalidad, negada.[110] Se sospechó incluso de su soltería. ¿Qué hacía una mujer tan hermosa sin casarse? Actualmente, son ya muchos los estudios que confirman las repercusiones de la contaminación en la salud a las que apuntaba esta protoecofeminista.[111] El silenciamiento de la voz de las mujeres no es solo un acto de injusticia, sino también un acto de estupidez: se pierden conocimientos y propuestas esenciales para el desarrollo y para la supervivencia de la humanidad.

Sin una ética ecofeminista del cuidado, esta supervivencia se presenta como poco probable o, en el mejor de los casos, como tremendamente difícil. Urge escuchar a las mujeres y a la naturaleza. Y creer lo que dicen ambas. ¿Qué nos dicen? Entre otras cosas, que todavía queda mucho por hacer para que las mujeres sean realmente respetadas y tratadas como iguales y como sujetos con dignidad; que los cuidados son esenciales dada nuestra naturaleza frágil y ecodependiente, pero que no solo tienen que ser practicados por las mujeres; que ellas también tienen derecho al autocuidado; que justicia y cuidado se complementan; que el neoliberalismo amenaza con reducir los cuidados a bienes de compraventa, y que el androantropocentrismo unido al neoliberalismo, al racismo, al clasismo, al colonialismo, al fascismo y a la lógica de la dominación puede conducirnos al fin de toda esperanza. Trabajemos por que no sea así. Vamos ahora con estos temas, con algunos otros minimundos ecofeministas y con más narrativas en primera persona. Gracias por seguir ahí (leyendo y construyendo).

Capítulo 3

Por una actitud cuidadosa y una escucha atenta: con violencia no hay cuidados

A lo largo de la historia, los hombres siempre se han permitido actuar conforme al interés propio, y no solo en el terreno económico, sino también, y muy notoriamente, en el sexual. Para las mujeres, en cambio, este tipo de comportamiento ha sido tabú, cuando no terminantemente prohibido. A la mujer se le ha asignado la tarea de cuidar a los demás, no de maximizar su propio beneficio.

Katrine Marçal

Durante todos estos siglos, las mujeres han servido de espejos dotados del mágico y delicioso poder de reflejar la figura del hombre al doble de su tamaño natural.

Virginia Woolf

De la inferiorización del cuidado a los cuidados neoliberales: pero ¿qué locura es esta?

En los capítulos anteriores, he puesto el foco en el androantropocentrismo como la base de nuestra forma opresiva de estar en el mundo y como la causa fundamental de la degradación ambiental y de la explotación de los demás animales. El pensamiento dualista en el que se basa debe ser deconstruido y superado de cara a forjar una idea de la diferencia que no sea jerárquica. ¿Por qué demonios tiene que ser inferior el cuerpo a la mente, la emoción a la razón, la animalidad a la humanidad, lo femenino a lo masculino, lo primitivo a lo civilizado, lo homosexual a lo heterosexual, la reproducción a la producción o el cuidado a la justicia? ¿Por qué nos cuesta tanto renunciar a las jerarquías? Y, «casualmente», nos cuesta renunciar a ellas cuando estamos en la parte que sale favorecida de esa estructuración vertical. Es más, quienes ocupan el lugar privilegiado de los sistemas de opresión pueden llegar a ignorar que se benefician de ese tipo de organización.[1]

En mi visita a Chile, mi querida compañera Paloma González me hizo ver algo que me había pasado desapercibido: la propia estructuración de los mapas se basa en ese simbolismo en el que lo que está arriba es superior a lo que está abajo. Así, el Sur, desde la simple representación visual de un mapa, queda asociado a la inferioridad. Sabemos que lo positivo se sitúa siempre en lo alto. He mantenido esta idea con la metáfora de los minimundos en la escalada: subimos, ascendemos hacia lo bueno y lo justo. ¿Por qué no representar el mundo con el Norte abajo? ¿Es inocente que se haya elegido esa orientación? ¿Por qué no damos la vuelta a los mapas y dejamos de jerarquizar? ¿Por qué no recuperamos la imagen de la *América invertida* (1943) de Joaquín Torres? No lo hacemos porque no queremos renunciar a nuestros privilegios, ni siquiera a los simbólicos. Qué maravilla cuando alguien te abre un nuevo minimundo que te permite observar nuevas realidades y transformar tu visión arrogante.

Hemos visto, además, el concepto ecofeminista de lógica de la dominación que nos permite mostrar que todos los sistemas de dominación se justifican a través de la misma estructura lógica que legitima el sometimiento de quien es entendido o entendida como inferior. ¿Por qué demonios nos creemos con derecho a oprimir a quien tiene unas características diferentes a las nuestras? ¿Por qué quienes habitan el Norte del planeta se creen con el derecho de explotar y expoliar a quienes habitan en los países del Sur? ¿Por qué tantos hombres se creen con el derecho a someter y violentar a las mujeres? ¿Por qué las personas enriquecidas se creen con el derecho de explotar a la población empobrecida? ¿Por qué la población opulenta se cree con el derecho a beneficiarse de los trabajos de cuidados que realizan de forma precaria las personas más vulnerables (fundamentalmente mujeres)? ¿Por qué los humanos se creen con el derecho a disfrutar del sabor de la carne de otros animales, a disfrutar del abuso de millones de animales reducidos a objetos de entretenimiento, de trabajo o de experimentación?* Recordemos que, en Vampi, habían probado la toxicidad de produc-

* Esta última forma de explotación no solo exige cuestionamientos éticos y reflexiones sobre nuestra salud y la de los demás animales, sino también evaluaciones de una supuesta efectividad que, en realidad, puede estar entorpeciendo el avance científico (Tafalla, 2025). Lo que sucede en tantos laborato-

tos de maquillaje. ¡Vaya avance para la ciencia saber cuánto nos va a enfermar el maquillaje que nos toca ponernos! Para estar «más guapas» según los cánones de belleza patriarcales, aplicamos sobre nuestra piel productos que nos enferman[2] y que han costado a millones de animales terribles padecimientos y la muerte. ¡Otra genialidad del androantropocentrismo!

A estas alturas, ya sabemos cuál es uno de nuestros trabajos en los planos conceptual y educativo: repensar la forma en la que nos entendemos nosotras y concebimos al resto de la naturaleza, educar en la valoración de la diversidad y rechazar la concepción de que la diferencia es motivo legítimo para la dominación. ¿Esto implica ir en contra de nuestra psicología tendente a desconfiar de los Otros y a evitar la empatía si eso nos hace sufrir? Ciertamente. Pero también se adecúa a nuestra realidad de seres morales con compasión y con capacidad de entender ideas nuevas, así como al hecho de que pertenecemos a una red de relaciones significativas que se expanden más allá del mundo humano. Desgraciadamente, la gran mayoría de la gente rechazará este tipo de razonamientos. Otra gran cantidad ni siquiera los entenderá. Otros no podrán pensar en ellos porque sus condiciones de vida les roban la posibilidad de preocuparse por algo que no sea la propia supervivencia. Para el resto, ahí quedan.

A la vista de mi insistencia en el androantropocentrismo, puede que alguien haya echado en falta más menciones al capitalismo y al neoliberalismo. Solemos creer que el capitalismo neoliberal es la raíz fundamental de la violencia y de la destrucción de la naturaleza (quien acepta esto, porque también hay idiotas que lo niegan). Ciertamente, «el capital canibaliza las condiciones de vida de las clases trabajadoras, impone disciplina a los Estados, transfiere riqueza de la periferia al núcleo capitalista y succiona valor de los hogares, las familias, las comunidades y la naturaleza esencialmente mediante la deuda».[3] Pero nos cuesta ampliar nuestra mirada y entender que, antes de implantar un sistema económico injusto y destructivo, el androantropocentrismo estaba abonando todas las

---

rios es propio de una película de terror, como podemos comprobar en el documental *Infiltrada en el búnker* (2025), dirigido por Pablo de la Chica.

prácticas de dominación y devastación. ¿No es más fácil culpar a un sistema que privilegia el productivismo, el consumismo y la competitividad (que ya es bastante, porque hay quien ni eso entiende...) que asumir que, previamente, había una forma de entendernos como dueños y señores de todo lo que existe y que esa cosmovisión puso los cimientos de todo lo que vendría después? ¿No es más cómodo y conveniente creer que podemos construir un sistema socioeconómico que no explote a las personas ni desperdicie «recursos naturales» sin renunciar al lugar que nos hemos concedido de reyes de la creación?

Claro que el neoliberalismo apesta y que el capitalismo destruye sus propias bases;[4] que el «mal desarrollo» conduce a la pobreza y a la miseria de la mayoría mientras unos pocos se enriquecen;[5] que el productivismo, que se enfoca en la expansión ilimitada del mercado y en la acumulación del capital, destroza necesariamente la naturaleza; que las fuerzas potencialmente productivas son realmente fuerzas destructivas;[6] que el neoliberalismo premia el individualismo y la meritocracia, desprecia los cuidados e ignora que la autonomía humana es un *logro*, no una premisa inicial, pues las personas se forman gracias al cuidado y a las relaciones con otras personas y con el medio natural.[7] Y todo esto conduce al colapso ambiental y civilizatorio.

Si enfocamos nuestras fuerzas en acabar con el capitalismo neoliberal, olvidando que el androantropocentrismo puso las bases para este sistema, puede que lleguemos a construir otro sistema algo mejor. No obstante, si seguimos creyendo que solo importamos los humanos, que lo valioso es lo asociado con la masculinidad, estaremos sembrando un camino en el que volverán a germinar plantas de jerarquía con frutos de dominación y violencia. La transformación necesaria es muy radical y no se limita al rechazo del neoliberalismo. A ello se une el rechazo al androantropocentrismo,[8] así como el rechazo al pensamiento dualista y a la lógica de la dominación. Me mareo solo de pensar en la gigantesca tarea que tenemos por delante.

Deberíamos partir del hecho de que las ideas neoliberales están impregnadas también de androantropocentrismo. La individualidad autosuficiente, competitiva y desencarnada es un ejemplo de esas creencias neoliberales androantropocéntricas. También lo es la meritocracia, esa mentira que sirve para culpabilizar a quienes no pueden mejorar sus condiciones vitales por partir de una situación de desventaja. Pretender que el ascenso social es posible sin el apoyo de toda una sociedad, de algunas personas en concreto y de unos ecosistemas sanos es tan absurdo como pretender que se puede sobrevivir y prosperar en una naturaleza colapsada.

Hemos constatado que, además de racionales (unos más que otros, unos más que otras, unas más que otros, unas más que otras), somos animales, corporales, emocionales, vulnerables, interdependientes y ecodependientes. Por ello, tenemos derecho a recibir cuidados y los Estados democráticos deberían garantizar ese derecho, llegando a ser «democracias cuidadoras».[9] Como mantiene Joan Tronto: «[E]l cuidado requiere que apreciemos la interdependencia humana. La teoría del cuidado ofrece una imagen más completa de la vida humana, ya que sitúa las *relaciones* y su culminación como centro de nuestro mundo, en lugar de individuos codiciosos. [...] todos somos iguales en el sentido de que todos necesitamos cuidados».[10] Sin embargo, el neoliberalismo aspira a eliminar cualquier tipo de medida social y propone que cada persona compre cuidados en el mercado. Si puede pagarlos, claro. En caso contrario, búscate la vida, malvive y sufre o muérete, pero sin molestar y sin hacernos al resto asumir el gasto de tu existencia. Exquisita propuesta de solidaridad y compasión...

La apuesta por poner el cuidado en el centro de la ética y de la política suele verse como un ideal utópico, pero lo que de verdad no es realista es la concepción neoliberal del mundo y sus promesas que conducen a la exclusión y a la desigualdad.[11] El ideal del *homo economicus* —centrado en la competitividad, la autosuficiencia y la maximización del beneficio económico— oculta que, en el neoliberalismo, es imposible satisfacer las necesidades básicas de la vida. Ignora, asimismo, la incompatibilidad del tiempo del productivismo capitalista con el tiempo biológico y con el tiempo ecológico.[12]

Puesto que ya sabemos que «conceptualizar es politizar», debemos contar con conceptos claros y bien definidos para poder intervenir en la práctica. Por ello, conviene saber en qué consiste cuidar, qué abarca y qué significa, para no estar ascendiendo por una roca sin minimundos con un concepto que incluya elementos problemáticos. Victoria Camps lo define de una forma que, más allá de lo antropocéntrico, me parece bastante adecuada:

> Cuidar consiste en una serie de prácticas de acompañamiento, atención, ayuda a las personas que lo necesitan, pero es al mismo tiempo una manera de hacer las cosas, una manera de actuar y relacionarnos con los demás. El cuidado es un trabajo, gratuito o remunerado, pero no es un trabajo cualquiera. Cuidar implica desplegar una serie de actitudes que van más allá de realizar unas tareas concretas de vigilancia, asistencia, ayuda o control; el cuidado implica afecto, acompañamiento, cercanía, respeto, empatía con la persona a la que hay que cuidar. Una relación que debe ocultar la asimetría que por definición la constituye.[13]

En el título de este capítulo, clamo que con violencia no hay cuidados. Me preocupa una definición del cuidado que sí que incluya la violencia, la cosificación o el asesinato. Más me preocupan aún esas prácticas de supuestos cuidados que se derivan de esa definición problemática. En una ocasión, una mujer me acusó de mantener el pensamiento dualista por aceptar el dualismo amor-violencia. En su opinión, es una separación ilegítima y descontextualizada. Aunque profundizaré en esta cuestión en el siguiente capítulo, quiero dejar claro mi posicionamiento, recuperando las palabras de Tronto: «Desde el punto de vista de la ética del cuidado democrática, todo el mundo debería sentirse interpelado contra la violencia. [...] La violencia [...] parece ser la antítesis del cuidado. Infligir daño a otros parece estar en el extremo opuesto del espectro del cuidado hacia otros».[14] Y con esto no me bajo del carro. Las mujeres hemos aguantado demasiado los discursos machistas del «te pego porque te quiero» o del «con todo lo que he hecho por ti...», como si recibir prácticas de asistencia o protección (pretendidamente, «cuidados») legitimara tener que padecer también cualquier tipo de opresión. Me niego rotundamente a considerar como «cuidados» prácticas que acarreen violencia, precisamente porque el cuidado exige una manera concreta de hacer las cosas, una actitud de respeto y afecto. Todo lo demás será asistencia que incluirá alimentación, cobijo o medicación, pero, sin la actitud cuidadosa y sin la conducta de respeto y empatía, hablar de cuidados es una forma de limpiar la conciencia de quien está violentando o explotando.

Como recuerda Tronto: «Las situaciones de cuidados son siempre situaciones de poder, es decir, son inevitablemente políticas».[15] ¿Entenderemos como cuidado atento y respetuoso aquel en el que prevalece el poder opresivo, el *poder sobre los otros*?[16] En mi opinión, si no logramos un *poder con los otros*, si no rechazamos la violencia en estas prácticas, no estaremos *cuidando* en sentido riguroso. No cuida la persona que limpia y alimenta a alguien con discapacidad si lo hace con paternalismo o con desprecio por la condición de vulnerabilidad extrema. No cuida quien ofrece cierta protección a las niñas y mujeres que transporta desde sus países de origen hasta Europa occidental para ser prostituidas. No cuida quien ofrece tratamiento médico sin atender a la voz y a la autonomía de quien necesita ese tratamiento. No cuida quien alimenta y envía al matadero a esos otros animales que son reducidos a productos, a carne. Sé que estoy simplificando demasiado, sé que estoy descontextualizando, sé que estoy generalizando, pero soy incapaz de hacer otra cosa. Porque si aceptara un cuidado con paternalismo, con explotación, con violencias de todo tipo o con asesinato, estaría traicionando los principios ecofeministas en los que creo. Y no solo estaría traicionando esos principios, estaría traicionando también a esos individuos que precisan de un cuidado pacífico y respetuoso. Por ellos, por ellas, no dejaré de gritar que *con violencias no hay cuidados*, que el amor se fundamenta en el respeto y que cualquier discurso que se crezca al afirmar que cuida a quien explota o somete es un discurso que esconde a duras penas una hipocresía y una falsedad que nadie quiere aceptar en su propia persona.

Desde la constatación —que al neoliberalismo le trae sin cuidado y que niega perversamente— de que los seres humanos son vulnerables, interdependientes y ecodependientes, se llega a la defensa de que, precisamente por eso, son merecedores y merecedoras de cuidados. Los seres humanos necesitan cuidados, aunque no solo ellos, pues no son los únicos seres vulnerables, interdependientes y ecodependientes. Es más, también el cuidado se extiende a objetos, a obras de arte, a edificios, a territorios. La actitud cuidadosa y la conducta empática son centrales y no me cansaré de repetirlo. Parece que, a veces, nos es más fácil entender y defender el cuidado del patrimonio cultural que el cuidado de seres vivos o de seres con la capacidad de experimentar su propia vida. Ponemos más atención y cuidado al transportar mercancías que al transportar a animales explotados al matadero (que es —no lo olvidemos— donde acaban todos). Está claro que somos una especie peculiar, con sentimientos y preferencias que resultarían un tanto extraños para alguien que realmente sea capaz de ponerse en el lugar de quien es transportado en condiciones de hacinamiento en un camión rumbo al matadero, apretujado junto a decenas de congéneres igual de aterrorizados, a los que verá desangrarse mientras espera en la fila su propio asesinato. Y esto no nos conmueve... Que paren el mundo, que yo me bajo contigo, Mafalda.

¿Por qué a tanta gente no le conmueven ciertas prácticas de violencia sistemática? Por mucha psicología social que lea, no soy capaz de integrar esas explicaciones. La empatía, el afecto o la cercanía aparecen como elementos centrales de nuestro ser moral. Tenemos la capacidad de desarrollar —o no— la compasión. En gran medida, dependerá de hasta dónde queramos que llegue esa compasión, de cuánto queramos que abarque. Como sostiene Deborah Slicer: «El sentimiento y la preocupación que tenemos por nuestros allegados debe extenderse, a través de la imaginación y la empatía, hacia la causa de otros. Y aquellos que tienen una imaginación moral rica pueden extender este sentimiento más allá de la propia especie».[17] Incluso podemos extender nuestra compasión más allá del reino animal, a las plantas, a las bacterias, a los hongos y también al mundo abiótico. Pero si a veces nos cuesta extenderlo hasta a nuestros propios familiares... ¡Ay!, ¡qué difícil es todo!

Supongo que hay una determinación biológica de la compasión en cada persona, pero también entran en juego la socialización y la voluntad. Se nos enseña a aceptar ciertos comportamientos y a condenar otros, moldeando nuestra emocionalidad en la dirección de indignarnos por unas cosas y permanecer indiferentes ante otras. Afortunadamente, aunque esto influya, no determina por completo, de forma que hay margen para la libertad, para la individualidad y para la transformación interior de esos mandatos adquiridos. Así, la voluntad desempeña un papel importante a la hora de transgredir mandatos que limitan nuestra compasión. Pero, demasiadas veces, es más cómodo no transgredirlos y permanecer en la indiferencia o en el desconocimiento.

Si no queremos sufrir con el Otro o con la Otra, a menudo basta con no mirar. Podemos elegir no reconocer ese «rostro» que nos interpela con absoluta vulnerabilidad.[18] Como sostiene Melanie Joy, la anestesia emocional ciertamente funciona: se activa el mecanismo psicológico por el que nos desconectamos mental y emocionalmente de nuestra experiencia, se distorsiona la percepción de las realidades violentas y la empatía se adormece. Este mecanismo es adaptativo cuando ayuda a afrontar la violencia, pero es desadaptativo cuando se emplea para permitir la violencia.[19] Mediante procesos de negación, cosificación, desindividualización, racionalización o disociación, la empatía se convierte en apatía. Lo estamos viviendo con el exterminio del pueblo palestino. Demasiada gente no quiere ver, o ve pero lo justifica, o mata su empatía al reducir a cada humano asesinado a un número sin valor. Y si ni siquiera empatizamos con la población palestina que está siendo masacrada en Gaza, con personas iguales a nosotras, ¿cómo esperar que vayamos a tener compasión por seres tan diferentes — pero, al mismo tiempo, tan parecidos— a los humanos? En demasiadas ocasiones, la gente no quiere ampliar la percepción afectiva más allá del entorno próximo. En demasiadas ocasiones, la ética del cuidado se queda estancada. También paralizamos la justicia... Me sale decir: «¡Qué asco de humanidad!», pero le he prometido a Sergi, mi editor, que no me dejaría llevar por el pesimismo ni por la desesperanza. Así que olvida que has leído esa frase entrecomillada.

La psicología social ha mostrado que existe una tendencia a alejarse de las situaciones de sufrimiento ajeno por la angustia que generan. No toda la gente (ni siquiera la mayoría) se decanta por la empatía y por la acción. Es común ignorar el problema porque no es agradable tener que lidiar con emociones perturbadoras, porque se produce el fenómeno de la «evasión de la empatía», porque se adopta una actitud de apatía y de resignación o porque se niega el problema en cuestión, relativizando la gravedad, negando la propia culpa o culpando al resto.[20] En efecto, «preocuparse lo suficiente para pasar a la acción requiere un alto nivel de empatía».[21] Es más, es necesario un alto grado de compasión. Como explica Frans de Waal: «La compasión difiere de la empatía en que es proactiva. La empatía es el proceso por el que recabamos información acerca de otro individuo. La compasión, en cambio, refleja una preocupación por el otro y un deseo de mejorar su situación».[22] Por cuestiones psicológicas, demasiada gente prefiere evitar sufrir por quien sufre.

En mi tierna juventud, estuve en una relación con un hombre que tenía un hijo que, cuando empezamos a salir, tenía dos años. Hasta que cumplió nueve, fui viendo cómo el pobre crío experimentaba la contradicción de tener, por un lado, a su abuelo enseñándole a matar a todos los insectos que se encontrara por el camino y, por otro, a nosotras intentando que fuera bueno con los seres vivos. El tipo de educación que reciban las criaturas determinará en gran medida la conducta moral que vayan a desarrollar.[23] Está en nuestra mano ser ejemplo de virtudes o de todo lo contrario. Está en nuestra mano potenciar los valores del cuidado o los de la violencia. Está en nuestra mano favorecer las emociones asociadas a la compasión o las asociadas a la indiferencia.

El caso es que aquella pareja que tuve me dijo en una ocasión que esperaba que su hijo no fuera tan sensible como yo. Mi reacción no fue buena. ¿¿Por qué está mal ser una persona empática?? Según él, no quería que su hijo sufriera tanto como sufría yo ante las injusticias del mundo. Es cierto que me duelen hasta físicamente. Es cierto que lo paso realmente mal, pero no dejaré de creer que mi alta sensibilidad es uno de los mayores regalos que me ha hecho la vida. Lo que me horrorizaría es ser indiferente al dolor ajeno. Eso sí que sería motivo de vergüenza y de lamento. Sufrir con el Otro y con la Otra es una capacidad de lo más admirable. Aquel novio no pensaba así. Lo siento por él. Ojalá aquel niño haya sido capaz de desarrollar la compasión, aunque duela.

Ojalá que los niños pudieran crecer sin los mandatos patriarcales que les van amputando la sensibilidad. Qué maravilloso es encontrarse a hombres altamente sensibles y compasivos comprometidos con la paz. No es tan común. La socialización de los chicos es esencial en el desarrollo de conductas agresivas.[24] Es esta socialización la que deteriora las capacidades humanas básicas del amor y el cuidado en demasiados adolescentes.[25] Conviene recordar también que, como consecuencia de la mayor valoración de lo asociado a la masculinidad propia del androcentrismo, ciertos rasgos y comportamientos típicamente androcéntricos son asumidos por mujeres que no se sienten cómodas con los mandatos de la feminidad y que aspiran al prestigio de lo masculino. Que constatemos tendencias como consecuencia de la socialización de género no implica negar las peculiaridades específicas de cada individuo ni las diferencias biológicas de los cuerpos sexuados. Tampoco implica afirmar que todos los hombres sean independientes y agresivos ni que todas las mujeres sean cuidadosas y atentas. Demasiadas mujeres son profundamente androcéntricas. Y, a veces, cuesta criticar que, incluso dentro del feminismo, encontramos personalidades que reproducen en sus relaciones personales y laborales comportamientos patriarcales jerárquicos. Parece que, si lo hacemos, damos pie a que el feminismo sea juzgado y rechazado. Pero hay que ser fiel a la verdad y mostrar que en todas partes cuecen habas. Aunque me ha costado decidirme a hacerlo, voy a hablar de alguna circunstancia en la que ciertas feministas desplegaron su androcentrismo contra mí.

Quisiera aludir también a la adopción de comportamientos patriarcales en los debates dentro del feminismo. Se ha instalado en ciertos debates una forma de comportarse con las compañeras de la que me avergüenzo profundamente. No digo que esto sea peor que lo que sucede fuera del feminismo, pero también es importante que hagamos autocrítica. Si criticamos las conductas androcéntricas, habrá que criticarlas también en nosotras. Mal vamos si no lo hacemos. Yo lo hice y me salió regular.

En el año 2020 tuve el honor de pasar a formar parte del profesorado del curso Historia de la Teoría Feminista fundado por Celia Amorós allá por 1991 y dirigido desde hace años por Ana de Miguel en el Instituto de Investigaciones Feministas de la Universidad Complutense de Madrid. La clase que imparto se llama «Debates sobre el género» y en ella hablaba, entre otras cosas, del debate entre el feminismo y la teoría *queer*. Digo «hablaba» porque he dejado de hacerlo, ya que no soporto más los comportamientos agresivos que me toca padecer como consecuencia de tener una posición crítica e integradora.

El primer año comencé señalando que una de mis primeras investigaciones había sido sobre el pacifismo (Petra Kelly, cómo no...) y que me horrorizaba ver cómo estábamos comportándonos entre las compañeras, adoptando las conductas patriarcales que siempre hemos rechazado. Recordemos que «debemos trabajar por fines consecuentes con los valores feministas».[26] Hablé, entre otras cosas, de los miedos que me generan algunos planteamientos que reducen el género a identidad en tanto en cuanto despojan esta herramienta de su poder de crítica a la opresión de las mujeres. Al mismo tiempo, mantuve que la actitud crítica en el plano teórico no puede ir acompañada de violencia, desprecio y rechazo por las personas con identidades no normativas. En ese primer año de clase que impartí desde mi casa durante el confinamiento, la respuesta de la gente fue estupenda. En el siguiente curso, fue un poco menos estupenda por parte de algunas mujeres (pocas). En el tercero, varias reacciones fueron más viscerales de lo que estoy dispuesta a aceptar, así que decidí dejar ese tema de lado y dedicarme a explicar conceptos más neutros, como el «sistema de sexo-género» o el «género como categoría analítica». Como parece que algunas no son capaces de debatir mediante los valores feministas y adoptan en su lugar los patriarcales, perdemos la oportunidad de enriquecernos mutuamente mediante el diálogo y la escucha atenta y respetuosa. Al final, pagan justas por pecadoras, porque estas conductas no son las mayoritarias, pero son suficientemente molestas como para hacer que decidamos no hablar de según qué temas.

Recordemos que el cuidado incluye prácticas concretas y, al mismo tiempo, es una actitud en esas prácticas. Hablamos de una actitud atenta, afectuosa, en nuestras relaciones con el resto. Sin actitud cuidadosa dentro del feminismo, vamos directas a convertirnos en lo que llevamos siglos rechazando. Aunque también convendría abrir el melón de que las mujeres tengamos prohibido enfadarnos y mostrar nuestra rabia, no vaya a ser que seamos unas histéricas. Tenemos que reivindicar también nuestro derecho al enfado y a la indignación, como bien ha defendido Greta Thunberg. Pero, incluso dando salida al natural enfado y a la sana indignación, convendría que siguiéramos cuidándonos entre nosotras. ¿Quién lo va a hacer si no? Y, si acaso, dejemos las conductas androcéntricas para los fascistas que vienen a por nosotras (ya sé que Kelly nos diría que también los tratemos a ellos con ternura, pero... ¡ejem!).

Quiero traer ahora una cita de Myriam Miedzian que me va a servir para introducir el siguiente tema. En la parte de su libro *Boys will be boys: Breaking the link between masculinity and violence* (1991) en la que aparece lo que voy a citar, la autora se está refiriendo al cuestionamiento de lo que es considerado normal, conocido y obvio. La demanda por la igualdad de derechos para las personas afroamericanas o las reivindicaciones feministas pusieron en tela de juicio creencias, valores y formas de actuación que parecían obvias. Eso generó resistencia por parte de quienes sintieron su identidad y su autoestima amenazadas, como continúa pasando en la actualidad.

Escribe Miedzian: «Cuando Betty Friedan publicó *La mística de la feminidad*, se sabía que millones de mujeres con talento, creativas, muchas de ellas licenciadas por las mejores universidades del país, estaban malgastando sus vidas abrillantando suelos y limpiando mocos. Al denunciar esto, al cuestionar lo obvio, se alteró radicalmente la imagen y la vida de millones de mujeres».[27] Miedzian está criticando legítimamente la reclusión de las mujeres en el ámbito privado, el ángel del hogar, la adjudicación de unos roles muy concretos a la población femenina, que será la encargada del cuidado del hogar y de los individuos dependientes, ya sea de forma exclusiva o abrumadoramente mayoritaria.

La adjudicación de roles de género, junto con los estereotipos y las normas patriarcales, dan lugar a unas identidades sexuadas como consecuencia del desarrollo de unos rasgos y conductas distintas y desiguales en hombres y en mujeres. Debido al estatus de género, lo asociado a los hombres y a la masculinidad aparece como lo valioso, mientras que lo vinculado con las mujeres y con la feminidad será ignorado o directamente despreciado.

Efectivamente, lo vinculado con las mujeres es subordinado. Esto ha pasado con los razonamientos morales basados en el cuidado, pero pasa, asimismo, con las propias prácticas y actitudes del cuidado. Como vemos en la cita de Miedzian, las mujeres «estaban malgastando sus vidas abrillantando suelos y limpiando mocos». Repito que nos enfrentamos en este texto con la justa crítica a la ilegítima reclusión de las mujeres en el hogar, pero, ante esta afirmación, convendría que pensáramos un poco en por qué se entiende que abrillantar los suelos o asear a quienes tienen mocos es una forma de «malgastar la vida». ¿Por qué hemos llegado a considerar más valioso y más empoderante trabajar, por ejemplo, en el Ejército que limpiar a las criaturas? ¿Por qué unas prácticas se consideran trabajos dignos, y otras, simplemente reproducción de la vida sin valor, ni precio ni reconocimiento?

Recordemos que incluso un amplio sector del feminismo no acogió las ideas de Gilligan con entusiasmo. Numerosas feministas creyeron erróneamente que reivindicar los cuidados suponía un riesgo demasiado grande para la causa de las mujeres. «¿Cuál sería la consecuencia de proclamar el valor del cuidado sino volver a atribuir a las mujeres una obligación de la que estaban deseando y empezando a desprenderse? [...] Mejor seguir ignorando el cuidado y luchar por una igualdad en la que la preocupación gratuita y desinteresada por el otro no se mencionara para nada».[28] El problema era que estaban confundiendo un cuidado feminizado con el cuidado que reivindica Gilligan: el cuidado feminista. Tal y como apunta ella misma:

> En un contexto patriarcal, el cuidado es una ética femenina. Cuidar es lo que hacen las mujeres buenas, y las personas que cuidan realizan una labor femenina; están consagradas al prójimo, pendientes de sus deseos y necesidades, atentas a sus preocupaciones; son abnegadas. En un contexto democrático, el cuidado es una ética humana. Cuidar es lo que hacen los seres humanos; cuidar de uno mismo y de los demás es una capacidad humana natural.*
> La diferencia no estaba entre el cuidado y la justicia, entre las mujeres y los hombres, sino entre la democracia y el patriarcado.[29]

El problema de que las mujeres estuvieran «malgastando la vida» es que no se les permitían otro tipo de proyectos vitales, que los hom-

* No solo humana...

bres no se responsabilizaban de las tareas del cuidado y que no había equivalencia entre lo que hacían ellas y lo que hacían ellos: los hombres trabajaban en el ámbito público en los trabajos remunerados y/o socialmente valorados, mientras que las mujeres quedaban recluidas en el hogar, realizando actividades que no eran ni siquiera consideradas trabajos. Si hubieran sido los hombres quienes se hubieran encargado de cuidar, ¿tendrían estas actividades el estatus inferior que tienen en las sociedades patriarcales? Me cuesta creerlo.

Volvemos aquí al baile de las interconexiones androantropocéntricas (al menos) occidentales: ha habido un proceso de inferiorización conjunta de mujeres, naturaleza y animales. Como las mujeres dan a luz y amamantan, igual que los demás animales, han sido situadas en la animalidad y en la naturaleza y se ha establecido que los cuidados es lo que les corresponde. Como la animalidad y la naturaleza son entendidas como escenario o instrumento para la vida humana, carecen del valor que se otorga a la cultura. Los hombres crean la cultura y las mujeres se encargan de las actividades de la reproducción, quedando conceptualizadas como intermediarias entre la naturaleza y la cultura.[30] Dado que lo natural, lo animal y lo entendido como femenino son inferiores a lo cultural, lo humano y lo entendido como masculino, los cuidados aparecen como algo sin mayor valor. ¡Los cuidados aparecen como algo sin mayor valor! Importa más fabricar, vender y saber utilizar armas que abrillantar suelos y limpiar mocos. Se valora más la producción que la reproducción de la vida. Se considera que formar parte de un ejército que está llevando a cabo un genocidio en Gaza es tener un proyecto vital valioso, pero limpiar los mocos a las criaturas para que puedan respirar bien es «malgastar la propia vida».

Una sociedad que no hubiera impuesto la fantasía de la individualidad[31] y que no hubiera implantado el ideal androantropocéntrico como roca sin minimundos, no habría desarrollado esta locura de valoración según la cual quienes cuidan (fundamentalmente mujeres, mujeres en situación de especial vulnerabilidad, mujeres racializadas y personas migrantes y/o empobrecidas) reciben menos reconocimiento en el mejor de los casos, o desprecio y violencia en el peor de los casos (y, tristemente, en la mayoría de los casos). Y luego llega el neoliberalismo y nos dice que somos *homo economicus* en lugar de «*homines carens*, es decir, [...] personas que viven en relaciones de cuidado mutuo»,[32]* y que, por lo tanto, si queremos cuidados, debemos pagar por ellos o vivir de la beneficencia y de la caridad. En lugar de desarrollar una democracia cuidadora, que garantice el derecho de la ciudadanía a recibir cuidados y que potencie y facilite los debates —en los que participe toda la ciudadanía— sobre la asignación de las responsabilidades de cuidar,[33] se defiende que reciban cuidados solo quienes puedan pagarlos. Pero ¿qué locura es esta?

Como ha analizado Nancy Fraser, el capitalismo financiarizado ha disminuido la provisión pública y ha reducido los salarios, de forma que el sustento de la familia exige más horas de trabajo remunerado y esto, a su vez, conduce a la necesidad de transferir los cuidados a otras personas. Y así funciona:

> Para llenar el «vacío de los cuidados», el régimen importa trabajadores migrantes de los países más pobres a los más ricos. Típicamente, son mujeres racializadas, a menudo de origen rural, de regiones pobres, las que asumen el trabajo reproductivo y de cuidados antes desempeñado por mujeres más privilegiadas. Pero para hacerlo, las migrantes deben transferir sus propias responsabilidades familiares y comunitarias a otras cuidadoras aún más pobres, que deben a su vez hacer lo mismo, y así sucesivamente, en «cadenas de cuidados globales» cada vez más lar-

* Convendría atender a la reformulación ecofeminista del primer artículo de la Declaración Universal de los Derechos Humanos que ha planteado Yayo Herrero: «Todos los seres humanos nacemos vulnerables e indefensos en el seno de una madre y llegaremos a ser libres e iguales en dignidad y derechos siempre y cuando recibamos una enorme cantidad de atenciones, cuidados, afectos y conocimientos que han de ser proporcionados por personas de otras generaciones, en una tarea sin la cual no podemos constituirnos en humanos y humanas. En caso de recibirlos, llegaremos a estar dotadas de razón que nos permita vivir fraternalmente las unas con las otras, conscientes de que habitamos un planeta que tiene límites físicos traspasados, que compartimos con el resto del mundo vivo y que estamos obligadas a conservar» (Herrero, 2024: 30-31).

gas. Lejos de cubrir el vacío de los cuidados, el resultado neto es desplazarlo de las familias más ricas a otras más pobres, del norte global al sur global.[34]

Los propios Estados empobrecidos promueven activamente la emigración de mujeres para trabajar en los cuidados remunerados y, de este modo, conseguir remesas.[35] Con el mismo fin, desarrollan circuitos semiinstitucionalizados por los que transitarán mujeres y niñas para ser explotadas en la industria de la explotación sexual.[36] Nuevamente, quienes están en situación de mayor vulnerabilidad se llevan la peor parte del androantropocentrismo neoliberal, racista y colonial. Y, además, sus voces son sistemáticamente ignoradas. Yo traigo mi propia voz y mis propios chismes. Traigo mis experiencias personales que son, también, políticas. A pesar de esto, no olvido la «epistemología de la ignorancia» a la que alude Charles Mills.[37] Soy consciente de todo lo que invisibiliza mi voz como mujer blanca occidental académica. Mi experiencia no puede traer a la luz en primera persona las voces de quienes sufren la explotación racial (tampoco otras que yo no padezco). Por eso, en el primer capítulo, me he situado para que quien lea esto sea consciente en todo momento de a quién pertenece la voz que habla en esta escritura. Tal y como recomienda Virginia Woolf, muestro cómo he desarrollado mis pensamientos para que se puedan apreciar mis prejuicios y mis limitaciones. Pero que no pueda hablar de ciertas opresiones en primera persona no significa que no pueda reproducir esos testimonios o hablar sobre ellos.

Entiendo la escritura como activismo y como una práctica de cuidado. Conviene tener presente la definición amplia de cuidado de Fisher y Tronto: «Actividad genérica que comprende todo lo que hacemos para mantener, perpetuar, reparar nuestro mundo de manera que podamos vivir en él lo mejor posible. Este mundo comprende nuestro cuerpo, nosotros mismos, nuestro entorno y los elementos que buscamos enlazar en una red compleja de apoyo a la vida».[38] Leer lo escrito por otras personas nos hace pensar, nos hace descubrir nuevas realidades que habían permanecido ocultas, nos hace conectar con sentimientos y vivencias similares, nos hace imaginar. Por ello, según sostengo, la escritura contribuye a reparar nuestro mundo. Con suerte, nos ayuda a alcanzar una vida mejor.

Si atendemos a las fases del cuidado que plantean Fisher y Tronto,[39] podremos entender en qué punto nos será más fácil intervenir a cada cual: la primera fase (*caring about*) es la fase en la que se advierte una necesidad que no ha sido satisfecha. Por ello, en esta fase, es necesaria la atención, hay que preocuparse por el Otro o la Otra que necesita algo. Tal vez la crítica y la escritura puedan incluirse dentro de esta primera fase (puede que también en la cuarta). La segunda fase (*caring for*) es la fase de la determinación, la fase de cuidar de quien está en una situación de vulnerabilidad. Aquí, se asume la responsabilidad. La tercera fase (*care giving*) exige competencia en la actividad de cuidar. El cuidado se lleva a la práctica. La cuarta fase (*care receiving*) exige sensibilidad: «Una vez hecho el trabajo, se producirá una respuesta por parte de la persona, grupo, animal, planta o entorno que haya recibido el cuidado. La cuarta fase consiste en observar y emitir valoraciones sobre ello».[40] En esta fase, nos enfrentamos a evaluar si el cuidado ha sido dispensado de forma suficiente, acertada y completa. La sensibilidad y la escucha aparecen como algo esencial, sobre todo en aquellos casos en que quien ha recibido el cuidado no puede responder directamente a estas cuestiones. Si hablamos de personas que no pueden comunicarse o de los demás animales y las plantas, tendremos que prestar atención a otros lenguajes y practicar otro tipo de escucha, como veremos en el siguiente capítulo.

Desde la perspectiva de que la escritura es una forma de cuidado que contribuye a «reparar nuestro mundo para que podamos vivir en él lo mejor posible», la responsabilidad que tenemos quienes escribimos es muy grande. Hay problemas en los que, dada nuestra especialización, solo podemos intervenir mediante la teoría. Esa es nuestra forma de cuidar. No solo tenemos el cuidado cotidiano y directo, sino que nuestra preocupación por quienes necesitan cuidados se expresa a través de las palabras. Esta es mi forma de cuidar, desde lo que podríamos llamar el «cuidado teórico». Así, por ejemplo, cuando teorizamos sobre las mujeres maltratadas, intentando hacer visible un problema estructural, transnacional y transcultural, ponemos todas nuestras energías para cuidar desde la distancia. Educar en el respeto es cuidar a las posibles víctimas por medio de la prevención.

Asimismo, cuando teorizamos sobre la industria de la explotación sexual, haciendo ver las injusticias inherentes a este sistema criminal y la responsabilidad de quienes lo mantienen a través de la demanda, cuidamos a esas víctimas a las que no podemos acceder. No es un cuidado directo, el cuidado que necesitan, la atención a sus necesidades, la ayuda para salir de esos «campos de concentración» que son los prostíbulos.[41] Pero haciéndolos visibles, aunque solo sea así, practicamos el único cuidado que a veces nos es posible llevar a cabo. No te abrazo, no te sujeto la mano, no te libero, pero pienso en ti y no te abandono. Hoy no puedo hacer otra cosa, pero mi voz —mi escritura— se eleva para cuidar de ti. Espero que te llegue mi abrazo o que lleguen mis zarpazos donde tengan que llegar, a quienes demandan un supuesto derecho a ejercer violencia sexual, a quienes legislan, a quienes legitiman. Mis palabras aparecen como testigos de las violencias que debemos eliminar. Nos indican dónde prestar atención.

Ya que no puedo ir a una granja y liberar a esos animales explotados, escribiré sobre ellos. Al menos, me queda eso. Al ponerlos en palabras, no caerán en el olvido. Y, si lo que escribo consigue que actúen quienes puedan implementar el cuidado y la liberación desde su campo de actuación, habré contribuido a esa red del cuidado en la que todas estamos interrelacionadas. Podría estar escribiendo sobre cuestiones teóricas abstractas separadas de la carnalidad y de la existencia cotidiana, pero elijo escribir sobre el dolor, sobre la violencia y sobre la compasión. Elijo escribir sobre el pesimismo que me invade y sobre la esperanza que quiero mantener. Como Robin Wall Kimmerer, «[h]e llegado a considerar la escritura como un acto de reciprocidad por la tierra viva».[42] Por ellos y por ellas, por nosotros y por nosotras.

Ya sabemos la importancia de la escucha, de que la propia voz sea escuchada con confianza. Entendemos ya el papel que desempeña la narrativa en primera persona. Y, gracias al feminismo radical, sabemos que lo personal es político. Lo personal nos ayuda a entender las relaciones de poder que nos atraviesan. En este apartado, voy a traer dos relatos de opresiones que yo no he sufrido, pero que me han marcado especialmente. Nos harán entender —espero— la necesidad de una nueva educación que desarrolle una nueva sensibilidad centrada en el respeto y en los cuidados entendidos como valor ético, como trabajo y como actitud, unos cuidados democráticos, no cuidados neoliberales. Empiezo nuevamente con mis vivencias, por si sirven para algo, aunque solo sea para hacer más amena la lectura. Escribir con ideas claras y distintas también es cuidar. No dejaré de creer que una escritura oscura es una agresión a quien lee.

Dos días después de haber pasado mi oposición para profesora titular de universidad, exhausta y con pocas ganas, viajé a Tenerife para impartir una conferencia en las Jornadas de Coeducación, Ecofeminismo y Violencias Sexuales, organizadas por el Instituto Canario de Igualdad. Estaba demasiado cansada, por lo que me hubiera gustado quedarme en casa. Afortunadamente, mantuve el compromiso y llegué a la isla. Las experiencias que allí viví, los relatos que escuché, los conocimientos que adquirí y las personas que conocí hicieron que mereciera la pena posponer el descanso. Voy a quedarme ahora con un caso concreto, una historia de trata de seres humanos que descubrí gracias a Esperanza Jorge. El libro ilustrado *Decálogo de huellas* (2021) nos cuenta la historia de trata y esclavitud de Akhere Monday a través de las huellas de su cuerpo, como un pergamino que narra la violencia que sufrió en su proceso migratorio durante tres años.

Esperanza Jorge nos habló de las historias de esas «mujeres que caminan mundo», mujeres que intentan alcanzar la Europa del candado, la que expulsa a las personas migrantes, esas personas que experimentan lo peor de los seres humanos y que, después, llegan a un continente que les cierra las puertas, a un continente que les imposibilita una vida digna. Son mujeres condenadas a la inmovilidad, mientras que, en el Norte opulento, viajamos sin medida con un impacto ecológico que sufren también las personas que no disponen de medios ni siquiera para tomar una patera.

Los relatos de esas viajeras, como retales de sus vidas,* fueron

* Véase también el documental *Iriowеniasi: el hilo de la luna* (2023), con guion y realización de Esperanza Jorge e Inmaculada Antolínez. Puede visuali-

tan estremecedores que me quedé sin palabras. Cuando acabó su charla, me acerqué a ella, nos cogimos de las manos y nos miramos a los ojos mientras conteníamos las lágrimas, que se escapaban deslizándose por nuestras mejillas, tanto era lo que pesaban. Esperanza y yo nos conocimos en esas jornadas, pero los relatos que compartió, su sensibilidad y su compromiso con los derechos humanos fueron suficientes para que nuestros corazones conectaran al instante. Esas historias en primera persona me habían llegado a lo más profundo. Por eso, ahora les doy voz en este libro, para poder, al menos, ofrecerles otro espacio en el que ser escuchadas (leídas). Ya sabemos la importancia de la escucha. Esta es mi forma de cuidar.

Y recordemos ahora aquello de Carruthers de que no es moralmente admirable «consumir las energías morales» en defender a los demás animales, porque la compasión por ellos va en detrimento del interés por cuestiones humanas, que son más importantes desde el punto de vista moral. Como si no hubiera espacio y tiempo para todas las cuestiones... Aquí va el espacio y el tiempo que les concedo, por ser relevantes, como todos los casos de violencias. Porque no quiero que se repita ninguno. Porque quiero dar voz a las voces silenciadas como un acto de cuidado, el único que ahora puedo aportar.

Como escribe Akhere:

> Porque yo existo, existen conmigo las cuchillas, los golpes, las violaciones, las explotaciones y la ausencia. También la resistencia. Soy una denuncia que camina y que formó parte de la elaboración de este decálogo de violencias que hoy duelen mucho menos porque pueden ser arma de conocimiento para las jóvenes

---

zarse *online* en el canal de Intermedia Producciones: <https://www.youtube.com/watch?v=6UBHoIBW1vU>. Como reza la leyenda: Irioweniasi significa «nadie es tan fuerte como para tirar del hilo de la luna y bajarla, nadie puede arrebatar la vida de un ser que es cuidado». Las historias de niñas y mujeres amenazadas por redes de trata de seres humanos adquieren un valor especial por su coraje al atreverse a narrar algo que les han prohibido contar. ¡Gracias por cuidarnos con vuestra valiente voz!

que lo (me) lean. Soy un pergamino para que tú te puedas defender del engaño de la trata de seres humanos.[43]

Tal vez Akhere no pueda cuidar directamente a esas niñas que, como ella, son captadas en las escuelas con la promesa de poder estudiar en Europa. Pero el testimonio y la determinación de esta valiente mujer nigeriana es una práctica de cuidado esencial mediante una actitud cuidadosa de empatía y sororidad. Es un cuidado y un activismo por medio de la escritura. Comparto esta historia, además, porque defiendo su «posicionamiento ético que aboga por construir ciudadanía eligiendo el abrazo, el encuentro, la escucha, la convivencia, la cultura de paz y la defensa de los derechos de cada ser humano que existe. También de aquellas personas ausentes o desaparecidas que, con mayor urgencia, evidencian la necesidad de repensarnos para reconstruirnos desde los cuidados».[44]

El decálogo de huellas narra las diez improntas que se encuentran en el cuerpo de Akhere, más otra más, todas visibles, palpables, como un mural viviente que nos enfrenta a lo peor de la humanidad, aunque convendría matizar, pues lo de «humanidad» tal vez sea demasiado amplio. Así, poco antes de recibir la invitación para escribir este libro, participé en el Congreso Internacional «Representaciones de la violencia de género en las artes: lecturas filosóficas, artísticas y literarias», que se celebraba en mi universidad. En una de las ponencias, se habló de la violencia salvaje contra las mujeres y las niñas en la República Democrática del Congo. Todo lo expuesto fue sobrecogedor. La situación de este país es aterradora y descorazonadora. Más si tenemos en cuenta también lo que ha demostrado Siddharta Kara en *Cobalto rojo: el Congo se desangra para que tú te conectes* (2024) a través de diferentes investigaciones y testimonios: que la minería del cobalto en este país implica la violación constante de los derechos humanos, tanto de personas adultas como de menores que trabajan en las prácticas de extracción de este componente esencial para la batería de nuestros aparatos electrónicos.

En el congreso, el ponente presentó un cómic en el que se muestra la realidad de la violencia cotidiana en el Congo (no leas el resto del párrafo si eres demasiado sensible): las violaciones grupales a mujeres y niñas, la violencia sexual perpetrada con armas y otros objetos, el asesinato de esas mujeres violadas a tiros desde dentro de su vagina o su ano. En un país que no tiene ni censo de la población, las vidas arrebatadas no cuentan para nadie más que para las familias y las amistades, si es que las hay. Nos habló de cómo la población perdía la capacidad de amar, por estar inmersa en un entorno «deshumanizado».* Este entorno mostraba, en palabras del ponente, las «tinieblas de la humanidad».

Tras esta ponencia, clausuraba el congreso Ana de Miguel, que dio en el clavo al señalar lo erróneo del uso neutro de *humanidad* en la ponencia anterior. Como bien defendió esta filósofa, en esos casos, no nos encontramos con las «tinieblas de la humanidad», sino con las «tinieblas de la masculinidad». En las historias que se narraban, no eran mujeres quienes introducían una ametralladora por el ano a hombres desarmados, no eran mujeres quienes se agrupaban para violar a niños y asesinarlos después. Eran hombres con la peor de las masculinidades, con la masculinidad que lleva hasta las últimas consecuencias el mandato de la agresividad y del distanciamiento emocional. No debemos utilizar *hombres* como pretendido neutro genérico y luego utilizar *humanidad* cuando de lo que hay que hablar es de hombres, de varones patriarcales. (Y sí, ya sé que no todos, blablablá...).

De este modo, las vivencias de Akhere que se leen en su piel muestran lo peor de la humanidad, sí, pero, en concreto, lo peor de la masculinidad, de esos hombres occidentales y no occidentales que demandan niñas africanas para nutrir los pisos, calles y prostíbulos como auténticos campos de concentración, de esos hombres que violan sistemáticamente a esas niñas que son trasladadas como mercancía por el continente africano, de esos hombres que, siendo policías, posibilitan este tráfico y trata de niñas y mujeres, a las que, ya de paso, violan a cada rato.

La primera huella de Akhere se refiere al trato desigual recibido en su país como consecuencia de nacer niña: recibirás «menos

* Admito que me cuesta emplear el concepto de *humano* como sinónimo de justo y respetuoso (por ejemplo, al hablar de «un trato humano»). Me cuesta porque oculta que lo humano incluye también injusticias atroces.

comida, menos colegio, menos cariño y menos libertad».[45] La segunda huella son los cortes sufridos en su barriga para tratar un dolor de vientre. No hablemos ya de los cortes de los genitales de otras niñas, porque «así no tendrán ganas de tener placer con hombres».[46] Más cortes dejan la tercera huella: el pecho y la espalda rajados con cuchilla por un sacerdote vudú, para coaccionarla a ella y a las otras niñas que fueron captadas en la escuela con la promesa de viajar a Europa para tener una vida mejor. Así, los tratantes garantizan su silencio y el pago de la deuda que las niñas contraen.

En el viaje, aparece la cuarta huella: las palizas por parte de quienes las transportan como mercancía. Pronto, llegan las violaciones sistemáticas, la quinta huella. Esta huella les sirve de aprendizaje para lo que tendrán que soportar en Europa. ¿Y me vas a decir ahora que los puteros europeos no tienen responsabilidad? ¡Venga ya! Estas niñas viven esto porque ellos pagan por violarlas. Ni más ni menos.

La sexta huella prefiero que la leas de boca de Akhere:

> Cuando pasas el desierto te vas a encontrar con los que llevan uniforme [...]. Los dedos de todos entraron en nuestras vaginas. Los de los uniformados porque decían que estaban buscando armas, aunque eso no era. Los del guía porque sacó los billetes que nos hacía llevar dentro para que no se los roben. Él dio dólares a esa policía y también dos chicas a los jefes para que abusaran de ellas.[47]

¿Las «tinieblas de la humanidad»? ¡Venga ya! No quiero ocultar realidades como que quien capta a estas niñas es una mujer. La maldad habita en todas partes. Pero, si cuantificamos, si analizamos los actos de maldad, ¿podremos seguir hablando de las «tinieblas de la humanidad»? Algunos de los primeros planteamientos ecofeministas mantuvieron la idea de que los varones son violentos, dominantes, intolerantes y territoriales por naturaleza.[48] No es esta mi idea de nuestros compañeros. No creo que haya una ontología masculina malvada. (Bueno..., cuando me sumerjo en los relatos de sucesos de violencias patriarcales, me cuesta apartar esta idea de mi mente y tengo que pensar en todos los hombres maravillosos que conozco que desmentirían la existencia de esta ontología perversa). Sí creo que hay una socialización que amputa a los hombres habilidades humanas relacionadas con el cuidado y con la compasión. También veo que en unos cala totalmente, en otros menos y en otros casi nada. Y observo ilusionada que algunos (demasiado pocos) quieren expulsar ese alien de su identidad. En la experiencia de Akhere, ningún hombre renunció a su masculinidad patriarcal...

Los golpes y demás métodos violentos para hacerla abortar constituyen la séptima huella de Akhere, justo antes de ser vendida por entender su *madame* que ya no servía por estar embarazada. La venta es la octava huella en el cuerpo de una niña nigeriana que, con catorce años, fue convertida en mercancía para la prostitución. Según cuenta: «Cada vez que nos venden, disminuye la posibilidad de que nuestras familias nos encuentren. El hilo que nos une a ellas se va descomponiendo y sabemos que podemos desaparecer».[49] La experiencia en el mar constituye la novena huella. Una niña embarazada por las violaciones constantes que es trasladada a Europa para seguir siendo violada por hombres que se consideran buenas personas y que dejan la décima huella. Yo no puedo decir más. Es suficiente con dar voz a Akhere. Este relato es suficiente si tienes un poco de empatía... Si no, no hay nada que hacer.

¿No te conmueve la décima huella, cuando le exigen prostituirse después de haber tenido a su bebé, cuando ella se niega a hacerlo, cuando amenazan con machetes a su padre en Nigeria para doblegarla, cuando le diagnostican un cáncer en la pierna y, entonces, accede a las violaciones por miedo al vudú? Como narra: «El bebé lo llevaba conmigo y tenía que dejarlo con alguien para hacer el dinero. Mi pierna dolía y se hinchaba, los hombres me penetraban y la *madame* me amenazaba con hacer daño a mi hijo».[50] Transcribo estas palabras y, mientras pienso en que la industria de la explotación sexual está dentro de los tres negocios criminales más lucrativos en el ámbito internacional, no puedo evitar perder la esperanza en la humanidad, en esa humanidad que ha perdido la compasión, cn csa humanidad a la que no le conmueve la huella a la que no se puede ni poner nombre, por ser la ausencia del bebé que se quedó una trabajadora social y que nunca le devolvieron. Y, aun así, Akhere narra su historia para que no se repita. Solo se puede sobrevivir y florecer por medio de lo común, por medio de los cuidados y del apoyo mutuo. Muchas mujeres africanas son testigos y ejemplos de la importancia de la solidaridad.[51, *] Akhere es una de ellas.

Transcribo su historia para que llegue más lejos. Para que juntas podamos cuidar de esas niñas y de esas mujeres víctimas potenciales y, también, de esos niños que, si no hacemos algo, se convertirán en puteros como consecuencia de la ideología de la prostitución[52] y de la colonización cultural de la pornografía misógina y violenta que educa en el desprecio por las mujeres y que aparece como el *marketing* de la prostitución.[53] También por ellos extendemos el «cuidado teórico»; también por ellos mantenemos el trabajo conjunto; también por ellos señalamos a la industria de la explotación sexual como una práctica criminal globalizada que destruye proyectos vitales de mujeres y niñas, amputa las habilidades del cuidado en los hombres y reproduce el cinismo y la indiferencia en la sociedad que la tolera.

Para que ningún niño pierda su compasión y se convierta en un impasible violador de pago. Para que ninguna niña pierda su libertad y su vida, siendo consumida por la violencia sexual. Para que ninguna sociedad deje de escuchar las voces de quienes más cuidados necesitan. Para mantener los ideales ecofeministas del cuidado que nos ofrecen un horizonte de esperanza. Para lograr esto, seguiré reivindicando el valor de un cuidado no androantropocéntrico y continuaré recordando que con violencia no hay cuidados y que el cuidado exige respeto, empatía y atención afectuosa.

Una de las prácticas en las que más se aprecia la necesidad de que los acompañamientos y la ayuda propios del cuidado vayan de la mano del respeto, la escucha atenta y la empatía es el ámbito de la salud, ese en el que había puesto el foco el Colectivo de

* Como ha propuesto Vilma Piedade, el concepto de *sororidad* se completa y reformula con el de *doloridad*, que apunta al dolor compartido por las mujeres negras como consecuencia de la intersección entre patriarcado y racismo. La negritud desemboca en prácticas brutales de racismo. Por lo tanto, va unida al dolor de esas mujeres oprimidas por el racismo y por el machismo (Piedade, 2021). A partir de ese dolor compartido, pueden desarrollarse estrategias de resistencia, empoderamiento, cuidados y apoyo mutuo.

Mujeres de Boston para mostrar que los expertos ignoraban la voz de las mujeres, sus vivencias, sus experiencias y el conocimiento de su propio cuerpo. En este ámbito, se aprecia también el drama del avance del neoliberalismo que privatiza la sanidad y condena a muerte a quienes no puedan pagarse los tratamientos que necesitan. En lo relativo a la salud, se hace patente nuestra absoluta vulnerabilidad e interdependencia. Se constata la urgencia de practicar los cuidados mediante la escucha y mediante el respeto a la autonomía. Con demasiada frecuencia, las mujeres que acuden a consulta son tratadas con paternalismo y sus problemas suelen ser reducidos a ansiedad o depresión. A vueltas con la histeria femenina y la somatización...

Es realmente curioso que aquello que se impuso (e impone) como el objetivo vital central de las mujeres sea tantas veces despreciado. La maternidad, que debería ser algo libremente elegido por las mujeres y protegido por la sociedad, es, nuevamente, un espacio de violencias machistas. La violencia obstétrica aparece, pues, como un sinsentido del patriarcado, que obliga a las mujeres a reducir su vida a ser madres, pero luego, cuando lo son, las maltrata, silencia y descuida. Por lo tanto, entre todos los trabajos que deberíamos emprender, destaco dos: el primero y más importante, que la maternidad sea una opción y no una obligación,[54] que tengamos hijos si queremos y que, si no queremos, no se nos juzgue ni se nos condene, que no se nos pida nuevamente que sacrifiquemos nuestra vida y nuestros proyectos vitales por la maternidad como destino fisiológico. Además, a la vista de la situación de superpoblación alarmante, quizás tendríamos que empezar a pensar que, si queremos descendencia en Occidente, tal vez convendría más bien adoptar a una de esas criaturas que esperan ansiosas una familia que las adopte, las quiera y las cuide. Deberíamos abrir el melón de la obsesión por la transmisión genética y de la problemática de la superpoblación. El segundo: que se garanticen los cuidados empáticos y la atención sin paternalismo ni violencias a aquellas mujeres que decidan libremente ser madres. Urge mostrar al mundo la violencia obstétrica que sufren las madres, no solo durante el parto, sino también en la pérdida del embarazo.[55]

En un mundo que silencia las voces de las mujeres y que niega su agencia y su autonomía, en un mundo que, muy a menudo, olvida que los cuidados no se limitan a los trabajos y las prácticas concretas, sino que también exigen la actitud atenta, la conducta respetuosa y una determinada manera de acercarse a la vulnerable, las narrativas personales de las víctimas de violencia machista aparecen como actos de valentía, activismo y cuidados. Traigo ahora otra experiencia para dar testimonio y para concienciar.

Hace un tiempo, mi amiga Laura me llamó para ver si podía pasar a darme un abrazo antes de que me fuera de viaje. Cuando abrí la puerta de mi casa, tenía una sonrisa de oreja a oreja. Aparte del abrazo, quería decirme que estaba esperando su tercer hijo. Era un bebé muy deseado, así que, aunque soy de las que aconseja a sus amigas no traer criaturas tan frágiles a un mundo tan devastado,* me alegré profundamente por ella. Poco más de un mes después, me llegó un mensaje en el que me decía, en *shock*, que había perdido el bebé. Cuando pudo enfrentarse a la realidad y quedar conmigo, estaba totalmente devastada. Llegué a donde estaba, tiré mi bici al suelo y la abracé. Nos abrazamos. Y lloramos. Lloramos mucho.

—¿Quieres compartirlo conmigo? —le pregunté.

—Es muy duro —replicó—. Si en algún momento no puedes soportarlo, me lo dices y me callo.

—Solo faltaba que estuvieras tú cuidando de mí en este momento... Estoy aquí para ti, para escucharte, para todo lo que necesites.

* Mi amiga Ada se lamentaba en verano de que su hija lo estaba pasando fatal por las altísimas temperaturas en los Países Bajos. Con mi particular tacto, le dije que, previsiblemente, lo iba a pasar mucho peor y que ya le había advertido de esto antes de decidir quedarse embarazada. La pobre sigue hablando conmigo del tema, pero sabe que mis apreciaciones no van a ser demasiado halagüeñas. En 2019, conversando con mi amiga María Luisa, le comenté eso de lo que estaban alertando tantos estudios: la posibilidad de futuras pandemias debido, entre otros factores, al caos climático. Unos meses después, nos confinaron por la covid-19. Me llamó y me dijo: «¿¡Qué has hecho, Angélica!? ¿Esta pandemia es cosa tuya?». No dejamos de bromear, pero la cosa es muy seria. Desde que tuvo a su hijo y a su hija, no solemos hablar demasiado del tema ambiental. No me extraña (emoji de cara triste).

Caminamos hacia un banco, abrazadas. Menos mal que el patriarcado, al menos, nos permite a las mujeres el contacto físico y la expresión del afecto. Nos sentamos. Lloraba. A mí me faltaba el aire. Su dolor desgarrador no solo venía de la pérdida del bebé, sino también de la manera en la que había sucedido, de la forma en la que había sido tratada por parte del personal sanitario, especialmente por el ginecólogo de Urgencias que, saltándose todos los códigos éticos del cuidado de sus pacientes, había impuesto su voluntad sobre la experiencia vivida y sentida de Laura, había ignorado su voz, sus conocimientos sobre su propio cuerpo y había desplegado una falta de empatía que asusta. Todo eso que habían criticado las integrantes del Colectivo de Mujeres de Boston, todo aquello que había explicado en mi clase con las personas jubiladas y que aquel señor había negado con ironía, le estaba pasando a mi amiga. No puedo expresar la tristeza y la rabia que me invadió. Y las que me invaden aun ahora al ponerme a escribirlo, meses después, ya que he sido incapaz de enfrentarme a ello antes.

Mientras nos agarrábamos de la mano, me contó que, unos días antes del triste desenlace, había empezado a tener molestias. En el hospital, pudo ver y escuchar al niño que crecía en su interior. Todo estaba, aparentemente, bien. Unos días después, por la noche, empezó a notar contracciones durante dos horas, cada dos minutos. Había sido madre dos veces así que sabía perfectamente lo que estaba experimentando. Lo sabía. Y ese saber es tan válido (¿más?) como el del ginecólogo que la atendió y que ignoró lo que su paciente embarazada le decía.

—Le dije que sentía contracciones y no me hizo caso. No me hizo ningún caso —recalcó—. Y nos mandó para casa con paracetamol para el dolor.

El dolor fue aumentando a lo largo del día. Su marido le recomendaba que fueran a Urgencias, pero ella sentía —sabía— que sería absurdo porque ya se había visto que no le iban a hacer caso. Cuántas mujeres ninguneadas, cuántas voces ignoradas en los momentos de mayor fragilidad, cuántas vidas cercenadas como consecuencia de la ideología patriarcal. Se decidió a volver al hospital solo cuando empezó a sangrar. Supongo que ahí ya te toman en serio, ¿no? Continuó su historia de terror:

> Me subí en la ambulancia sola, porque no dejaron que mi marido me acompañara. Durante el viaje, nadie me dijo nada, no hubo ningún gesto de empatía, nada que me reconfortara. Al llegar al hospital, una enfermera lo agilizó todo para que me atendieran rápido a la vista de mi lamentable estado. En la sala de ginecología, volví a encontrarme con el mismo ginecólogo que horas antes me había ignorado. Volvió a imponer su diagnóstico sobre mi realidad sentida: no eran contracciones, eran cólicos. Cuando me examinó, su cara me dijo que algo no iba bien. Le pregunté que qué pasaba, pero no me dijo nada. Lloraba de dolor y de tristeza. Me hicieron una ecografía en la que se veía que había roto aguas. Me dijo que no empujara y se fue de la sala. Empecé a notar que el bebé salía, sin empujar. Mi marido fue a buscarlo, entró y se quedó de pie, frente a mí, mirando. ¡Mirando! El médico no hizo nada mientras el cuerpito se deslizaba fuera de mí. ¡No hizo nada y el bebé cayó al suelo!

Me mareé. Tuve que agachar la cabeza y meterla entre las piernas. Laura me preguntó si quería que dejara de contar. Le dije que no y, mientras intentaba respirar, me habló del ruido del bebé contra el suelo, del ginecólogo apartándose al verlo caer, del bebé tirado en el suelo sin que nadie lo pusiera en sus brazos. Me contó que sus llantos y sus lamentos no sirvieron para que el *buen* ginecólogo recogiera a la criaturita. Hasta que no entró una matrona, Laura no pudo tener el cuerpo de su hijo entre sus brazos.

Me habló de su oreja redondita, de sus bracitos largos y delgados. Se me nublaba la vista al escuchar a mi amiga rota. No podía ni llorar. Me describió también lo que vino después: el ginecólogo apretando muy fuerte sobre su tripa para intentar sacar la placenta, ignorando que su paciente le decía que parara, que le dolía demasiado. Gracias a la intercesión de otra ginecóloga, el médico accedió a esperar a que se expulsara naturalmente. Cuando la placenta salió, en otra sala, ya no había rastro del bebé. Nunca más lo hubo. Un nuevo ginecólogo le ofreció ayuda psiquiátrica que ella aceptó, pero esa ayuda no llegó nunca. Se la ha tenido que pagar ella misma. Para acabar de coronar esta mala praxis de cuidados ausentes, una ginecóloga le dijo que mejor no solicitar el cuerpo para ahorrarse el entierro.

Es obvio que «la ética del cuidado siempre exige que los profesionales tengan conciencia de la diferencia de poder que hay en los diversos contextos de la atención. Quienes requieren el cuidado de los profesionales de la salud suelen precisar ayuda para sus necesidades físicas, lo que los hace menos poderosos de lo que normalmente son en sus propias vidas. Es fácil que, en tal circunstancia, los profesionales utilicen sus propios juicios en lugar de los de las personas que necesitan atención».[56] En el caso de mi amiga, como en tantísimos otros, el poder fue ejercido por el ginecólogo de forma despótica, imponiendo sus juicios y desplegando su indiferencia ante el dolor ajeno. Si bien aplaudo el trabajo de tantísimas personas del ámbito sanitario que nos cuidan en condiciones precarias debido a los continuos recortes y privatizaciones,* estos relatos no deben caer en el olvido. Hay mucho que reflexionar sobre la manera en que los «cuidados» son llevados a la práctica, especialmente en el ámbito de la salud, en el que se despliega completamente nuestra vulnerabilidad.

Decidí incluir esta historia en este libro como una forma de cuidado a mi amiga y a todas las mujeres que pueden llegar a pasar por esto. Hay que dejar constancia, hay que dar testimonio de las injusticias. Callarnos es ser cómplices. Laura pensó en las mujeres que, ante circunstancias similares, no pueden pagarse la ayuda psicológica que ella tiene o que ni siquiera pueden pedirse una baja laboral para poder recuperarse de sucesos traumáticos. Pensó también en mí, en cuidarme, mientras compartía conmigo su triste historia. Y así vemos que los cuidados son esto: una red en la que nos ayudamos mutuamente con afecto, con empatía, con el deseo de no dañar a quien nos escucha. En su peor momento, a mi amiga le preocupaba que su relato me hiciera sufrir. Casi igual que los «cuidados» que recibió por parte del ginecólogo...

* Un reconocimiento especial a mi amiga Saray, que desarrolla su trabajo de enfermera con una compasión entrañable. Siempre me ha parecido increíble que alguien con tanta sensibilidad pueda realizar un trabajo tan excelente en un entorno en el que se hace frente a tanto sufrimiento. Y que lo haga, además, con una sonrisa y con tanto cariño. Así fue mi madre cuando trabajaba en la planta de Pediatría del hospital (emoji de carita sonriente con corazones alrededor).

La «epistemología feminista radical» que construimos con todas estas voces nos recuerda la importancia de educar en los cuidados ecofeministas. Cada experiencia vivida y contada nos acerca a la comprensión de las opresiones interconectadas que convierten el mundo en un lugar lúgubre. Al mismo tiempo, las voces valientes que se alzan para cuidar mediante el discurso nos devuelven un poco la esperanza de la posibilidad de que pequeños minimundos nos ayuden en la escalada.

Me he referido antes a la «epistemología de la ignorancia». Como antirracista, escribiré en contra del racismo y daré voz a estas personas racializadas. Como blanca, soy consciente de que mi propia voz no puede llegar hasta donde llegarían otras voces, esas voces desgarradoras como las de Akhere. En la misma medida, como mujer que no ha dado a luz, tampoco he experimentado la violencia que sufrió Laura. Como blanca, no experimento la opresión racista, por lo que mi experiencia aquí es irrelevante. Pero los conocimientos no son irrelevantes: puedes estudiar una opresión y criticarla, aunque no la hayas vivido.

Puedo conocer, por ejemplo, el mundo de la industria de la explotación sexual y rechazarlo con todas mis fuerzas, aunque no haya sido una mujer abusada en esa industria criminal. Simplemente, en este caso, mi narrativa en primera persona será muy diferente a la de una mujer o una niña que sea víctima de esta atrocidad. Habrá que escucharlas a ellas y también a quienes investigan esa realidad. Como mantiene Amelia Tiganus, para legislar, por ejemplo, sobre violencia de género, no nos basamos simplemente en lo que dicen las mujeres que son violentadas por sus maltratadores. En este caso, es probable que esas mujeres tan profundamente heridas llegaran a justificar a su maltratador. Recordemos mi nefasta experiencia con aquel guardia civil tan defensor del derecho a la vida de las mujeres maltratadas que sufren las consecuencias psicológicas de esta violencia... También tienen legitimidad para hablar quienes se han especializado en esa problemática. Lo mismo sucede en el caso de la prostitución o de la pornografía: la voz de las mujeres en situación de prostitución es esencial, pero también lo es la de las expertas en este asunto, que pueden haberse especializado desde diferentes ramas del conocimiento.[57] Y así en todos los ámbitos. Logramos, de este modo, una equifonía para construir la epistemología (eco)feminista radical.

Ampliar el conocimiento sobre las injusticias es, en mi opinión, una obligación moral, y emprender ese camino de nuevos conocimientos puede ser entendido, asimismo, como una práctica de cuidado: cuanto más sabemos, mejor capacitadas estamos para visibilizar y trabajar contra ellas. Estoy defendiendo en estas páginas que la voz es importante. Pero tenemos que aceptar que la ciencia necesita también estudios cualitativos, cuantitativos y sistemáticos, sin dejar de escuchar esas voces particulares.

Así, si se pudiera explicar el mundo de acuerdo con mi experiencia personal, entonces se podría decir que son las mujeres quienes trabajan en el ámbito público y los hombres quienes cuidan a las criaturas. Se podría decir esto si nos limitáramos a lo que le pasa a cada cual, sin analizar los condicionantes estructurales y sin desarrollar estudios cuantitativos. Digo esto porque, en mi primera infancia, mi madre trabajaba como auxiliar de enfermería en la planta de pediatría, cuidando a los hijos e hijas de otras familias. En los primeros años de la vida de sus hijas, mi madre acudía a cuidar a bebés y niños y niñas enfermos, mientras que sus propias hijas eran atendidas por su marido, que estaba opositando. Luego ella llegaba de trabajar y seguía cuidando a sus hijas. Eso no cambia; ella no mantenía la «irresponsabilidad privilegiada» de la que disfrutan tantos hombres: ella no podía librarse de cuidar en casa alegando que era su sueldo lo que sostenía la familia, no había para ella «pase de producción».[58]

En mi hogar, los roles de género no estaban tan definidos como en la familia tradicional. Mi padre también cuidaba y, en ese momento, no trabajaba en el ámbito público. Mi experiencia personal es importante porque pone de manifiesto que es posible transgredir los mandatos patriarcales y configurar una familia en la que los cuidados son ejercidos de forma paritaria. Lo personal es político. Pero mi caso personal no es importante en el sentido de que, con él, se puedan desmentir realidades probadas: que, en mi caso concreto, durante un tiempo, fuera mi madre la «cabeza de familia» y mi padre quien nos cuidara mientras ella trabajaba no es muestra de que, en la sociedad occidental, los hombres cuiden tanto como las mujeres. No es así. Habrá casos específicos en los que así sea, pero lo cierto es que, en los patriarcados de consentimiento (no digamos ya en los de coerción), la carga del cuidado recae de manera desproporcional en las mujeres, que ahora también trabajan fuera del hogar, asumiendo dobles o triples jornadas interminables.

Y, ya sean hombres o mujeres quienes cuiden, no se concede a los trabajos de cuidados ni el valor ni el precio ni el reconocimiento que merecen. Como recuerda Katrine Marçal: «A pesar de que la palabra *economía* proviene del griego *oikos*, que significa "casa", durante mucho tiempo los economistas han mostrado un completo desinterés por lo que sucede en el ámbito del hogar. Se consideraba que la naturaleza abnegada de la mujer la relegaba a la esfera privada, y, por lo tanto, no era económicamente relevante».[59]

Como criar a las criaturas, limpiar la casa o lavar y planchar la ropa no eran bienes susceptibles de compraventa, no se entendían como importantes para la prosperidad social. Algo de eso queda. Las mujeres —con sus trabajos de cuidados y reproducción de la vida— son consideradas «recursos naturales» y «condiciones de producción», con lo que son tratadas como externalidades económicas.[60] Asimismo, los análisis económicos ignoran estos trabajos y las funciones que realiza la naturaleza. Pero ¿qué locura es esta? Necesitamos transformar esta visión y tomar conciencia de la esencialidad de los cuidados, de los cuidados empáticos, de los cuidados sin violencia, de los cuidados democráticos y justamente repartidos. Cuidados ecofeministas no hipócritas extendidos también al mundo no humano.

La imposición del androantropocentrismo y del *homo economicus* neoliberal, racista y colonial aparece como la roca sin minimundos más absurda, cruel y suicida que se puede imaginar. Es una roca imposible de escalar, una roca que no ofrece rutas para la esperanza, una roca que beneficia a unos pocos y que devasta a la mayoría, humanos y más. Contra ella, se alza el ecofeminismo decrecentista y animalista con una ética y una política del cuidado. Ofrece minimundos para ascender y un puñado de semillas que podemos ayudar a crecer mediante un activismo individual y un trabajo conjunto que conduzcan a la transformación sociopolítica.

Ese cuidado ecofeminista que reivindicamos nunca podrá estar basado en la violencia. Nunca se ajustará a la lógica de la dominación.* Abarcará, además, las prácticas de autocuidado, siempre en tensión con la responsabilidad de cuidar de las demás personas, animales y del resto de la naturaleza.

Antes de abrir paso al tema del autocuidado, quiero terminar haciendo una referencia a la que considero una de las prácticas del cuidado más necesarias y valiosas y, al mismo tiempo, más olvidadas. Hemos visto ya que el cuidado ecofeminista exige atención, afecto, respeto y compasión más allá de nuestra especie. La actitud cuidadosa se expande, aunque hay prácticas que solo podemos desplegar con humanos y con algunos otros animales. Frans de Waal dedica su libro *La edad de la empatía* (2009) a su mujer, simplemente por hacerle reír. No olvidemos el poder sanador de la risa, no olvidemos la necesidad de mantener el sentido del humor. No olvidemos agradecer a todas esas personas que nos hacen reír y que, de este modo, nos permiten disfrutar un poco más de la vida. Quienes me conocen saben que a mí se me gana desde ahí. Cierro este apartado enviando mi amor a quienes me hacen reír sobre la base de profundas relaciones de afecto.† Sabéis quiénes sois. ¡Qué forma tan hermosa de cuidarnos!

* Puede parecer obvio, pero hay propuestas de supuesto cuidado que sí que lo hacen. Así, por ejemplo, Plumwood (2004; 2024) o Warren (1998) mantienen la idea de que se puede tratar con afecto y respeto a quien es comido o comida. Volveré a esta cuestión en el siguiente capítulo. De momento, recupero las palabras de Ralph Acampora que muestran la imposibilidad de que así sea, porque «comer es, literalmente, una forma de consumo, de *uso* de un cuerpo, uno del que no queda nada que respetar o cuidar» (Acampora, 2023: 299).

† Montse ha sido mi compañera de vida desde los catorce años. Su madre sabía que era yo quien llamaba por teléfono porque, nada más descolgar, ya se escuchaban las risas. Hace años, me preguntó qué diría si me preguntaran quién consideraba que era la persona más graciosa de mi vida. Le dije que ella, sin duda. Añadió: «Yo también [pausa dramática], también diría que yo». Volvieron las carcajadas. Soy muy afortunada de estar rodeada de amigas muy graciosas. Mis amigos Víctor, Iván y Dani también me hacen reír (emoji de cara sonriente con corazones alrededor).

Cuando Carol Gilligan realizó sus primeras investigaciones sobre el desarrollo del pensamiento moral de las mujeres, observó que había un momento en el que las mujeres de su estudio problematizaban la lógica del autosacrificio. ¿Las mujeres pueden incluir sus propias necesidades en las actitudes y prácticas de cuidado? ¿Se puede ser responsable ante una misma y ante los demás? De acuerdo con la ideología patriarcal, las mujeres deben estar exclusivamente para el cuidado de los demás. Son un «ser para otro».[61] Ana de Miguel se refiere al «"chollo ontológico" de ser cuidados y no cuidar» del que han disfrutado los hombres en general, y los filósofos en particular, que han ignorado que solo se puede perseverar en el ser si se reciben cuidados prolongados y adecuados.[62]

Esos cuidados han sido (y son) dispensados fundamentalmente por mujeres. Claro que el mandato de Rousseau en el siglo XVIII había dado legitimidad a la educación para las niñas que se venía practicando y que continuó reforzada después de que el padre de la democracia moderna determinara, en su tratado de educación *Emilio* (1762), que «la educación de la mujer debe ser relativa a los hombres. Complacernos, sernos útiles, hacer que las amemos y las estimemos, que nos eduquen cuando seamos jóvenes y nos cuiden cuando seamos viejos, nos aconsejen, nos consuelen, para que así nuestras vidas sean fáciles y agradables; estos son los deberes de las mujeres de todos los tiempos y para lo que debieran ser enseñadas durante la infancia».[63] ¡No era listo ni nada el amigo Rousseau! Quien es diferente a mí es naturalmente inferior (¡qué casualidad!, ¡no vaya a ser que el inferior sea yo y la liemos!) y es la naturaleza quien determina que ese inferior existe para servirme —¿me recuerda este argumento al que se utiliza con el resto de los animales? Mmmm, sospechosamente similar (emoji de cara pensando con la mano en la barbilla).

Casi un siglo después de que Rousseau se asegurara de que las mujeres no tuvieran ningún otro papel en la vida política que el de criar y cuidar a los ciudadanos, John Stuart Mill, en la misma línea que feministas ilustradas como Olympe de Gouges o Mary Wollstonecraft, criticaba la injusticia que se había cometido contra las mujeres y constataba que «todos los principios del buen comportamiento les dicen que el deber de la mujer es vivir para los demás; [...] debe negarse completamente a sí misma y no vivir más que para sus afectos».[64] Con esa socialización y esa educación patriarcal, ¡como para no conseguir que las propias mujeres hayan deseado cuidar y hayan convertido el cuidado en su forma de vida! Normal que, luego, las mujeres de los estudios de Gilligan se cuestionaran si tenían derecho a cuidar de sí mismas en lugar de cuidar exclusivamente al resto de la familia. Y no solo las mujeres de los estudios de Gilligan, sino también tantas otras mujeres que se siguen —seguimos— sintiendo culpables cuando piensan un poco en ellas...

En la introducción, no llegué a contar cómo fue derrotado Hexxus cuando llegó a FernGully. Lo guardaba para este momento. Cuando el espíritu de la destrucción está a punto de vencer, Crysta recuerda las palabras de Maga: «Toda la magia de la creación está contenida en una diminuta semilla». Entonces, coge una semilla, se lanza a las fauces del monstruo y es devorada por él. Se sacrifica por el cuidado del grupo y de la naturaleza. ¿Nos suena de algo esa personalidad abnegada que antepone el bienestar del resto al autocuidado? Cuando los supervivientes piensan que todo está perdido, empiezan a crecer ramas por el cuerpo de Hexxus. Él trata de arrancarlas, pero siguen surgiendo y creciendo sin parar. Al poco tiempo, un árbol sepulta al malvado ser. El sacrificio de Crysta resultó no ser total: cuando se abre una pequeña flor, surge de su interior el hada, que entrega a Zak una semilla y la hace crecer cuando este la planta antes de abandonar el bosque. Brotan ramas, hojas y flores exuberantes. La naturaleza revive. Mantenía Françoise d'Eaubonne que «el planeta en femenino reverdecería para todos».[65] En este caso, así fue. Aquí tenemos un bonito final feliz. Muchas mujeres abnegadas no lo tienen. Su sacrificio sin autocuidados les pasa factura.

Según estableció Gilligan, ser responsable de una misma exige conciencia sincera de lo que se está haciendo. Hay responsabilidad en todas las elecciones que tomemos. En los casos concretos que estudió, la aceptación de la necesidad de cuidar también de una misma implicaba un cambio en la perspectiva desde la que se enfocaban los dilemas: en problemas morales como la interrupción voluntaria del embarazo, cualquier decisión implica cierto grado de violencia. Son situaciones con un gran sufrimiento individual. Aquí se entiende que se trata de elegir entre dos males. No hablamos de dilemas morales hipotéticos como el de Heinz, sino de circunstancias reales en la que las mujeres tienen que elegir entre dos formas de sufrimiento. Efectivamente, no nos estamos enfrentando a una cuestión abstracta, sino que es un dilema en el que se enfrentan la compasión hacia los otros y la autonomía en las propias decisiones.[66] Por cuestiones como estas, el ecofeminismo pone el énfasis en lo que hemos visto que Adams denomina «filosofía de la contingencia», esto es, la necesidad de entender cada situación en su contexto específico.[67] Los principios universales orientarán nuestra acción de la mano de las virtudes del cuidado y de la atención al caso concreto.

En los casos concretos que estudió Gilligan, la cuestión que se planteaban las mujeres es esta: ¿atiendo a mis necesidades y cuido de mí misma o me centro exclusivamente en las necesidades de los demás? Cualquier decisión implicará un daño para alguien. Habrá que elegir, pues, la que genere el menor mal posible. Señala Gilligan que el concepto de derechos contribuye a que las mujeres consigan establecer que los intereses de una misma son tan legítimos como los intereses de los demás: «El concepto de *cuidado* y *atención* se extiende: de la paralizadora orden de no dañar a los demás, a un mandamiento de actuar responsablemente hacia el yo y hacia otros y, así, sostener la conexión».[68] Es decir, la ética del cuidado y la ética de la justicia son complementarias. Marginar y devaluar la primera es un claro ejemplo de androcentrismo jerárquico. Y aplicar la ética del cuidado solamente a los humanos es un acto de antropocentrismo excluyente que muestra las limitaciones en la compasión de quien mantiene esta postura.

Las mujeres, educadas en la lógica de la abnegación y el autosacrificio, tienden a experimentar angustia cuando tienen que autoafirmarse y proteger también sus necesidades. El cuidado de una misma resulta sospechoso en la cultura patriarcal. Como bien recuerda Marçal en la cita con la que comienzo el capítulo: «A la mujer se le ha asignado la tarea de cuidar a los demás, no de maximizar su propio beneficio».[69] La ética del cuidado amplía el principio de no violencia mediante la asunción de responsabilidades hacia otros, pero aceptando también la responsabilidad hacia las necesidades de una misma. Nos estamos enfrentando a la difícil tarea de compaginar cuidados y autocuidados. ¿Desatender algunas necesidades de otras personas u otros animales implica necesariamente una «irresponsabilidad privilegiada» cuando se hace por una necesidad urgente de cuidar de una misma? Como afirma Gilligan: «Aunque, desde cierto punto de vista, prestar atención a nuestras propias necesidades es egoísta, desde otra perspectiva no solo es honrado, sino justo».[70]

Nuevamente, tendremos que atender adecuadamente al caso concreto, pues parece que no es lo mismo el hombre que se escaquea de las tareas de cuidar en el hogar porque tiene un trabajo en el ámbito público y considera que esa aportación es suficiente para la familia[71] que la persona que se encarga de cuidar a su madre anciana y enferma y que se toma unos días libres porque necesita desconexión y tranquilidad para recuperarse del esfuerzo físico y emocional de esos trabajos de atención a la vida.* Además, como señala Will Kymlicka, es necesario poner límites a las obligaciones de cuidados para garantizar la autonomía de las personas y que puedan llevar a cabo sus proyectos sin la exigencia constante de cuidar del resto, pues, «si estamos obligados a ahorrarles a las personas daños subjetivos, entonces a aquellos que han atendido responsablemente su propio bienestar se les exigirán constantes sacrificios para ayudar a aquellos que han sido irresponsablemente descuidados o imprudentes, lo cual es injusto».[72] Por este motivo, entre otros, es tan importante que los Estados democráticos favo-

* Tendríamos también que analizar en profundidad los casos en los que el cuidado de alguien implica más daño que beneficio para ambas partes debido a malas relaciones en las que lo que más ayudaría, tal vez, es la distancia entre quien necesita cuidados y quien *tendría* que cuidar. En estos casos, habría que buscar otras alternativas para no desatender al vulnerable o la vulnerable, pero preservando también la salud mental de la hipotética cuidadora. ¿Qué hacemos si la relación con la persona a la que hay que cuidar desestabiliza emocionalmente a quien cuida? ¿Cómo nos enfrentamos a eso? Es otro melón que queda por abrir.

rezcan y coordinen las negociaciones sobre quién es responsable de los cuidados, cuándo, cómo y hasta dónde.[73]

Para entrar en el autocuidado, vuelvo al androantropocentrismo (qué pesada...) que ha despreciado nuestra animalidad, nuestra vulnerabilidad y los valores del cuidado. He mantenido que la visión androantropocéntrica es una roca sin minimundos. Esta es la metáfora que utilizo para mostrar que esa ideología tiene consecuencias nefastas en múltiples aspectos y que nos estanca en el camino hacia esa utopía no ingenua (¿o sí?) de respeto, compasión, igualdad y no violencia. Nos mantiene en una forma irreal de percibir el mundo y a nosotras mismas. Pero no solo es un problema intelectual de conceptualizaciones equivocadas y tramposas, sino que repercute de forma directa en la práctica. Los conceptos jerárquicos conducen a teorizaciones jerárquicas y, desde ahí, llegamos a la justificación de prácticas de opresión.

Así, conceptualizar lo humano como racional y entender a las mujeres como seres emocionales conduce a una exclusión de las mujeres de la humanidad. Utilizar la lógica de la dominación sirve para legitimar que esos seres que parecen humanos, pero que en realidad no lo son, que son tan diferentes al humano de verdad (el varón blanco occidental heterosexual) y, por lo tanto, son tan inferiores deben ser dominados y sometidos a todas las prácticas de domesticación y violencia que el ser superior considere necesarias. Conceptos jerárquicos androantropocéntricos nos llevan a prácticas de opresión machistas.

En la misma medida, la concepción jerárquica de lo humano como libre, autónomo y racional conduce, en la práctica y en la teoría, al desprecio de los trabajos del cuidado porque se cree que es posible realizarse en la vida sin el apoyo de la sociedad. Esto nos lleva a la esclavitud doméstica y a la precarización de las personas que se dedican a cuidar. Conceptos jerárquicos androantropocéntricos nos llevan a prácticas de opresión de clase.

Y ya, para colmo de los males, la concepción jerárquica de lo humano como mente que tiene que estar en un cuerpo, pero que en realidad no es esencialmente cuerpo, conduce, en la práctica, al olvido y al descuido de nuestra propia realidad material. Bailemos otra vez con las ideas interconectadas: el ecofeminismo nos ha recordado que somos parte de esa naturaleza feminizada y despreciada.[74] Como cuerpos animales, somos vulnerables. Como seres vulnerables, necesitamos cuidados. Como seres «cuidables», somos interdependientes. Y, como parte de la naturaleza, somos, además, ecodependientes. Hay aquí muchas cuestiones a las que prestar atención.

Desmontar las trampas del androantropocentrismo neoliberal y quedarnos con la realidad desnuda nos lleva a enfrentarnos a nuevos desafíos. Y, a la vista de los problemillas que hemos tenido con la carnalidad, con la sensualidad y con la desnudez, es más que probable que esos nuevos desafíos de la realidad *desnuda* nos vayan a molestar bastante. Preveo que nuestro autocuidado y el cuidado de nosotras como cuerpo va a generarnos demasiada incomodidad. Al fin y al cabo, llevamos siglos negando que somos cuerpos y hasta a las más ecofeministas les cuesta atenderlos (*atendernos*, que el cuerpo no es algo que nos acompaña, es lo que somos) con la seriedad que requieren. Seguramente, en lo que tiene que ver con nosotras y con la relación íntima con nuestro propio cuerpo —con nosotras mismas como cuerpos que somos—, vamos a tener que enfrentar una disonancia cognitiva bien molesta y yo vengo otra vez a generar reactancia en el auditorio.

¿Estamos realmente cuidándonos como cuerpos que somos o nuestras prácticas vitales siguen ancladas en la fantasía de que somos mentes pensantes desencarnadas? ¿Estamos dispuestas a pensar en nuestro autocuidado y a implementarlo con el mismo rigor con el que se analizan las cuestiones teóricas? Porque estar dispuestas implica hacer autocrítica, repensar cuestiones que hemos dado por hechas, criticar radicalmente modos de vida y cosmovisiones a las que estamos muy apegadas. Solo para empezar, ahí van algunas preguntas incómodas: ¿nutres tu cuerpo —te nutres— con alimentos sanos? ¿Ejercitas tu cuerpo —te ejercitas— para ser fuerte, ágil, elástica y funcional? ¿Idolatras el trabajo y te quitas tiempo de descanso, ocio y reparación para demostrar al mundo que eres una persona productiva y *de valor*? ¿Compartes el suficiente tiempo con las personas que te quieren y te cuidan o se lo das todo al trabajo como ídolo que configura nuestro ego? (No estoy hablando de las personas que tienen que dedicar infinitas horas al trabajo porque su situación de necesidad les deja bajo las botas de sus explotadores, que se aprovechan de esa situación de vulnerabilidad y les roban la vida para lucrarse a costa del trabajo del resto.) Si tenemos la responsabilidad de cuidar de nosotras mismas, habrá que tomarse estas cuestiones muy en serio, pues hasta he llegado a escuchar la locura de que el ejercicio es malo para la salud porque te lesiona. ¿Cuándo entenderemos que nuestros cuerpos —nosotras como cuerpo que somos— necesitan actividad y desarrollo de la fuerza y la agilidad? El autocuidado exige, como mínimo, nutrición e hidratación, descanso y ocio, ejercicio físico, contacto con la naturaleza y relaciones con seres queridos, humanos y no humanos. Un autocuidado sin estos elementos (y algunos más) es un autocuidado incompleto.

Mientras pensamos en nuestras prácticas diarias y luchamos con la disonancia cognitiva, vuelvo a una de mis experiencias personales, para reflexionar sobre la necesidad de cambiar el sistema que nos impide cuidarnos (entre nosotras y a nosotras mismas) de forma plena y consciente. 2017, 2018 y 2019 fueron años especialmente movidos para mí. En 2017, se publicó mi libro *La ética animal: ¿una cuestión feminista?* y, afortunadamente, generó bastante interés. La alegría de ver que tu trabajo es reconocido y que los temas que te apasionan importan a algunas personas convivía con el agobio de tener una carga de trabajo demasiado pesada: presentaciones del libro, entrevistas, viajes, invitaciones a seminarios, congresos, jornadas... Además, se juntó con varios trabajos de gestión académica y, como es lógico, con asuntos personales. Entre todo esto, las clases, la dirección de trabajos y la burocracia, llegó un momento en que algo que en principio era toda una ilusión se convirtió en un agobio considerable. Sin darme cuenta, empecé a estar enferma casi de continuo.

En Madrid, Esther y José, una joven pareja totalmente comprometida con la defensa de los otros animales, venían prácticamente a todas las actividades en las que yo participaba. Viajaba a la capital cada pocos meses y siempre me los encontraba allí, con una sonrisa amable y con una pasión deslumbrante por los temas que trabajaba. Hubo un momento en el que Esther me preguntó que si estaba siempre acatarrada o si coincidía justo cuando iba a Madrid. Era asombroso que pasaran meses y meses y siempre estuviera tosiendo y llena de mocos. Además, engordé casi diez kilos y, cuando me vio mi amiga Mar, con la que hacía tiempo que no coincidía, me dijo que no pensaba que hubiera engordado, sino que estaba hinchada. Así era. Parecía un globo con tos, afonía y mocos. Hay por ahí un vídeo en el que aparezco en la presentación de un libro en el que escribí un capítulo y cuando lo veo, no me reconozco.

No es que venga aquí a quejarme del trabajo académico como si fuera el más terrible del mundo. Soy muy consciente de que soy una funcionaria occidental privilegiada que puede dedicar horas de su tiempo a escribir un libro en el que mezcla sus conocimientos teóricos con chapas y chismes sobre su propia vida. Esto es un placer frente a tantos otros trabajos precarios en los que las trabajadoras y los trabajadores son claramente explotados. Pienso, por ejemplo, en las Kellys* —las mujeres que limpian los hoteles y los pisos turísticos (esos apartamentos que están dejando las ciudades sin residentes habituales, robando a la población su derecho a la vivienda digna)— y se me cae el mundo encima. No hablemos ya de mujeres empobrecidas —también de niñas y niños, también de hombres— de los países del sur global que vienen a nuestros países a hacer todo lo que aquí no se quiere hacer o que permanecen en los suyos viviendo una explotación sin límites, o de las mujeres y las niñas que son obligadas a sufrir todo tipo de abusos en lo que pretende venderse como la legítima industria del sexo. Claro que no podemos conceptualizar como trabajo lo que en realidad es violencia sexual, pero pienso en ellas sobreviviendo en la pornografía y en la prostitución y me es imposible contener la rabia.

En cualquier caso, en todos los ámbitos, el mandato de ir más deprisa que el tiempo, de vencerlo, llena nuestra vida de desdicha y nos lleva a la enfermedad. «La obligación de actuar, de producir y de rendir conduce a la falta de aire. El humano se asfixia en su propio hacer» y queda reducido a *animal laborans*.[75] Efectivamente, «si uno vive en un planeta finito que rota, saber cuándo dormir y cuándo despertarse es claramente útil. Sin embargo, gracias a nues-

* No dejes de ver el documental de Georgina Cisquella *Hotel Explotación: las Kellys* (2018).

tra implacable existencia, muchos vivimos en un estado permanente de "*jet lag* social" en el que nuestros cuerpos luchan para ajustarse al control del tiempo artificial».[76] El capitalismo aplaza la gratificación, situándonos en una «cinta de caminar invisible», de forma que esperamos siempre un tiempo mejor.[77] Pero, si no transformamos de raíz esta locura, ese tiempo nunca va a llegar.

La academia es un ámbito particular. Aquí, te explotas a ti misma. Toda una fantasía. No necesitas que haya nadie (que también lo hay) presionando para que dediques todas las horas de tu vida —salvo las justas para la reproducción de tu fuerza de trabajo— a trabajar. Hay una interiorización espeluznante de los ideales del productivismo, la velocidad y el rendimiento. El descanso es visto como holgazanería; el rechazo a la producción constante, casi como una traición a la institución. Recupero las lúcidas palabras de Marta Tafalla, con quien tanto he hablado de esta locura en la que vivimos:

> Ralentizar la velocidad exige un cambio profundo de cosmovisión y valores que comienza por cuestionarnos cuáles son las funciones de la universidad. Necesitamos con urgencia una *slow academia* que apueste por la calidad y no por la cantidad. [...] Cuando toda la civilización corre lo más rápido que puede, darse la vuelta y caminar tranquilamente en la dirección contraria hace nuestra vida personal más difícil. Los demás nos gritan todo el rato: «¡Vas al revés! ¡Te equivocas! ¡No resistirás! ¡Vuelve con nosotros!». En ello se revela la magnitud de la trampa en la que estamos. En realidad, en esta civilización desquiciada, vivir más despacio significa darte la vuelta y nadar contra corriente, y eso también resulta estresante.[78]

Quienes se atreven a desafiar la lógica productivista se enfrentan al rechazo de quienes les rodean, en los que provoca una mezcla de envidia e inquietud.[79] Estos últimos prefieren mantener unos ideales que conducen a la extenuación antes que probar a habitar el minimundo de la lentitud y el antiproductivismo. Con su ironía, en *El derecho a la pereza* (1880), Paul Lafargue escribía algo que me resulta profundamente actual: «Una extraña locura se ha apoderado de las clases obreras de las naciones donde domina la civilización capitalista. Esta locura trae como resultado las miserias individuales y sociales que, desde hace siglos, torturan a la triste humanidad. Esta locura es el amor al trabajo, la pasión moribunda por el trabajo, llevada hasta el agotamiento de las fuerzas vitales del individuo y de sus hijos».[80] Así es. Se nos ha ido completamente la olla. ¿Que nuestro valor como personas depende de lo que produzcamos, de que estemos constantemente activas, de que hasta nuestro ocio sea productivo? Pero ¿qué locura es esta? Y si esto ha llegado a ser real en la clase trabajadora, no digamos ya en las «profesiones liberales». Y, en el mundo intelectual, esto se ha ido totalmente de madre. Como hemos puesto nuestro valor personal en el trabajo, como estamos imbuidos de esa «pasión moribunda» por lo que hacemos, agotamos nuestras fuerzas vitales y nos olvidamos de que somos cuerpos que tienen que moverse y disfrutar.

No puedo hablar en primera persona del resto de los ámbitos laborales porque no los conozco (aunque veo a mi gente exhausta e infeliz). Pero puedo hablar del mío y no serían precisamente buenas todas las cosas que comentaría (algunas sí). Al fin y al cabo, es trabajo; ¿de qué otra forma podría ser? Como sostiene Bertrand Russell en su *Elogio de la ociosidad* (1932): «Creo que se ha trabajado demasiado en el mundo, que la creencia de que el trabajo es una virtud ha causado enormes daños y que lo que hay que predicar en los países industriales modernos es algo completamente distinto de lo que siempre se ha predicado».[81]

Aunque habría que tomar también muchas otras medidas, como bien sostiene Bob Black en *La abolición del trabajo* (1985): «Para dejar de sufrir, hemos de dejar de trabajar».[82] En efecto, «la fe en las virtudes del trabajo está haciendo mucho daño en el mundo moderno y [...] el cambio hacia la felicidad y la prosperidad pasa por una reducción organizada de aquel».[83] Como sostiene Russell, es necesario redistribuir justamente el ocio para que no solo se lo puedan permitir los privilegiados, que se alzan sobre la laboriosidad del resto y reproducen la idea de que la población pobre no debe disponer de tiempo libre. La pobreza de tiempo es un hecho que, además, es sufrida más por las mujeres y por las personas racializadas que configuran las cadenas globales de cuidados. Como sostiene Marta Palacio:

> Hablar de pobreza de tiempo complementa el análisis sobre las condiciones del trabajo reproductivo-productivo, no remunerado-remunerado al identificar el fenómeno de la brecha de ocio como otro indicador más que ilustra la producción de desigualdad entre mujeres y hombres. También hace posible destacar diferencias societales importantes que dan cuenta de las variadas articulaciones del capitalismo en geografías distantes.[84]

Es posible construir nuevos imaginarios simbólicos en los que el trabajo no sea la medida del valor de las personas. Se abrirían, así, nuevas posibilidades de transformación social basadas en los valores del ecofeminismo decrecentista y animalista como la frugalidad, la sencillez, la ternura, la pereza, la compasión o la solidaridad. Recordemos que Crysta prefería disfrutar de su vida en el bosque a dedicar todo su tiempo a trabajar con Maga. Ayudaba a la comunidad multiespecies, disfrutaba de sus amistadas, de la música, del baile y de la comunicación con el bosque. Recordemos, también, que no sabía lo que era trabajar. Zak no concebía una vida en la que no se trabajara, ni una vida en la que se hablaba con el bosque, pero aprendió a valorar otra forma de habitar el mundo. La creación de contenido audiovisual con valores ecofeministas revolucionarios puede ayudar mucho a reencontrarnos con las mejores capacidades humanas.

Defiendo firmemente, pues, que es necesario dejar atrás la idea de que el trabajo ennoblece, ya que ha acabado con la capacidad para la alegría, con los juegos, con el goce, con la originalidad y con la felicidad sencilla.[85] Con Russell y con más motivo ahora que en su época, constatamos que los placeres actuales son pasivos (consumo masivo de material audiovisual), porque el trabajo consume todas nuestras energías. Pensar la posibilidad de una vida que no estuviera centrada en el trabajo es un minimundo que explorar. Ciertamente, «el buen carácter es, de todas las cualidades morales, la que más necesita el mundo, y el buen carácter es la consecuencia de la tranquilidad y la seguridad, no de una vida de ardua lucha».[86] Una vida sin descanso nos lleva a la amargura. Y hablo con conocimiento de causa (emoji de cara fatigada con gotita de sudor en la frente). Por lo tanto, mantengo las palabras de Lafargue cuando implora: «¡Oh, Pereza, madre de las artes y de las nobles virtudes, sé el bálsamo de las angustias humanas!».[87]

En el mundo académico, la locura de que la virtud se encuentra en el trabajo constante traspasa las fronteras del ámbito laboral. Aquí, cuesta diferenciar el trabajo de la persona. La persona se funde totalmente con su personaje académico y al final nos convertimos en profesorado de la universidad allá donde vamos. Tienes que jugar a este juego para poder hacer algo que te gusta, que es dar clases (si eso otro día hablamos de cuánto tiempo nos queda para preparar bien nuestras clases después de toda la burocracia y las locuras de este mundo) o investigar. Y, en este juego, o te mimetizas o estás descalificada. Y, si te mimetizas, te quedas con poco tiempo para el cuidado, tanto el teórico como el carnal.

Dicen que no hay que morder la mano que te da de comer, pero veo esta advertencia como una invitación (¿o una obligación?) al conformismo y como un mantenimiento del *statu quo*. Entiendo el consejo de tener precaución para no perder el sustento que te permite la vida, pero, si mantenemos siempre esta actitud, perdemos nuestra fuerza revolucionaria. Y deshonramos el legado de quienes mordieron esas manos con toda su fuerza y determinación. Esos mordedores, esas mordedoras, nos han regalado los derechos laborales de los que ahora disfrutamos (y que corremos el riesgo de perder). ¿Cómo estaríamos si no hubieran mordido las manos que les daban de comer? Con mordiscos y zarpazos se han conseguido los derechos humanos. ¿Agacharemos la cabecita y dejaremos de arañar? Yo así lo he hecho durante toda mi vida y así acabé, enferma constantemente.

Ya es momento de decir que hemos creado un sistema universitario insostenible en el plano humano. Hace tiempo, comentaba con otra profesora, María Xosé Agra, la «tranquila» vida que llevamos en la universidad. Me decía que este mundo es una trituradora, sobre todo para las mujeres jóvenes, que están ahogadas con papeleos, cargos académicos, viajes, encuentros, congresos, clases, direcciones de trabajos... y publicaciones en revistas de impacto que no van a servir para nada porque no las va a leer nadie. Si acaso, sirven para alimentar al monstruo del currículum acumulado y para aumentar ese ego académico tan peculiar.

La trituradora de la vida académica me llevó, en 2018, a un cortocircuito. Gloria Anzaldúa alertaba ya en *Borderlands / La frontera: la nueva mestiza* (1987) de que la actividad obligada y repetitiva desemboca en la enfermedad. La diosa Coatlicue nos envía la enfermedad precisamente para obligarnos a descansar y para ralentizar nuestra psique.[88] Eso me pasó a mí. Llevaba empalmando catarros y gripes varias semanas y estaba totalmente agotada. Los síntomas del último combinaban cansancio profundo y una tos tan bestial que acababa vomitando el arsenal de mocos que llevaba dentro (y, de paso, todo lo que hubiera ingerido). No pude unirme a los actos reivindicativos del 8 de marzo porque no podía más. Como cualquier mujer educada en las obligaciones del cuidado (en este caso, del cuidado de la causa feminista), tuve que lidiar con la culpa y acallarla un poco para imponer el autocuidado. El día 9 volví a viajar a Madrid para participar en el seminario «Crisis ecológica y de los cuidados: ecofeminismo y ética animal» que se celebraba, sorprendentemente, en la Facultad de Veterinaria de una universidad de allí, gracias al trabajo de Belén Martínez.

Al parecer, había profesores de esa especialidad (¡veterinaria!) que no querían que la disciplina de la ética entrara en el trato que se da a los demás animales. Me pregunto cómo es posible un mundo en el que quienes se supone que se forman para ayudar a los otros animales a tener buena salud se opongan a que los principios éticos de la no violencia, el respeto y la compasión se apliquen a nuestra relación con aquellos seres a los que deberían cuidar y sanar. Cuando el androantropocentrismo se une con el capitalismo y la veterinaria se enfoca en mantener con vida a los otros animales solo el tiempo justo para conseguir su carne o sus productos, se llega al sinsentido de que la ética animal tenga que salir de la profesión que, por esencia, más tiene que ver con el cuidado de los demás animales. Es obvio que quienes basan su sustento en la explotación se incomodarán y rebelarán contra el intento de poner límites éticos a la opresión. Es lógico y comprensible, pero, al menos, dejadnos pensar y debatir sobre ello y, tal vez, plantear otros posibles escenarios en los que se crearán trabajos de cuidados más que trabajos de dominación.

Mantengo que hay que analizar las actividades humanas atendiendo a los valores en los que se basan. Si esas actividades se basan en valores androantropocéntricos, tenemos razones más que suficientes para observarlas con ojos críticos. Con respecto al productivismo, André Gorz afirmaba que: «únicamente merece ser producido socialmente aquello que sigue siendo bueno para cada uno cuando todos lo disfrutan... y al revés. [...] Únicamente merece ser producido socialmente aquello que no privilegia ni humilla a nadie».[89] De manera similar, podemos sostener que las actividades que caben en una sociedad de la no violencia y de la igualdad son aquellas que no privilegian ni humillan a nadie, incluidos los otros animales y el resto de los seres vivos. Todas estas prácticas deben superar la «prueba del ecofeminismo»: ¿mantienen valores androantropocéntricos? ¿Reproducen jerarquías y sistemas de dominación? ¿Imposibilitan el desarrollo de las virtudes del cuidado y de relaciones de cuidados sin violencias? ¿Nos estancan en una «roca» de crueldad, de arrogancia y de destrucción de la naturaleza sin minimundos para avanzar? Si las respuestas son afirmativas, habrá que aceptar que esas actividades no tienen cabida en nuestra cumbre ecofeminista.

Como sostenía Kelly, los ejércitos suponen un despilfarro tanto económico como social: en la industria militar, basada en la destrucción del considerado «enemigo» (es decir, en la tortura y el asesinado de seres humanos), se invierten medios que mejor podrían utilizarse para industrias civiles sostenibles, para desarrollar técnicas para proteger la naturaleza, para explorar fuentes de energía alternativa y para prevenir las enfermedades y la pobreza[90]. ¿Gastamos millones en armamento cuando hay personas sin sus derechos básicos garantizados? ¿Y gastamos precisamente para privar a otras personas del derecho fundamental a la vida (repito: ¡estamos hablando de tortura y asesinato de seres humanos!)? ¡Hay que ver qué patriotas somos! ¡Hay que ver cómo nos importan las personas! Menos mal que toda la gente que no «consume su energía moral» defendiendo a los demás animales se está preocupando por esta locura de ejércitos y guerra, ¿eh? (emoji de cara que mira con suspicacia hacia un lado).

No solo es un derroche económico, sino que también, en el plano social, quienes trabajan en esta industria asesina podrían emplear su ingenio en otro tipo de trabajos que no hicieran saltar por los aires los derechos humanos. Como ideal no está mal. Kelly siempre tan clarividente... Pues bien, lo mismo que Kelly afirmaba con tanta cordura sobre los ejércitos se puede extrapolar a cualquier industria que se base en el dominio, directa o indirectamente. Y si parte de la veterinaria ha llegado a ser una profesión encaminada a mantener el complejo industrial animal, si se enfoca más en cosificar a los demás animales que en cuidarlos, habrá que darle un repaso. Lo siento, pero si mantienes dominación, no encajas en los valores básicos de la ética del cuidado ecofeminista. Por tanto, habrá que plantear alternativas que no dejen a la gente sin sustento, pero que no mantengan trabajos de violencia y de falta de compasión. En fin, volvamos al seminario.

El caso es que el seminario se celebró en la Facultad de Veterinaria. La noche antes de su celebración, la tos me había hecho vomitar varias veces y las fuerzas me fallaban más que nunca. Asistí al encuentro por un auténtico compromiso personal con los temas que se iban a tratar, aunque fue un ejemplo claro de falta de autocuidado. Ya sentada a la mesa junto a las compañeras que participaban, empecé a toser sin parar. Tuve que salir de la sala durante la intervención anterior a la mía. El ataque de tos me llevó, nuevamente, al vómito, lo que significa que no tenía ningún alimento en el estómago. Poca energía para ponerme a trabajar... Cuando terminó esa conferencia, volví a subir a la tarima y me situé en mi silla para empezar la mía. No entiendo cómo es posible que la tos me permitiera terminar mi charla sin incidentes. Todo acabó bien y, quitando una intervención rabiosa y machista de un tipo del público que sofoqué rápidamente, el acto fue un éxito y una muestra del empeño de muchas estudiantes e investigadoras por ampliar el alcance del ecofeminismo y de la ética animal.

Cuando bajamos de la tarima, empecé a sentirme mal. Esther (que estaba allí) me preguntó si me encontraba bien. Se preocupaba porque, al parecer, estaba completamente pálida. Cuando intenté hablar, no salían por mi boca las palabras que quería decir, sino palabras aleatorias. Empecé a perder visión periférica y, al final, solo veía lo que tenía justo enfrente, como si estuviera mirando por un tubo. Cogí el teléfono para escribir un mensaje de ayuda y no fui capaz de escribir lo que quería escribir. Presionaba las teclas y escribía, nuevamente, palabras aleatorias. Mi padre (que era a quien acudía), al recibir una serie de términos inconexos, me preguntó qué hacía. Hasta más tarde, no pude decirle lo que estaba pasando, cuando lo llamé llorando desde la estación de tren para que me fuera a buscar cuando llegara a Valladolid, porque claramente no podía coger el coche en esas condiciones. La falta de autocuidados me había llevado al cortocircuito.

Algunas de las personas que estaban en la sala se situaron a mi alrededor, turbadas por verme como estaba. Me dieron agua y algo de comer. Me apoyaron. Me reconfortaron. Pidieron a una pareja que me acercara a la estación de tren con el coche para que estuviera vigilada y no tuviera que viajar en metro. Hubo quienes me cuidaron y hubo quienes me ignoraron. Me quedo con las primeras. Sin los cuidados de otras personas (algunas conocidas, otras desconocidas), nuestra vida no puede prosperar. Pero no podemos olvidar que nuestros propios cuidados son también esenciales. ¿Debería haberme quedado en casa, metida en la cama con una infusión y un antitusivo? Probablemente. ¿Debería haber hecho caso a mi cuerpo que me gritaba que necesitaba bajar la intensidad y la velocidad? Eso seguro. Pero, si lo hubiera hecho, la ideología patriarcal y capitalista habría caído sobre mí con todas sus fuerzas.

Hay quien piensa que decimos que estamos enfermas para escaquearnos de nuestras obligaciones laborales, que en realidad estamos sanas, pero que lo estamos usando como excusa (esto no es una situación hipotética, estoy hablando, nuevamente, en primera persona, sin dar nombres). En concordancia con lo que ha hecho la medicina durante siglos, los problemas de salud de las mujeres son ignorados o negados. De acuerdo con el modo de proceder del sistema patriarcal, la palabra de las mujeres es puesta en entredicho o directamente rechazada. Así, coges miedo a mostrarte vulnerable y débil porque se te va a catalogar de floja o, en el peor de los casos, de caradura. Y con este panorama, trabajas más allá de los límites de tus fuerzas. ¡Esto no puede tener cabida en el ideal ecofeminista de (auto)cuidado! Dejemos a la gente enfermar, dejemos a la gente sanar, apoyemos la sanidad pública para que nos sanen, derroquemos un sistema sociopolítico y laboral inhumano que no permite la expresión de las vulnerabilidades y que nos lleva a toda velocidad hacia el colapso. Y trabajemos para evitar que las ideas antifeministas de cuestionar la veracidad de la palabra de las mujeres cuando han enfermado impregnen las mentalidades, incluso la de quien menos te lo esperarías.

Unos años más tarde del fatídico acto en el seminario, durante la preparación de mi oposición a profesora titular de universidad, el trabajo volvió a dejarme exhausta. Si no llega a ser por los cuidados de mis seres queridos, difícilmente hubiera sobrevivido (y lo digo en el sentido más carnal de *sobrevivir*). Mi madre me traía comida cada pocos días (ni tiempo tenía para cocinar). Mi padre reflexionaba conmigo sobre diferentes temas filosóficos. Mis amigas y mis amigos me escuchaban y aguantaban que descargara mi estrés sobre sus espaldas. Llegado un punto, su forma de cuidarme consistió en dejarme mi espacio y no llamarme ni escribirme hasta después de la oposición. Superé una época muy dura gracias a la cuerda de seguridad que me permite escalar, tejida con los cuidados que se me ofrecen desinteresadamente.

Nada de lo que he conseguido a título profesional lo hubiera conseguido sin esa cuerda. ¿Y te cuento un secreto? Esto no solo es un caso personal. Nos pasa a todas las personas, aunque la meritocracia nos quiera hacer creer que el éxito depende exclusivamente del esfuerzo y del mérito individual. ¡Hay que tener poca inteligencia y poca visión de la realidad para creer que es posible prosperar sin estructuras públicas sólidas, sin los trabajos despreciados del mantenimiento de la vida llevados a cabo por personas que son también despreciadas y sin los cuidados y el afecto de una red emocional firmemente construida (también con cuidados)!

El ascenso social no es fácil en la economía actual, aunque la retórica de la meritocracia intente imponer la idea de que el esfuerzo y el talento son los que conducen al éxito social.[91] ¿Es casualidad que dos tercios del alumnado de Harvard y Stanford procedan del quintil superior de la escala de renta y que numerosos estudiantes pertenezcan a las familias del 1% más rico del país? Hoy es difícil que las personas que nacen en familias pobres lleguen a alcanzar la clase media, pero, desde la idea de la meritocracia, se aceptará que las personas pobres tienen lo que se merecen porque no se han esforzado lo suficiente.[92] Después, la aporofobia[93] se encargará de excluir a esos «perdedores» que no cuentan con los recursos suficientes para ser valorados en una sociedad que solo aprecia la riqueza. Pero, aun así, hay quien se encuentra en una situación favorable y cree que ha sido exclusivamente gracias a su propio esfuerzo. Estas personas deberían experimentar vivir fuera de la sociedad, sin las herencias de papá o mamá, y sin el apoyo y la coordinación de toda la comunidad. Y que nos cuenten luego qué tal.

Por mi parte, soy muy consciente de que estoy donde estoy porque vivo en un país con estado del bienestar, con una educación pública que me permitió formarme y desarrollar el amor por el saber, con un sistema sanitario público que se ha ocupado de mí cuando he estado enferma,* con unas infraestructuras operativas que nos permiten algo tan básico como desplazarnos cómodamente, con un sistema de alcantarillado y de potabilización del agua. No estaría donde estoy si no hubiera gente trabajando en la construcción de carreteras, de casas, de hospitales, de colegios; si no hubiera gente sembrando los campos y recogiendo los alimentos, manteniendo la higiene básica de nuestro entorno, trasladando de un lugar a otro lo que necesitamos para vivir, o cosiendo la ropa que nos viste (y de esta pobre gente habría que hablar largo y tendido).

No estaría donde estoy si no hubiera tenido una familia que me quiere y que se preocupa por lo que me pasa; si no hubiera tenido amistades profundas y altamente enriquecedoras que me aceptan como soy y que no me juzgan; si no hubiera tenido una maestra que me condujo por el siniestro mundo universitario y me abrió puertas muy difíciles de abrir sin el apoyo adecuado; si no hubiera habido antes una humanidad que ha desarrollado pensamientos y técnicas de las que me estoy beneficiando.

* Falta el desarrollo de un programa de atención primaria de salud mental que haga posible que todas las personas puedan tener tratamiento psicológico gratuito y de calidad. Es una vergüenza que solo puedan hacer terapia las personas con alto poder adquisitivo o las personas que se privan de lo básico para poder pagarse una terapia y no acabar con adicciones a la medicación o con graves problemas mentales y físicos.

No estaría donde estoy sin una biosfera rebosante de vida que hace que nuestro clima haya sido (hasta ahora y parece que solo hasta ahora) estable, permitiendo los ciclos de la vida y el desarrollo de los alimentos; sin el ciclo del agua o sin la polinización de las flores que realizan multitud de insectos con los que estamos acabando. No estaría donde estoy sin los animales con los que he convivido, que han hecho que mi vida sea más feliz; sin todos los animales salvajes que realizan tareas ecológicas esenciales. ¿Que ha sido mi esfuerzo y mi mérito lo que me ha llevado a estar donde estoy? ¿De verdad podría ser tan ingenua? Podría, pero, gracias también a lo que me ha aportado la teoría crítica y el pensamiento progresista, he podido ser consciente de la realidad y no ir por ahí haciendo el ridículo diciendo que todo lo que tengo ha sido exclusivamente gracias a mi talento y a mi trabajo autónomo.

La vida me ha llevado a una posición acomodada como trabajadora intelectual. Han sido la naturaleza, los servicios públicos, la cooperación de la gente y los cuidados de extrañas y conocidas lo que me ha permitido florecer. Hoy en día puedo dedicar horas a aprender, a enseñar y a escribir. Como intelectual (me cuesta escribirlo sin incomodarme, porque es una palabra con tanta connotación de soberbia que me da vergüenza catalogarme como tal), tengo una responsabilidad muy grande, la responsabilidad de implementar lo que he llamado el «cuidado teórico». Todos los intelectuales, todas las intelectuales, la tenemos. Olvidar esto es una vergüenza y una falta moral. Noam Chomsky nos lo recordaba en 1967:

> Los intelectuales se hallan en situación de denunciar las mentiras de los gobiernos, de analizar las acciones según sus causas y sus motivos, y, a menudo, según sus intenciones ocultas. Al menos en el mundo occidental, tienen el poder que se deriva de la libertad política, del acceso a la información y de la libertad de expresión. A esa minoría privilegiada la democracia occidental le proporciona el tiempo, los medios y la formación que permiten ver la verdad oculta tras el velo de deformación y desfiguración, de ideología e interés de clase a través del cual se nos presenta la historia contemporánea. Las responsabilidades de los intelectuales, por tanto, son mucho más profundas que lo que McDonald denomi-

na la «responsabilidad de los pueblos», dados los privilegios únicos de que los intelectuales gozan.[94]

El análisis de las «acciones según sus causas y sus motivos y según sus intenciones ocultas» es un imperativo moral de quienes nos dedicamos al trabajo intelectual. Desde ahí, la escritura se convierte en activismo y en cuidados. Hemos tenido la suerte de tener un «cuarto propio y quinientas libras al año»,[95] ese privilegio que no tienen tantas mujeres que sufren las opresiones conectadas de género, raza y clase.*

Junto a la revalorización y la politización de los cuidados, junto al rechazo al neoliberalismo que convierte los cuidados —así como el alimento, el agua, la tierra, los demás animales, las personas y la biosfera— en mercancías, deberíamos defender la idea de que «ya hemos terminado con el mercado como principio organizador de nuestras vidas. Queremos disfrutar de nosotros mismos, de nuestras amistades y familia, queremos compartir las tragedias y placeres de la vida con quienes tenemos cerca y lejos. Queremos democracia: y eso significa compartir entre todas y todos, de manera igual y justa, las penas y alegrías que implican los cuidados. Nos importa: nos importamos nosotros, nos importan otras personas cercanas y lejanas, nos importan nuestros ideales de igualdad y libertad, y nos importa nuestro mundo».[96] Y nos importan los seres vivos con quienes lo compartimos.

Recordemos que el tiempo del trabajo neoliberal es contrario tanto al tiempo biológico —el tiempo de los cuidados, de la atención a las necesidades humanas y de la reparación del cuerpo— como al tiempo ecológico —el de la regeneración de la naturale-

* Gloria Anzaldúa nos habla de las diferentes vivencias entre las mujeres blancas y las negras. A estas últimas, les dice: «Olvídate del "cuarto propio": escribe en la cocina, enciérrate en el baño. Escribe en el autobús o mientras haces fila en el Departamento de Beneficio Social o en el trabajo durante la comida, entre dormir y estar despierta. Yo escribo hasta sentada en el excusado. No hay tiempos extendidos con la máquina de escribir a menos que seas rica o tengas un patrocinador (puede ser que ni tengas una máquina de escribir)» (Anzaldúa, 1988: 224-225).

za—. Por lo tanto, es preciso reconceptualizar también la noción de tiempo,[97] de forma que prime el tiempo social dedicado a una variedad de actividades lúdicas y sociales, prestando especial atención a las necesidades afectivas y al tiempo de descanso. Todo esto no es posible sin reivindicar la lentitud.

La transformación social en este terreno (como en todos los que estoy abordando) es compleja y complicada. Como propuesta que precisa de voluntad individual y política, «podríamos reorganizar la jornada laboral, trabajar menos horas y cobrar más, para que todo el mundo pudiera cuidar mejor de su familia».[98] Deberíamos también repensar el cuidado en el sentido de entender como esencial no solo el cuidado de la familia tradicional, sino también el autocuidado de las personas sin ese tipo de familia. Durante el confinamiento, viví repetidamente algo que me indignó bastante: reuniones *online* eternas en las que las personas que tenían descendencia se desconectaban aludiendo a la necesidad de conciliar. ¿Qué pasa, que las personas que no nos hemos reproducido tenemos menos derecho a tener tiempo libre y a conciliar? ¿La conciliación de la vida familiar y laboral de las personas solo importa si se tiene una familia al uso? ¿Una persona soltera o una pareja sin descendencia no necesitan tiempo para comprar, limpiar, cocinar, descansar y disfrutar de otros seres queridos? ¿Una mujer que comparte su vida con otros animales no constituye una familia que merece tiempo de descanso para los autocuidados y para todos los trabajos del cuidado que exige cualquier vida? Como recuerda Marta Tafalla, las mujeres solteras que comparten sus vidas con otros animales «representan un problema para nuestra civilización porque se niegan a obedecer y encajar, les da igual ser mal vistas por el sistema y prefieren disfrutar de su libertad. Nuestra civilización invierte enormes energías en disuadir a las jóvenes de tomar ese camino, no sea que acaben descubriendo que tales formas de vida pueden rebosar de felicidad».[99] Y si cuentas con relaciones afectivas de cuidados, rebosan. Doy fe.

Me enfrento a sentimientos encontrados y a bastante incomodidad cada vez que alguien abandona su puesto de trabajo diciendo «tengo de cuidar a mis criaturas». Y no porque lo haga (lo cual me parece un avance más que necesario), sino porque yo no me puedo permitir ausentarme aludiendo a que tengo que cuidar de mí misma, de mis amistades o de mis gatos. La conciliación es un avance del feminismo del que se ha beneficiado toda la sociedad. Falta ahora hacer hincapié en la conciliación de la vida personal y laboral de quienes no tienen seres humanos dependientes a su cargo. Las personas sin hijos también deberían poder contar con sus horas libres.[100] Ellas también tienen que cuidar de sí mismas y eso también es importante.

Por lo tanto, la reorganización de la jornada laboral debería servir, asimismo, para que todo el mundo pudiera disfrutar de su vida y de los proyectos vitales que se plantee, aunque no incluyan formar una familia tradicional. ¿Y qué pasa con quien quiere como proyecto vital trabajar sin descanso? Tal vez habrá que preguntar: ¿querría lo mismo si viviera en una sociedad en la que no se hubiera impuesto la glorificación del trabajo? Dejando aparte las decisiones individuales, necesitamos análisis de las estructuras sociales y de los sistemas de opresión para conseguir explicaciones completas de los problemas pendientes de abordar. Esto es lo mismo que deberíamos hacer en el caso de esas supuestas decisiones libres en las que las mujeres deciden, ya desde la infancia, dedicar grandes cantidades de energías a un supuesto «autocuidado» centrado exclusivamente en alcanzar un ideal de belleza patriarcal que genera en ellas odio hacia sí mismas y falta de autoestima,* desembocando en problemas psicológicos, alimentarios y en el sometimiento a peligrosas cirugías estéticas.[101] Debemos huir de un «autocuidado» neoliberal y patriarcal que nos roba las energías necesarias para desarrollar nuestros proyectos vitales.

Y al loro también con la afirmación de Virginia Woolf con la que abro este capítulo: las mujeres hacen que los hombres se vean a sí mismos al doble de su tamaño natural. Al compararse con las mujeres, su imagen se agranda. Además, se alimentan metafórica y

* Como hemos constatado tantas veces mi amiga Paula y yo: ojalá tuviéramos la autoestima de un hombre mediocre. Mujeres tremendamente brillantes dudan de sí mismas, mientras que hombres corrientes se ven y se muestran ante el resto como dioses a lo que adorar, dioses que miden el «doble de su tamaño».

literalmente de los trabajos de los cuidados, de las energías y de los halagos de las mujeres. Existe una «injusticia con el amor».[102] Las mujeres invierten muchas más energías emocionales de las que reciben por parte de sus parejas masculinas.[103] Así, los hombres se apropian de la plusvalía de las mujeres que realizan los «trabajos emocionales».[104] No olvidemos las palabras del bueno de Rousseau determinando que el deber de las mujeres es complacer a los hombres (emoji de cara roja enfadada). Cuidado con estos mandatos que parece que no caducan y con el amor romántico corrupto que surge como consecuencia de la «sociedad de clases sexuales»,[105] porque nos impide practicar adecuadamente el autocuidado feminista y nos priva del descanso que necesitamos.

Quisiera completar este apartado con algunas otras explicaciones sobre el tema de la belleza y el amor patriarcales y sobre el derecho a la pereza, sobre el elogio de la ociosidad y sobre el derecho al tiempo libre, pero he pensado que la mejor forma de hacer honor a estas ideas es terminar el capítulo aquí y dedicar ese tiempo a descansar, a salir a la montaña, a escalar, a pasar tiempo con mis seres queridos —humanos y no humanos— y a reírme. Necesito mis fuerzas renovadas para empezar con el siguiente capítulo, en el cual defenderé que la forma de relacionarse con los demás animales es una muestra de la altura moral de la persona. Ahora practico el autocuidado dejando de escribir y levantándome de la silla para vivir lentamente en mi intimidad. Gracias por entenderlo.

Capítulo 4

Dime cómo tratas a los demás animales y te diré quién eres

Mientras que las mujeres pueden sentirse como trozos de carne y ser tratadas como tales (emocionalmente masacradas y físicamente abusadas), los animales son realmente convertidos en trozos de carne.

CAROL ADAMS

Los humanos no sienten nada. Son un plomo de arriba abajo.

VAMPI, *FernGully*

De la justificación a la indiferencia (y viceversa): ¿dónde está nuestra compasión?

Comenzaba el segundo capítulo con la referencia al silenciamiento de la voz de las adolescentes y al hecho de que tengan que ocultar lo que les señala su brújula interior para lograr la aceptación social. De este modo, perdemos un material esencial para el desarrollo de esa «epistemología feminista radical» que nos ayuda a desenmascarar las tácticas y las consecuencias del patriarcado antropocéntrico.[1] Yo silencié mi voz en demasiadas ocasiones, pero tuve un toque de rebeldía y descaro que me permitió hacer algunas cosas que una chica más tímida no se habría atrevido a hacer.

Así, al terminar la enseñanza obligatoria, me aparté de la norma y me convertí en el blanco perfecto de los prejuicios. Vestimenta completamente negra a juego con mis uñas siempre largas, pulseras y collares de pinchos, mitones y medias de rejilla en los brazos. Al empezar el curso académico, las miradas del profesorado siempre se posaban en mí. Esto no cambió al llegar a la universidad. Los prejuicios se trasladan de un lugar a otro y te los encuentras en cualquier entorno. Y, una vez instalados, te cuesta lo tuyo conseguir que la gente se deshaga de ellos. Afortunadamente, el prejuicio aparejado a la forma de vestir es relativamente fácil de desarticular en los centros educativos: basta con que seas trabajadora, buena estudiante y que no la líes. Yo era así, por lo que, en cuanto pasaban unos días de tranquilidad y llegaban las primeras pruebas de evaluación, el profesorado cambiaba su forma de mirarme y de comportarse conmigo. Por ser de las que mejores notas sacaban, se me permitían ciertas conductas que podrían parecer excéntricas, pero que, en mi opinión, son de lo más coherentes y deseables. Voy con una de ellas.

En mi último curso de instituto, en lo que esperábamos a que llegara el profesor, un amigo capturó una mosca y se le ocurrió la macabra idea de coger un pelo largo y atarla para llevarla como si fuera un perrito con su correa. Como es lógico, su agilidad anudando cuerpos de moscas no estaba bien desarrollada y acabó atándola de mala manera, de forma que la pobre no podía volar. Cuando vi el espectáculo del desdichado insecto colgando de un pelo, me trasladé a mis años de infancia y a las lagartijas embotadas en los recreos... Me enfadé con mi amigo y cogí a la mosca para intentar soltarla. Me la llevé a mi mesa. Me quité el imperdible que llevaba en la oreja (ese que le impactaba tanto a mi profesor de Filosofía) y empecé a maniobrar, intentando deshacer el nudo con la punta.

En ese momento, llegó el profesor y empezó su clase. Yo no abandoné mis actos de liberación, así que, al poco, el profesor se percató de que una alumna no levantaba la mirada de la mesa. Al ver el panorama, me *invitó* a que dejara de hacer lo que estaba haciendo y a que me centrara en la clase. Levanté la mirada y dije: «Al gracioso del delegado se le ha ocurrido atar a una mosca con un pelo. ¡Mírala! ¡La pobre no puede volar! Tengo que liberarla». Yo no sé si fue porque no costaba nada aceptar las pequeñas extravagancias de una buena estudiante o porque la situación era tan surrealista que el pobre anciano no supo reaccionar, pero el caso es que me dijo: «Bueno, termine, pero no moleste». Y siguió con la explicación del temario. Unos minutos después (bastantes), el nudo se deshizo y la mosca salió volando. Me volví a colocar el imperdible en la oreja y la clase siguió sin más incidentes.

En este caso, no oculté lo que me señalaba mi brújula interior, aunque eso significara que mi aceptación social cayera en picado. Así fue, pero es que mi brújula moral me gritaba que no se puede dejar sufriendo a un animal. La mosca lo estaba pasando mal; su vida estaba totalmente comprometida si no actuaba, así que actué. Todavía siento cierto orgullo adolescente al recordarlo. Se me hace más incómodo acordarme de todos los años y todas las veces en las que mi brújula interior no me indicaba con la suficiente claridad que no hay que ser cómplice de la matanza de animales solo porque te guste el sabor de su carne. Aunque es cierto que, en el fondo, desde que empecé a tener algo de conciencia y pensamiento crítico, supe que acabaría siendo vegetariana. El problema era que no quería renunciar al placer gastronómico, así que me esforzaba en no pensar demasiado en el tema.

Durante la carrera, una compañera, ya vegetariana, hizo una exposición en la que analizaba la explicación de Descartes a los gritos de los animales que eran sometidos a las macabras prácticas de la vivisección: según él, era imposible que fueran una manifestación de dolor, porque los animales no eran más que máquinas sin alma vegetativa ni sensitiva.[2] Por lo tanto, los sonidos que se parecían tanto a los gritos humanos eran, en realidad, los chirridos de una maquinaria mal engrasada. ¡Hay que ver la de energía que invierte el hombre en racionalizar sus prejuicios para legitimar la dominación! Después de su intervención, hablamos del tema del vegetarianismo. Durante años, olvidé esa conversación. Tiempo después de haber terminado la carrera, coincidí con esta compañera y, al decirle que había adoptado un modo de vida vegano, me recordó lo que yo dije entonces: algo así como «mira que amo a los animales, pero no puedo dejar de comérmelos por lo ricos que están. Es imposible que yo deje de comer hamburguesas». ¡Qué maravilla nuestra capacidad de evolución moral! (emoji de la cara con un gorrito de cono soplando un matasuegras con confeti alrededor).

Ya he aceptado que suelo medir las posibilidades de evolución de las personas a partir de lo que me ha sido posible hacer a mí. Sé que esto no es correcto y que, además, me lleva a una insatisfacción constante y a un sentimiento continuado de decepción al ver que tanta gente se niega a evolucionar en el sentido de ampliar su compasión y de llevar esa ampliación a su práctica vital. Como recuerda Belén Altuna:

> La apertura emocional y el hábito reflexivo que ese ideal requiere no está, sin duda, al alcance de cualquiera. Y mucho menos si sus circunstancias son adversas [...]. Y aun en el supuesto de que alguien tenga, efectivamente, una imaginación moral activa y vislumbre con claridad lo que debería o podría hacer, puede no tener el coraje o la fuerza para hacerlo. Entendemos todas estas dificultades, sí, y, sin embargo, ¿cambia todo ello en algo la proyección del ideal? Porque el ser humano es un animal curioso: no solo quiere sobrevivir, sino vivir *bien*, y, tal vez, no solo vivir bien, sino aprender a vivir *mejor, con los otros y para los otros...*[3, *]

El ideal de la ética del cuidado ecofeminista incluye a los demás animales en esos *otros concretos* con los que vivir mejor. También a las plantas, esas «guerreras tenaces»,[4] y al resto del mundo vivo y no vivo. Con esta convicción, también «consumimos nuestra energía moral» en preocuparnos por ellos, sin que esto suponga que nos desentendamos de las injusticas que sufren las personas (a manos de otras personas).

Como vemos, es muy difícil esperar de la gente que cambie conductas y estilos de vida arraigados que le benefician en algún aspecto. Es difícil, pero no imposible. Años después de dejar de comerme a los otros animales, me encontraba a gente de mi época de egoísmo antropocéntrico y no se creían que precisamente yo, la adicta a la carne, hubiera dejado de consumirla. Mi amigo Carlos siempre me contaba que no le fue difícil hacerse vegano, pues nunca le gustó demasiado la carne. Para mí fue duro porque era probablemente el 80% de lo que comía y, además, me encantaba. Con vergüenza y culpabilidad, admito que dejé de comer animales de tierra y de aire y empecé a comer animales de agua (cosa que no había hecho nunca porque no me gustaba su sabor). Durante un

* En referencia a la formulación de Paul Ricœur: «Llamemos "intencionalidad ética" a *la intencionalidad de la "vida buena" con y para otro en instituciones justas*» (Ricœur, 2006: 176).

tiempo, mantuve esta jerarquización porque tenía miedo de no estar bien nutrida. Soy plenamente consciente de la injusticia que subyace a esta visión de dar más valor y desarrollar más empatía por unos que por otros. Los peces se llevan siempre la peor parte.

Durante mis estudios de máster, llevaba en mi mochila una chapa con la imagen de un bebé cerdo en la que se leía: «¿Tú tienes madre? A la mía se la comieron». Una compañera de clase me decía con recochineo que me iba a hacer una igual con la imagen de un boquerón. Me encanta cuando me señalan mis incoherencias —aunque es cierto que me gusta más señalar las de los demás (emoji del diablo morado sonriendo)—, pero me gusta sobre todo cuando me las hace ver alguien que es coherente con el sentido en que yo no lo estoy siendo. Resaltar incoherencias cuando tú no estás haciendo absolutamente nada para acabar con la injusticia en cuestión revela simplemente las ganas de molestar y no las de construir. Quiero decir que esa compañera no era en absoluto vegana. No me estaba diciendo: «Yo lo hago bien y tú no». Me decía: «A mí no me importa hacerlo bien. Tú intentas hacerlo un poco mejor, pero como no lo haces perfecto, aprovecho y te doy caña». Ya Adams nos advirtió de la forma de actuar de quienes consumen carne: cuando ven que tú no lo haces, se sienten juzgados, culpables y enfadados.[5,] * Así, si les das la mínima excusa, la aprovecharán para culpabilizarte y juzgarte. Y, cuando ya no das excusas —cuando abandonas completamente el consumo de cualquier producto que provenga de la explotación y del asesinato de los demás animales—, evitarán el diálogo interno que surge como consecuencia de la disonancia cognitiva y se pondrán a la defensiva. Argumentarán, evitarán y suprimirán y, así, conseguirán, con alivio, esquivar la incomodidad.[6] Y empezarán con el «¿y las plantas qué?», «¿y las almendras no sufren?», «¿y acaso tú no usas coche, móvil o avión?». Entonces, yo me pregunto: ¿qué pasa con el «arenque rojo»?

A veces, cuando vivo algún suceso desagradable en este sentido

* Algo similar podemos decir con los otros actos respetuosos. Con mi amigo Juanma, siempre hablamos de lo mucho que se enfada la gente cuando vas en bici, seguramente porque sienten que tú estás haciendo algo bueno, mientras que ellos permanecen con sus prácticas insostenibles.

en mis charlas, lo comento con Marta Tafalla. Como todas las que nos dedicamos a visibilizar cómo violentamos y acabamos con los demás animales, compartimos la experiencia de sufrir incontables actos de reactancia más o menos dañina. Acudo a ella en busca de consuelo y de explicaciones. En una de las últimas ocasiones, me decía que cada vez ve más claro que nos enfrentamos a un problema de adicción a la carne. Observa que, cuando le pedimos a la gente que deje de comer y de explotar a los demás animales, las personas reaccionan con las mismas conductas agresivas que alguien con adicción al alcohol cuando siente la amenaza de ser privado de su droga. Lo vemos demasiadas veces en ecologistas que no llegan a entender que la ganadería no solo es una práctica de dolor, sino también una de las más contaminantes y destructivas del mundo.[7] Y, aun así, la abolición de la explotación de los demás animales no está —como debería— en el centro de sus agendas. Nuevamente, me pregunto: pero ¿qué locura es esta?

Ya vimos en el segundo capítulo que, en tiempos de posverdad, la comprobación científica de los hechos y la justificación de los argumentos ha dejado de importar. Ahora, prevalece la «verdad personal». Y, cuando los hechos desmienten esa «verdad personal», nos enfrentamos a respuestas brutalmente emocionales. Ni los argumentos a favor de la no violencia ni la realidad aterradora de la esclavitud y del asesinato de los otros animales consiguen llegar a esa parte de las entrañas desde la que piensan y reaccionan esos adictos que tan bien describe Marta Zaraska en *Enganchados a la carne: historia y ciencia de una obsesión de 2,5 millones de años* (2016). Además, encontramos una diferencia de género: «Mientras que los hombres son más propensos a utilizar el desprecio a los animales como técnica de disonancia, las mujeres prefieren no pensar en el animal y no relacionar a los seres vivos con la comida que hay en sus platos: los científicos llaman a este enfoque *disociación*».[8] Quienes no disociamos vivimos una realidad muy distinta (y muy dolorosa). ¿De verdad somos incapaces de conseguir una «cálida racionalidad ecosocial»[9] unida a la compasión por los demás animales?

Hace años, un antiguo amigo me recomendó que leyera *Moby Dick* (1851), de Herman Melville, para poder reflexionar sobre el sentido de la existencia. Tiempo después, mi amigo Juanma me recomendaba la misma obra para pensar sobre las determinaciones que se vuelven obsesión. Cuando lo leí, no podía pensar en otra cosa que no fuera la masacre encarnizada de las ballenas, la codicia de los humanos y la destrucción de los demás animales y de nuestra compasión. No había simbolismo para mí, solo realidad encarnada. Está claro que cada persona observa el mundo desde su marco conceptual, desde su sensibilidad y desde sus intereses.

En otro momento, mi amiga Sandra me dijo que tenía que leer para este libro *La historia de un caballo*, de León Tolstói (1886), en la que encontramos —como en la novela de Anna Sewell *Belleza Negra* (1877), en la cual se denuncia el maltrato animal— la autobiografía de un caballo. Me regaló el libro y lo leí en un viaje en tren. Me destrozó. La voz del caballo Jolstomer suena en primera persona, narrando su vida al servicio de los humanos y transmitiendo reflexiones tan certeras como esta:

> [Las] palabras, que entre ellos [entre los humanos] se consideran muy importantes son *mío, mía, míos*, que aplican a todo tipo de cosas, seres y objetos, incluso a la tierra, las personas y los caballos. El acuerdo es que solo una persona pueda decir de un objeto determinado: «mío». Y aquel que conforme a ese juego diga «mío» del mayor número de objetos posible es considerado como el más feliz. [...].
>
> Las personas no aspiran a hacer lo que consideran que está bien, sino a llamar «suyas» al mayor número de cosas. Ahora estoy convencido de que ahí radica la diferencia primordial entre las personas y nosotros. Y por eso, [...] podemos decir sin temor a equivocarnos que en la escala de los seres vivos ocupamos un lugar más alto que los seres humanos.[10]

Ya hemos visto que, desde el ecofeminismo, se aspira a deconstruir las jerarquías o, en caso de mantenerse por algún motivo, a que la jerarquía en concreto no sirva de base para legitimar la dominación de quien es «inferior» en algún aspecto. Si leemos las palabras de Jolstomer con esta convicción, podemos afirmar que, efectivamente, los demás animales pueden considerarse superiores en tanto en cuanto no actúan con la arrogancia o la maldad que caracteriza muchas conductas humanas y a muchas personas. Pero eso no legitima que nos puedan dominar.

El final de la historia es una muestra clara de la perversión asociada a la cosificación de los demás animales. El pobre viejo caballo, después de haber servido fielmente a los hombres durante toda su vida, enferma de sarna y es por ello desechado. Ni siquiera le dejan tomar un último trago de agua antes de ser desollado. Él sigue confiando en que lo van a curar. Deja de hablar en primera persona y vamos con una triste descripción del final de su vida a manos de aquellos en quienes había confiado:

> Y, en efecto, notó que le estaban haciendo algo en la garganta. Le dolió, se estremeció, dio un golpe con la pata, pero resistió y esperó a ver qué seguía. Lo que siguió fue un líquido que comenzó a derramarse en abundante chorro por su cuello y por su pecho. Suspiró profundamente. Sintió un gran alivio. Cerró los ojos y bajó poco a poco la cabeza, ya nadie la sostenía. Después comenzó a doblársele el cuello, las patas comenzaron a temblarle, su cuerpo entero vaciló. Más que asustado, estaba sorprendido. Todo era tan nuevo... Sorprendido, quiso echarse a andar, subir. Pero las patas, al moverse, se le enredaron y comenzó a irse de lado y, cuando intentó dar un paso, cayó de frente y sobre el flanco izquierdo. El desollador esperó a que cesaran los espasmos [...], cogió al caballo por una pata, lo colocó de espaldas y ordenó a Vaska que lo sujetara por esa pata: se puso a desollarlo.
>
> —Y era un buen caballo— dijo Vaska.
>
> —De haber estado mejor nutrido, habría dado un buen pellejo— dijo el desollador.[11]

Al transcribir estas líneas, me vuelvo a quedar sin aliento. Además de por lo obvio si tienes un poco de empatía, este libro me tocó especialmente porque, unos años atrás, yo había sido la voz de un caballo. En 2017, contactó conmigo Virginia Díaz, de la Fundación Alma Animal, para que participara en la campaña «Soy alguien». Se trataba de un proyecto conmovedor en el que doce personas ponían la voz de doce animales explotados: un toro reducido a pelele para el entretenimiento en la tauromaquia, un cordero reducido a carne en la ganadería, una vaca reducida a máquina para dar leche, una gallina reducida a máquina de poner huevos, una cerda reducida a máquina de gestar y parir cerditos (todas ellas reducidas a carne cuando dejan de ser productivas), un pato reducido a fábrica de *foie*, un pollo de la industria del huevo que es triturado el día que nace por no ser rentable, una coneja reducida a carne con dos meses de vida, un ternero separado de su madre reducido a carne tierna de bebé, un pollo broiler que engorda a pasos agigantados para ser reducido a carne con pocos días de vida, un cerdo reducido a carne asesinado a los seis meses de nacer y un caballo de carreras reducido a objeto para la diversión de algunos. Yo fui el caballo. Y diría que sentí lo que ellos deben de sentir, pero mentiría. No somos capaces de imaginarnos siquiera el horror que viven los otros animales que son sometidos por los seres humanos.

Vuelvo a escuchar estos testimonios para escribir y, temblando, tecleo estas letras, borrosas por las lágrimas. Y me rompo porque hemos convertido el mundo en un infierno para los demás animales y porque lo legitimamos y reproducimos sin ninguna compasión; porque el antropocentrismo nos hace afirmar con soberbia que somos seres predadores y que por eso tenemos el derecho a destrozar al resto de los animales, como si los predadores tuvieran montada una maquinaria de aniquilación como la que tenemos (algunos de) nosotros; porque decidimos no escuchar estas voces que nos hablan, que nos gritan, aunque no sea en nuestro lenguaje; porque optamos por la apatía en lugar de por la empatía; porque, si nos decantamos por los cuidados, estos quedan reducidos a nuestra relación con las personas (ojalá con todas, porque ni a eso llegamos), excluyendo a todos los seres vivos con los que compartimos la biosfera, excluyendo a esos otros animales que experimentan su vida, que sienten dolor, angustia, terror.

Así, en lugar de asumir que los demás animales también experimentan miedo y dolor,[12] los hemos señalado como seres despiadados, como brutos, como «bestias». Como sostiene Andrée Collard: «La palabra *bestia* proviene del sánscrito "lo que es temido" y esta connotación pasó poco a poco a la palabra *animal*, de forma que ambos términos son sinónimos actualmente. Denotan cualidades inferiores, especialmente cuando se aplican metafóricamente a los seres humanos: la violencia, la lujuria y una conducta despreciable, peligrosa y "antinatural"; en resumen, cualidades temibles tanto en el comportamiento animal como en el humano».[13] La inferiorización inherente a la bestialización justifica lo que viene después. Y así, siembra indiferencia en los corazones adormecidos por el androantropocentrismo. Además, cuando, ante una injusticia, las víctimas se quejan de haber sido «tratadas como animales» (o «como bestias»), se critica un acto detestable, ignorando que ejercer esa violencia contra las «bestias» tampoco es precisamente el culmen de la justicia y de la compasión.

Al fin y al cabo, *bestia* y *animal* son sinónimos. Pero ¿no hemos aceptado ya que somos esencialmente animales? Me niego a aceptar la connotación negativa que damos a esos conceptos. Me niego a aceptar la maldad que se asocia a los demás animales. Si los otros animales son bestias, entonces, yo me declaro bestia también. Y actuar como una bestia deja de ser algo rechazable. Más me preocupa la actuación «humana» de algunos «humanos»...

Vuelvo a la idea de que no hay justicia sin cuidado y no hay cuidado sin compasión (ni con violencia). Y no hay compasión completa si no abarca a quienes nos hablan a gruñidos, bramidos, balidos, cacareos, mugidos, graznidos, bufidos, chillidos (o silencios) desgarradores si te atreves a escuchar. Si te atreves a escuchar. Como afirma tan certeramente Josephine Donovan:

> [L]a teoría del cuidado significa escuchar a otras formas de vida, independientemente de lo extrañas que nos parezcan, e incorporar lo que nos comunican a nuestra reacción moral hacia ellas. En otras palabras, incluso si no sentimos la ternura que sentiríamos hacia un bebé humano (presumiblemente la experiencia paradigmática en la teoría del cuidado), podemos leer el lenguaje de otras criaturas según el principio de analogía, ya que su lenguaje no verbal es similar al nuestro. En el caso de las serpientes y las arañas, por ejemplo, podemos ver por su lenguaje corporal (que es análogo al nuestro) que experimentan terror y ansiedad, que se alejan de las fuentes del dolor, que quieren vivir. Debemos respetar sus deseos en cualquier decisión que tomemos los humanos sobre su condición.[14]

¿Nos atreveremos a escuchar? Dice Adela Cortina que «solo los *intereses generalizables* son acordes a ella [a la universalización]. Por otra parte, los mejores defensores de tales intereses serán los interesados: que nadie se arrogue el derecho de hablar en nombre de otros; tomarse en serio sus intereses implica posibilitar que se expresen a través de un diálogo racional».[15] Pero ¿qué pasa cuando esos Otros y Otras no pueden hablar, cuando su diálogo no es un diálogo racional? Cuando Donaldson y Kymlicka proponen aplicar la teoría de la ciudadanía en nuestra relación con los demás animales, de forma que los domesticados sean ciudadanos plenos, los liminares, cuasiciudadanos y los salvajes, pueblo soberano, recurren al modelo de «actividad dependiente» o «decisión asistida» que se emplea con las personas con discapacidad que no pueden comunicar sus intereses. Se propone que haya personas sensibilizadas que interpreten las expresiones verbales y no verbales de quienes no pueden hablar. A partir de esa interpretación, se puede elaborar una idea del bien para la persona en concreto: lo que quiere, necesita y prefiere. Posteriormente, se trasladará esa información al proceso político para que forme parte de los debates sobre la justicia social.[16]

En la misma medida, alguien con especial sensibilidad y compasión puede interpretar los lenguajes de los otros animales, descubrir sus necesidades y trabajar para que se respeten. «Aquí también podemos obtener distintas expresiones de preferencia para construir guiones de los intereses de los animales domesticados y llevar esos guiones al proceso político para ayudar a determinar unos términos de interacción justos y continuados».[17] De este modo, se facilitaría y posibilitaría su actividad política democrática.

Recordemos el diálogo de Crysta con el bosque. También podemos interpretar lo que necesitan las plantas y el resto de la naturaleza: necesitan un mundo sin androantropocentrismo y sin neoliberalismo, necesitan que nos comprometamos con el decrecimiento ecofeminista y que implementamos prácticas de *rewilding*. Quien no sepa escuchar esas voces y descifrar esos lenguajes ha perdido habilidades esenciales de empatía y convivencia multiespecies.

La historia de Akhere que relataba en el capítulo anterior comienza con una referencia a la piel que cuenta historias, como los pergaminos (hechos de piel de animales) que registraron prácticas de compraventa de personas esclavas. Esta mujer nigeriana narra su historia de deshumanización a partir de las huellas que dejaron en su piel los diferentes actos de violencia. Así, afirma: «Si trazas líneas rectas sobre mi piel para capturar las huellas que dejaron estos daños, queda un despiece [...], el cual quizás te evoque alguna ilustración de las que cuelgan de las paredes de las carnicerías para que puedas elegir el trozo de animal que quieres comprar».[18] Al final, el descuartizamiento del cuerpo femenino está estrechamente relacionado con la conceptualización de las mujeres como «idénticas», como seres desindividualizados.[19]

Pero también se relaciona con el descuartizamiento de los demás animales. Atendamos a la cita de Adams con la que abro este capítulo: muchas mujeres son emocionalmente masacradas y físicamente abusadas *como si fueran* carne, pero los demás animales «son realmente convertidos en trozos de carne».[20] A menudo, animales y mujeres son «referentes ausentes»: sus cuerpos y sus experiencias desaparecen en las diferentes formas de violencia que sufren.[21] ¿No vemos, entonces, que reducir a los animales a piel, que colgar sus cuerpos en las carnicerías y despiezarlos es también un acto terrible de violencia que deberíamos combatir? «A través de la matanza, los animales se han convertido en referentes ausentes. Los animales, tanto su nombre como su cuerpo, son convertidos en ausentes como animales para existir como carne».[22] ¿No somos capaces de entender que los gritos de estos animales desollados, desangrados vivos y troceados nos interpelan y nos piden que salgamos de esa «roca» androantropocéntrica de indiferencia y crueldad? Como se pregunta Janina Duszejko, protagonista de la novela *Sobre los huesos de los muertos* de Olga Tokarczuk:

> —¿En qué mundo vivimos? Uno en donde el cuerpo de un animal es convertido en calzado, en albóndigas, en salchichas, en una alfombra que se tiende junto a la cama, en caldo hecho con los huesos de otro ser... [...] seres cortados en pedazos y fritos en aceite... ¿Es posible que esté sucediendo de verdad algo así de macabro, esta matanza, cruel, enorme, desapasionada, mecánica, sin ningún remordimiento de conciencia, sin la menor reflexión

> [...]? ¿Qué mundo es este en donde la norma consiste en matar y en provocar dolor? ¿No será que algo no funciona con nosotros?[23]

Parece que, efectivamente, «algo no funciona con nosotros». Al menos, algo no funciona en gran parte de la humanidad y, casi seguro, hay algo que no funciona en cada una de las personas, ya que ninguna somos completamente no violentas y compasivas. Comparto el sentimiento de Tafalla:

> Cada vez tengo más la impresión de que los seres humanos somos animales averiados y contagiamos nuestra irracionalidad a las otras especies. Estamos convirtiendo la biosfera en un manicomio lleno de animales enloquecidos y ecosistemas desordenados, donde incluso el clima se está volviendo loco.[24]

En nuestra relación con los más vulnerables y las más vulnerables, demostramos nuestro verdadero carácter moral. La manera de relacionarnos con el resto de los animales puede entenderse como un caso paradigmático, pues muestra cómo nos comportamos precisamente con quienes no pueden defenderse ni hacer que su «voz» sea escuchada. Aunque moleste y genere más reactancia que todo lo que he escrito hasta ahora porque nos toca muy de cerca en nuestras prácticas diarias, mantener la explotación de los demás animales, que pierden sus vidas y sufren tremendos padecimientos en el proceso de ser reducidos a comida y a otros objetos, nos convierte en un poco menos buenas personas.

Hace varios años, reflexioné brevemente sobre la bondad, la maldad, la indiferencia y la complicidad.* Afirmé que nos suele gustar ser —o entendernos como— buenas personas comprometidas con la paz, pero que demasiada gente permanece impasible ante la violencia atroz que sufren miles de millones de animales cada día. En una línea similar, el año pasado, se publicó un artículo resultado de una entrevista que me hicieron. Me pedían que res-

* *20 minutos*, 23 de junio de 2019, <https://www.20minutos.es/mujer/blogs/mas-de-la-mitad/sobre-bondad-maldad-indiferencia-complicidad-5616874/>.

pondiera a la pregunta «¿Somos peores personas por comer carne?».* Respondí que, si mantenemos el estilo de vida carnista, adormecemos nuestra empatía y renunciamos a nuestra compasión. En respuesta a este texto, hubo quien me dijo que no se sentía mala persona por comer carne. ¡Solo faltaba! A poca gente le gusta aceptar su complicidad en la maldad y en la injusticia. Mi padre me dijo al leer el texto: «Claro que somos peores personas, porque, nos guste o no, estamos basando nuestra vida en la violencia». Mi madre lo entendió muy bien hace años y dejó de comerse a los demás animales.

Y es que no estoy afirmando (~~demasiado~~) que se sea necesariamente una *mala persona* por consumir los cuerpos muertos de otros animales. Estoy manteniendo que podríamos ser *mejores personas* si no lo hiciéramos. ¿Es tan difícil aceptar esto? Yo me considero buena persona en unos casos y no tan buena en otros. Entiendo y no rechazo (aunque me sienta incómoda y culpable) que podría ser mejor persona si no comprara en determinados establecimientos que destruyen el pequeño comercio, si no consumiera determinados productos fruto de la esclavitud, si no desarrollara ciertas prácticas insostenibles, si no me hubiera comido a otros animales, y así un largo etcétera. Soy muy consciente de que mis valores y mis conductas no siempre coinciden. Como es lógico, esto me genera disonancia cognitiva. Pero, al menos, soy consciente de ella. No vivo negando mi existencia violenta y creyéndome algo que no soy. Asumo mis incoherencias y trato de cambiarlas en la medida de mis posibilidades porque quiero ser una mejor versión de lo que soy.

Podemos reafirmar estas ideas con el experimento mental de Oscar Horta: imaginemos que existen unos grandes botones rojos que aportan a la gente una sensación agradable al presionarlos, pero que, al hacerlo, uno o varios animales sufren terriblemente y mueren. Por costumbre y por placer, la mayoría de la gente presionará esos botones, aunque podrían conseguir una sensación agradable parecida (aunque no igual) de otras maneras. ¿Sería bueno pulsar este botón? «[...] [M]ucha gente [...] opina que no. Y lo opi-

* *El País*, 12 de junio de 2025, <https://elpais.com/chile/2025-06-12/somos-peores-personas-por-comer-carne.html>.

na, además, sin necesidad de pensárselo mucho. Les parece muy intuitivo que presionar ese botón aun conociendo sus efectos perversos sería la clase de cosa que nunca haría alguien que fuese buena persona».[25] Confirmamos que la intuición general dicta que es moralmente reprochable causar dolor a los demás animales por motivos más o menos triviales. Pero ¿la explotación de los otros animales en el complejo industrial animal no se debe fundamentalmente a causas triviales? Entonces, «si nos indignara que la gente pulsara ese botón, ¿no nos debería indignar también lo que les pasa a los animales en lugares como granjas y mataderos [...]?».[26] Como ya he apuntado en otro lugar,[27] yo sostengo que, «en el caso de que nos indigne lo primero y no lo segundo, estaremos demostrando una hipocresía y una incoherencia comparables con las de filósofos ilustrados como Kant o Rousseau que defendían la igualdad, la libertad, la autonomía y la fraternidad, pero solo para la mitad de la humanidad», manteniendo a las mujeres excluidas y sometidas.

Y es que no podemos ignorar lo que hay detrás del consumo de carne. No es cuidado, respeto y amor. No es ternura y protección. Es cosificación, explotación, privación de libertad, torturas y asesinatos. No es un ideal que seguir demasiado deseable... Es una «roca» imposible de escalar con consecuencias desastrosas en múltiples aspectos.

Como ha señalado Joy, las principales víctimas del carnismo son quienes son reducidos a carne. Pero hay *otras víctimas*, daños colaterales: quienes enferman por comer productos poco saludables, quienes viven cerca de las granjas contaminantes, quienes contribuyen con sus impuestos a subvencionar una industria de crueldad, quienes viven en un planeta devastado por la ganadería, quienes trabajan de forma precaria a una velocidad frenética en los centros de esclavitud, asesinato y despiece. Recuerda Joy que «en toda ideología violenta, es posible que las personas que participan en el negocio de la muerte no estén perturbadas desde el principio. No obstante, acaban por acostumbrarse a la violencia que al principio les causaba malestar. [...] La mayoría de las personas solo puede soportar un nivel concreto de violencia antes de quedar traumatizadas».[28] No son pocas las investigaciones que muestran el nivel de sadismo que manifiestan algunos de estos trabajadores con los animales que, poco después, estarán en el plato de alguien sonriente. Efectivamente: «Los trabajadores traumatizados se vuelven cada vez más violentos, tanto con los animales como con las personas, y desarrollan conductas adictivas en un intento de anestesiar el malestar».[29]

No toda la gente sabe lo que se esconde detrás de la explotación animal porque la industria se guarda mucho de que se sepa. Algunas personas se lo imaginan y, por eso, no quieren ver. Un año, cuando explicaba cuestiones de ética animal, mis estudiantes me pidieron que no pusiera ningún vídeo. Les pregunté si les parecía bien que les leyera un texto. Accedieron. Se arrepintieron. En el texto podemos comprobar las consecuencias para las (*otras*) *víctimas del carnismo*; un matarife, en este caso, que, mediante la narrativa en primera persona, relata una historia de terror:

> Un día los cerdos me estaban volviendo loco... [cuando] un animal te hace enfadar [aunque vayas a matarlo]... Pero no te limitas a matarlo. Hay que darle fuerte. Empujar fuerte, golpearle en la tráquea, hacer que se ahogue en su propia sangre, romperle el hocico. Un cerdo, aún vivo, empezó a correr por la plataforma. Me miraba, así que saqué el cuchillo y le rajé el ojo mientras él estaba ahí, sentado. Y empezó a gritar. Una vez, saqué el cuchillo, que estaba muy afilado, y le rebané el extremo de la nariz a un cerdo, como si fuera salami. Se volvió loco durante unos segundos. Y luego se quedó ahí quieto, como tonto. Así que cogí un puñado de sal y le froté la nariz. Entonces sí que se volvió loco, se frotaba la nariz contra todo... Aún me quedaba algo de sal en la mano [...], así que se la metí por el trasero. No sabía si cagar o quedarse ciego.[30]

La primera vez que leí este texto, me mareé, me quedé pálida y renegué de la humanidad. Lo he leído en muchísimas de mis charlas. He tenido que aprender a disociarme de lo que leo para no ponerme a llorar o a maldecir. Como he defendido, la explotación animal es una escuela de insensibilización moral.[31] Como Zak, tantas personas se preguntan: «¿Le duele?». Y, con Vampi, contesto: «Los humanos no sienten nada. Son un plomo de arriba abajo». No todos, pero demasiados. Y no hay la misma responsabilidad en quien tortura de esta forma a esos pobres desdichados y quien se los come después, pero, en cualquier caso, también hay complicidad y responsabilidad al consumirlos. Y hay un sistema androantropocéntrico capitalista basado en la lógica de la dominación que legitima a unos y a otros.

Y no solo los legitima, sino que los configura a través de la socialización y la educación que presenta el consumo de la carne de los otros (de algunos) animales como la única opción posible y deseable.[32] Esa forma de socializar y educar contribuye al adormecimiento de la empatía. Mi amiga Eugenia me contaba que, con su colegio, visitaron en Francia una granja de ocas en la que se fabricaba *foie*. Enseñaban al alumnado la manera feroz de tratar a esos animales terriblemente torturados, los cuales son alimentados a la fuerza, incrustándoles un tubo por el gaznate hasta que la sobrealimentación les destroza el hígado. Ella cree que, así, al menos, se sabe desde la infancia que esto no es un entorno de flores y mariposas, que cada consumo de productos que provienen de la explotación de los demás animales está basado en diferentes prácticas de violencia. Yo creo que, al tratarse de individuos en una etapa de la vida en la que todavía no han desarrollado adecuadamente el pensamiento crítico, no podemos mantener la esperanza en que la exposición a estos escenarios macabros genere conciencia de la injusticia. Podría generarla solo si la visita fuera precedida de toda una explicación y una problematización de lo que allí se va a presenciar. Y lo mismo podemos decir de aquella *posible* visita al matadero que tan asustada me tuvo en mis años de colegio. De haber ido, nos habría traumatizado por la violencia del lugar, pero no necesariamente habríamos aprendido a rechazarla. Tal vez, más bien, la habríamos normalizado. El objetivo de estas visitas nunca es cuestionar la industria.

Necesitamos una coeducación y una pedagogía ecofeminista que muestre la realidad, que no la oculte, que no la maquille, que no utilice conceptos distorsionados o «afirmaciones desconectadas» que nos hagan creer que allí hay respeto, cuidados y bienestar.[33] Así, por ejemplo, cuando llevan a las criaturas a visitar una granja-escuela, se les transmite la imagen falsa de la vida bucólica de las granjas. Les permiten abrazar a un cordero que poco tiempo después será degollado para hacer filetes. Claro que esta última parte se la callan. Les enseñan a ordeñar, encubriendo la vida de esclavitud de miles de millones de vacas conectadas a máquinas de extracción de leche. Este engaño contribuye a blanquear el *lobby* de la carne, haciendo creer que ahí hay cuidados en lugar de explotación. En la granja-escuela, las manitas de niños y niñas presionan los pezones de una vaca con una mezcla de miedo e ilusión. Así lo hice yo cuando nos llevaron: ordeñé a una vaca, jugué con una perra plagada de garrapatas, planté un clavel chino, realmente disfruté. En la realidad, las vacas son inseminadas a la fuerza y separadas de sus terneros. La leche que debería ser para sus criaturas se extrae en cantidades exorbitadas para el consumo humano.

En algunos lugares, ese consumo puede ser esencial para la supervivencia de la comunidad,[34] pero, en las sociedades opulentas y en otros tantos contextos, no se consume por necesidad, sino por egoísmo, por el placer del sabor, que esconde a duras penas las condiciones en las que se encuentran las pobres vacas. Si hay posibilidad de elección, ahí tenemos un problema moral. ¿Nuestra supervivencia depende directamente del consumo de lácteos? ¿No? ¿Y aun así *elegimos libremente* comerlos? Entonces, nos estamos decantando por la explotación y por la agresión.

Conseguimos «proteína feminizada»[35] aprovechándonos «de los ciclos reproductivos de las hembras para producir alimentos. Su trabajo es tanto de reproducción como de producción. [...] La proteína feminizada de otras especies que se vende a los humanos es producto de una relación madre-hijo destruida y constituye una señal de nuestro quebrado vínculo con los otros animales».[36] Y luego se tiene la desfachatez de decir a la gente que las vacas, las cabras o las ovejas dan leche naturalmente y que hay que extraerla para no desperdiciarla. ¿Así que es posible la producción de leche sin un embarazo de por medio? Mmmm, interesante... Qué forma tan tiránica de mantener ausente la relación maternofilial y de ocultar la experiencia de las vacas y de otras hembras. Esos animales «trabajan» continuamente sin la posibilidad de tener un hogar en el que poder descansar.[37] En efecto, «los animales son parte de la clase trabajadora» y un elemento central para el desarrollo del capitalismo.[38] Nuestras sociedades están construidas sobre su inferiorización, su cosificación y su explotación.

Como recuerda Adams, cuando alguien que consume el cuerpo de otros animales se encuentra con alguien que no contribuye a la violencia antropocéntrica, suele afirmar que consume muy poca carne.[39] Si todo el mundo consume poca, ¿cómo es posible que la industria cárnica tenga el poder que tiene? ¿Están mintiendo quienes consumen los cadáveres de animales explotados? Eso parece. Hay que tener cuidado con este tema. Cuando mi amigo Carlos mantenía que no le gustaba la carne, yo le decía que, en cuanto a efectividad, no me parecía algo que se deba decir a la gente que come a los demás animales porque, entonces, pueden argumentar que, para él, ha sido fácil porque no le gustaba el sabor de la carne, pero que, para ellos, que disfrutan de esos sabores, es un sacrificio demasiado grande como para poderlo implementar. Para mí, fue un sacrificio.

La cuestión está en que el sacrificio sea superado con lo que se gana. En este caso, ganas en felicidad, en tranquilidad, en el orgullo de saber que no estás contribuyendo con una violencia sistemática que sería muy fácil de eliminar. No hacen falta sofisticados cambios políticos o tecnológicos para acabar con esta violencia: basta con una decisión individual.[40] Y esta decisión puede estar basada no solo en el deber, sino también en la felicidad que se gana, en la satisfacción que se obtiene.

Parto de la teoría de la sobriedad feliz de Carmen Velayos[41] y mantengo su idea de que los comportamientos proambientales pueden aumentar nuestra felicidad, de que conviene «insistir en lo que podemos ganar con la vida sostenible en términos de felicidad, de gratificación de placeres».[42] La suya es una propuesta que surge como «una aproximación centrada en la construcción y no solo en la crítica; en la aspiración a la felicidad y no solo en la dimensión de la culpa y de lo que hemos hecho mal».[43] Podemos actuar de forma correcta desde el punto de vista ecológico porque consideramos que es nuestro deber y porque constatamos, al mismo tiempo, que esto nos hace felices. Se puede compatibilizar, pues, el cumplimiento del deber con la búsqueda de la felicidad.

Pues bien, lo mismo que plantea esta pensadora con respecto al comportamiento respetuoso con la naturaleza lo aplico a nuestra relación con el resto de los animales: podemos lograr un concepto de vida buena en el que la satisfacción se encuentre en no ser cómplices de la violencia. Es realmente grato. Si no lo has hecho ya, atrévete a probarlo. Es precioso habitar el minimundo de la paz y de la compasión también con los demás animales. Tal y como sugiere Marti Kheel, podemos «invitar» a la gente a reflexionar sobre su falta de empatía hacia otras vidas. Podemos inspirar sin imponer.[44] Podemos alzar el veganismo como ideal con la conciencia de que habrá culturas y contextos en los que sea más difícil implementarlo. Además, y como veremos en el siguiente apartado, hay que tener cuidado con la defensa de las tradiciones, ya que, en efecto, «no todas las prácticas culturales son moralmente defendibles».[45]

Ya sabemos que nuestro florecimiento solo puede darse en interconexión con los demás miembros de la sociedad.[46] Es más, la posibilidad de «vivir una relación próxima y respetuosa con los animales, las plantas y el mundo natural» es una capacidad humana que también conviene desarrollar si aspiramos a florecer.[47] No solo nos beneficia la conexión intraespecie, sino también la interespecie. Como acertadamente sostiene Martha Nussbaum: «Una sociedad mínimamente aceptable debería permitir la buena relación interespecies».[48] Pero esa relación es imposible con el androantropocentrismo y el carnismo. Y esa imposibilidad es una lástima porque una buena relación con miembros de las demás especies puede ser una fuente de felicidad y de maravillas.

Es maravilloso rechazar el mal, ese mal de cuya banalización nos alertaba Hannah Arendt en 1963:

> Y, al igual que la ley de los países civilizados presupone que la voz de la conciencia dice a todos «no matarás», aun cuando los naturales deseos e inclinaciones de los hombres les induzcan a veces al crimen, del mismo modo la ley común de Hitler exigía que la voz de la conciencia dijera a todos «debes matar», pese a que los organizadores de las matanzas sabían muy bien que matar es algo que va contra los normales deseos e inclinaciones de la mayoría de los

> humanos. El mal, en el Tercer Reich, había perdido aquella característica por la que generalmente se le distingue, es decir, la característica de constituir una tentación. Muchos alemanes y muchos nazis, probablemente la inmensa mayoría, tuvieron la tentación de *no* matar, de *no* robar, de *no* permitir que sus semejantes fueran enviados al exterminio (que los judíos eran enviados a la muerte lo sabían, aunque quizá muchos ignoraban los detalles más horrendos), de *no* convertirse en cómplices de estos crímenes al beneficiarse de ellos. Pero, bien lo sabe el Señor, los nazis habían aprendido a resistir la tentación.[49]

Tiene narices que ahora los sionistas de Israel hayan vuelto a imponer el mal como norma y no como una tentación que resistir después de lo que sufrieron tantos judíos durante el Holocausto. Hace poco, en una entrevista, Rita Segato se declaraba exhumana. Afirmaba que no quería pertenecer a una especie que está cometiendo un genocidio retransmitido en directo. Yo también me declaro exhumana. La vergüenza por lo que hace parte de mi especie es demasiado devastadora. «Matar es algo que va contra los normales deseos e inclinaciones de la mayoría de los humanos». En estos tiempos, mientras veo a la población palestina morir de hambre mientras la ayuda humanitaria se pudre en las fronteras, mientras veo a tantas criaturas morir de hipotermia o desear la muerte para reunirse con sus familias asesinadas, me cuesta demasiado aceptar esta afirmación de Arendt. Y, en lo que respecta a nuestra relación con los demás animales, parece que es al revés: la mayoría acepta que matarlos es adecuado. La mayoría «ha aprendido a resistir la tentación».

Hemos constatado que los opresores degradan el valor de quienes posteriormente sufrirán la dominación. Como bien muestra Virginia Woolf: «Sin autoconfianza, somos como bebés en pañales. ¿Y cómo podemos generar esta cualidad imponderable, pero tan valiosa, muy deprisa? Pensando que otra gente es inferior».[50] Vimos su célebre afirmación de que las mujeres han sido los espejos en los que los hombres han agrandado su tamaño natural. En esta misma línea de pensamiento, me pregunto: ¿qué tipo de espejos han sido los demás animales para los humanos?

Si los hombres duplican su tamaño al compararse con las mujeres, las personas lo aumentan hasta el infinito al compararse con los otros animales. Ellos son lo absolutamente Otro, sin valor, sin importancia. Son eso que no somos y eso que podemos utilizar para nuestro beneficio. Son eso que no sufre, eso que no grita, eso que no llora, eso que no nos habla, que no se comunica con nosotras, eso que no nos conmueve. Son eso completamente distinto y absolutamente inferior que podemos legítimamente dominar. En lugar de entenderlos como aquellos y aquellas semejantes a nosotras en los aspectos moralmente relevantes, como aquellos y aquellas con quienes compartimos el planeta, como aquellos y aquellas vulnerables con quienes nos relacionamos directa o indirectamente y con quienes deberíamos desplegar el cuidado, como aquellos y aquellas cuyas «voces» podemos escuchar y respetar, decidimos ocultarlos, olvidarlos, cosificarlos y asesinarlos. Su inferiorización y la lógica de la dominación nos lo permiten. ¡Qué asco de ~~humanidad~~ forma de argumentar y de comportarnos!

Y, además, ya sabemos que subordinar a los demás animales tiene también consecuencias nefastas para los humanos que son inferiorizados. Como recuerda Charles Patterson:

> Denominar animales a la gente es siempre una señal ominosa porque les predispone a ser humillados, explotados y masacrados. Resulta significativo, por ejemplo, que en los años que precedieron al genocidio armenio, los turcos otomanos se refirieran a ellos como *rajah* («ganado»). «La utilización de imágenes animales, como hicieron los nazis al referirse a los judíos como "ratas" o los hutus al llamar "bichos" a los tutsis, es especialmente preocupante; alusiones de este tipo a la infrahumanidad de los enemigos son una alarma temprana de un vertimiento masivo de sangre», escribe Neil Kressel.[51]

Hemos visto que la animalización de las mujeres ha servido de base para su inferiorización, exclusión y dominación. Desde la parte del feminismo de la que más me enorgullezco, se han señalado las similitudes entre la opresión patriarcal y la opresión antropocéntrica. Numerosas sufragistas en los siglos XIX y XX fueron conscientes de que la violencia que se ejercía contra las mujeres en prácticas como la ginecología o la pornografía y la violencia contra los otros animales en prácticas como la experimentación coincidían en demasiados puntos.[52] Basándose en esta constatación, muchas de ellas optaron por dietas vegetarianas.[53] «Según Keith Thomas, a las bebés, jóvenes, pobres, negras, irlandesas, locas y mujeres se las consideraba bestializadas: "Una vez que se las percibía como a bestias, las personas eran susceptibles de ser tratadas en consecuencia. [...]"».[54]

La animalización de las mujeres sigue siendo un hecho, tal vez con mayor contundencia en las mujeres con discapacidad. Así, como narra Sunaura Taylor: «Me han dicho que camino como un mono, que al comer parezco un perro, que tengo manos de langosta, y que parezco un pollo o un pingüino».[55] En esta autora, se unen coherentemente la crítica al proceso de animalización de los humanos que ha servido de base para la violencia que se ha ejercido contra ellos y ellas y el rechazo a la violencia contra los demás animales. ¿Vemos, pues, que se puede «consumir la energía moral» defendiendo a los otros animales y dedicar algunas otras energías a la salvaguarda de los derechos humanos? Como acertadamente se pregunta Taylor: «¿Es posible darse cuenta de que la animalización ha contribuido a una violación abominable contra los humanos y al mismo tiempo reconocer la violencia que el especismo inflige a otras especies?».[56] Es posible. ¿Convertiremos esa posibilidad en hechos? Eso es otro tema...

Carruthers mantenía que no es moralmente admirable dedicarse a proteger a los demás animales. Por mi parte, sostengo que lo que no es moralmente admirable es despreocuparse de lo que le ocurre al resto del mundo vivo, alegando que se presta atención a lo que les pasa a los humanos. No es moralmente admirable porque implica mantener tanto la lógica de la dominación como lo que podríamos llamar el «pase antropocéntrico»: como ya me preocupo por lo que les pasa a las personas (a algunas), puedo someter sin cargo de conciencia al resto de los animales, a los demás seres vivos y a la naturaleza en su conjunto. ¡Toma irresponsabilidad privilegiada! Muy admirable, sí... Como si devaluar a los otros animales y a la naturaleza no les fuera a pasar factura también a las personas. Muy admirable y muy inteligente todo...

Demasiada gente se enfada cuando comparamos la violencia contra los humanos y la violencia contra los demás animales. ¿Cómo osamos degradar así a nuestros iguales? Afortunadamente, hay muchas personas, incluso víctimas de la peor parte de la humanidad, a las que no les molesta. Es más, precisamente la experiencia de la maldad en carne propia conduce al rechazo de cualquier tipo de violencia. Así, numerosos supervivientes del Holocausto mostraron las similitudes entre la violencia que sufrieron en los campos de concentración y la manera en que los otros animales eran tratados en la ganadería. «Siempre he pensado —señalaba Alex Hershaft— que hay algo ética y estéticamente obsceno en coger a un animal bello y sensible, golpearle la cabeza, cortarlo a pedazos e introducir esos pedazos en mi boca».[57]

La interconexión de violencias es un hecho. Así: «En cada etapa de la ruta hacia el genocidio, la explotación animal —cría, selección y matanza— pavimentó el camino».[58] La retroalimentación es clara: «Para el personal de la T4 y los operarios de campos de la muerte que fueron enviados a Polonia, su experiencia en la explotación y sacrificio de animales resultó ser una excelente formación».[59] Sin duda: «El gran Isaac Bashevis Singer, superviviente del Holocausto y defensor de los animales, se quedaría mudo si viera cómo ha evolucionado la ganadería industrial, que ya denunció en su momento».[60]

Los distintos sistemas de dominación conectan en diferentes niveles y la inferiorización de los otros animales contribuye a perpetuarlos. Convendría, por tanto, «sucumbir a la tentación» ecofeminista animalista, por los otros animales y por quienes sufren la bestialización y, desde ahí, la sumisión. La falta de compasión por los demás animales contradice todos los principios de la ética del cuidado ecofeminista, aunque esta idea suele molestar bastante. Veamos algunas de las reacciones ante esas molestias. Veamos algunas propuestas extrañas en las que el cuidado y el amor son compatibles con la violencia y con la explotación.

El cuidado hipócrita y el amor violento: yo cuido y quiero a los animales que exploto

En el tercer capítulo, lamenté la realidad de que, como consecuencia del estatus de género que valora más lo asociado con la masculinidad, muchas mujeres, incluso (eco)feministas, asumen valores y conductas androcéntricas. Asimismo, señalé que narraría un suceso de reactancia y androcentrismo que me costó bastante caro, emocional y económicamente. Pues bien, ha llegado el momento. Y aquí va un chisme que llevo años guardando y que ya no quiero callarme más, aunque «mi voz suene demasiado fuerte», aunque «nadie quiera tener nada que ver conmigo». No voy a silenciar más lo que me dice mi brújula interior.

En la primera presentación de mi libro *La ética animal: ¿una cuestión feminista?*, señalé algo que he repetido en incontables ocasiones: trabajar los temas que investigo desde la perspectiva que asumo no hace que ganes muchas amistades en el camino. Más bien al contrario: conectar injusticias y señalar privilegios suele hacer que caigas bastante mal porque activas la reactancia y la disonancia cognitiva de grupos diversos. Si nos vamos a la teoría de conjuntos, se entiende que el conjunto de personas que puede conectar con todo lo que escribo es bastante reducido.

En efecto, soy feminista y trabajo desde esa mirada, así que ya quedan fuera todas las personas a las que les molesta esta perspectiva. Además, soy una feminista que se preocupa por los demás animales y por el resto de la naturaleza, y que muestra los vínculos profundos entre las violencias contra las mujeres y las violencias contra los otros animales.[61] Esto no conecta demasiado con el sentir y el pensar de las feministas que mantienen el enfoque antropocéntrico. Tampoco con aquellas que no llegan a entender que la crítica al androcentrismo tiene que abarcar las prácticas, tradiciones, teorizaciones, costumbres o instituciones que reproducen violencia y falta de empatía, como es el caso del complejo industrial animal. Ya señalé que a las personas no nos suele apetecer renunciar a los privilegios cuando estamos en la parte favorecida de la jerarquía... Así, me he encontrado incluso con invitaciones a dar charlas sobre ecofeminismo con la petición expresa de no tocar el tema animal. He aceptado y luego lo he tocado. ¿Qué esperabas?

Al mismo tiempo, soy defensora de los demás animales. Aquí está probablemente lo más problemático del asunto. La mayoría de las personas se siente atacada por esta parte de mi discurso. Además, soy una defensora ecofeminista que atiende no solo a la relevancia moral de los otros animales, sino también a la de las plantas, a la de toda la biosfera y a la del conjunto de la naturaleza. Esta postura integradora responde a mi sentir más profundo y a mi determinación en la práctica académica, social y política. Desde luego, no todas las personas que defienden a los demás animales entienden la importancia de la perspectiva ecofeminista para ese trabajo de justicia y compasión. Aquí hay otro grupo que tampoco estará muy de acuerdo con todo lo que propongo.

Otro de estos grupos con su disonancia cognitiva activada es el ecologismo y los teóricos de la ética ambiental, que no siempre entienden la necesidad de incluir la perspectiva feminista de cara a enfrentar los problemas socioambientales de manera realista, observando las repercusiones particulares para la vida de las mujeres. ¿Estarán dispuestos, además, a reconocer las aportaciones de las mujeres en estos ámbitos y a dejar espacios de poder y de toma de decisiones a las compañeras?

Igualmente —y esto es algo tremendamente triste y sorprendente—, gran parte del ecologismo y de la ética ambiental desatiende incomprensiblemente la cuestión de la explotación de los demás animales. ¿Cómo es posible esto cuando la ganadería es «la actividad humana que ocupa una mayor superficie de la tierra»,[62] de forma que los países están «hambrientos de tierras»?[63] ¿Qué clase de ética ambiental y de ecologismo ignora la realidad de que la ganadería contribuye notablemente a «la degradación del suelo, la contaminación, el cambio climático, la sobreexplotación de recursos pesqueros, la sedimentación de zonas costeras y la propagación de especies invasivas exóticas»?[64] La ganadería exige ingentes cantidades de tierra y de grano.[65] Así, aparece como la principal causa del exterminio de la biodiversidad[66] y de la deforestación.[67] Así, «cuando los bosques tropicales amazónicos acaban convertidos en cenizas para dejar espacio a la ternera y la soja [...], nuestros alimentos baratos nos están costando mucho más que dinero. Se estima que la mitad de las especies del mundo habita en bosques tropicales [...]».[68]

La ganadería es una de las principales causas del calentamiento global por la cantidad de gases de efecto invernadero que emite, ya sea ganadería industrial o ganadería extensiva. De hecho, emite la misma cantidad de emisiones de gases de efecto invernadero que todos los medios de transportes juntos.[69] Asimismo, el consumo de carne coloniza sociedades que han sido esencialmente vegetarianas.[70] ¿Cómo es posible que haya ecologistas que la defienden? ¿Dónde queda, además, la compasión y los valores del cuidado para con esos animales explotados en las prácticas ganaderas?

No entiendo cómo esa parte del ecologismo que silencia nuestras voces ecofeministas animalistas oculta, además, los estudios que muestran que la ganadería extensiva genera más emisiones de GEI[71] o, en el mejor de los casos, que la diferencia con la intensiva no es significativa;[72] que el pastoreo tampoco tiene consecuencias positivas en cuanto a deforestación y emisiones de metano y óxido nitroso;[73] y que lo más eficaz no es la producción y el consumo local, sino la reducción del consumo de productos que provienen de la explotación de los demás animales.[74] Claro que dejar de consumirlos totalmente no solo sería más eficaz, sino también más ético. Es más, aunque haya que incidir en las repercusiones ambientales, lo realmente importante son los argumentos éticos que apuntan a la injusticia misma de la explotación.[75]

Parece que hay demasiados intereses en silenciar hechos probados, como, por ejemplo, que la dieta vegana es la más beneficiosa para la naturaleza —no digamos para los otros animales— y para la salud de las personas;[76] que el mayor impacto ambiental de la alimentación está en la carne y los lácteos;[77] que las dietas sin estos productos son las más sostenibles;[78] o que alimentar con vegetales a los animales explotados para, después, consumir sus cuerpos, es un derroche de energía y de alimentos.[79] Parece que esa parte extraña del ecologismo olvida también que el consumo de carne se relaciona con el estatus social[80] y que tiene claros componentes de género y de raza.[81]

Asimismo, olvida o acepta de buen grado el engaño que hay detrás de la industria de explotación animal, que, mediante la persuasión, relativiza los daños que sufren esos animales.[82] Las industrias de la carne, los lácteos y los peces se suelen presentar como pequeños negocios familiares cuando en realidad son industrias millonarias.[83] Mienten a la ciudadanía y manipulan a los gobiernos, convirtiendo la democracia en una *carnecracia*.[84] La publicidad desempeña un papel esencial,[85] especialmente la dirigida a la infancia. Según afirma Roanne van Voorst:

> Durante la fase de documentación para escribir este libro, el 95 % de la carne vendida en los supermercados y carnicerías procedía de macrogranjas de animales, pero la publicidad de carne y lácteos que yo vi en ese tiempo mostraba la imagen mucho más romántica de la vida en una granja preindustrial. Por ejemplo, el empaquetado de la carne contiene a menudo verdes prados y ovejas pastando, aunque los animales de los que proceda la carne rara vez hayan salido al exterior durante sus cortas vidas. En los envases de leche y yogures no ves imágenes de enormes ubres infectadas ni pezuñas podridas, dos circunstancias que padecen con frecuencia las frisonas [...].[86]

Además, aparte de ocultar e idealizar la violencia y la explotación, la publicidad de la ganadería emplea muchas veces el sexismo para atraer la atención y vender sus productos de dolor y muerte con prácticas de *antropornografía*,[87] esto es, «la incitación de actitudes opresivas mediante la feminización y sexualización de los animales y la animalización de las mujeres. [...] La antropornografía hace que la degradación y el sufrimiento de los animales sean divertidos y atractivos. Simultáneamente, hace que la degradación de las mujeres sea divertida porque, para ser efectivo, el anuncio requiere la referencia implícita al estatus de subordinación sexual de las mujeres».[88] Así, aparecen anuncios en los que se funden imágenes de cuerpos desnudos de mujeres con caras de animales,[89] otros que acaparan eslóganes feministas para vender productos que vienen de la explotación de hembras,[90] otros en los que las vacas muestran sus ubres de forma provocativa.[91] Antropocentrismo y machismo para alimentar el consumismo neoliberal carnista.

Parece que no gusta aceptar los temas que muestra el documental *Cowspiracy: el secreto de la sustentabilidad* (2014):* los apoyos

* Producido y dirigido por Kip Andersen y Keegan Kuhn. Véanse también *Seaspiracy: la pesca insostenible* (2021), dirigido por Ali Tabrizi y producido por Kip Andersen; y *Empatía* (2017), dirigido por Ed Antoja.

económicos de la industria de la carne a grupos ecologistas para que oculten las desastrosas consecuencias ambientales de sus prácticas de explotación, el asesinato de activistas contra la ganadería, la externalización de los costes de la carne o el miedo de quienes son críticos con estas corporaciones por los procesos judiciales ruinosos a los que se enfrentan, como le sucedió a Howard Lyman, exganadero y activista por los derechos de los demás animales.[92]

Negacionistas de todo tipo, feministas y ecologistas androantropocéntricos, animalistas y ecologistas sexistas... Al final, entre unas y otros, parece que las propuestas de la ética ecofeminista del cuidado no desatan grandes entusiasmos. ¿Quiere esto decir que sean erróneas, como me recriminaba aquel señor al que me referí en el segundo capítulo? Más bien serán erróneas las estrategias pedagógicas. También las actitudes de gran parte del auditorio...

En el mejor de los casos, a veces, se tolera en la teoría esta particular articulación de feminismo, ética animal, ética ambiental y ética del cuidado, pero es poco probable que se quiera realizar en la práctica. Y lo menos probable es que se efectúe el cambio que tiene que ver con los demás animales. Se pasa de la justificación de la violencia contra ellos a la indiferencia hacia su dolor (y viceversa). Se elimina, así, la compasión. Pero pocas personas aceptan esto. Pocas personas asumen su complicidad en este brutal sistema de opresión que afecta a miles de millones de individuos que experimentan sus (cortas —o, más bien, acortadas—) vidas y que no quieren padecer dolor.

Con mi ingenuidad, no dejo de preguntarme: ¿tanto nos cuesta renunciar a nuestras tradiciones violentas? ¿Qué problema puede haber con la defensa del respeto, la igualdad, los cuidados, el amor y la compasión? Está claro que para muchos resulta problemática, y no porque no tenga una base teórica bien fundamentada o porque sea imposible implementarla en la práctica, sino porque exige deconstruir prácticas sociales, políticas y culinarias arraigadas, unidas a una no declarada adicción a los productos que provienen de la violencia contra nuestros compañeros de planeta. Vuelvo a traer la propuesta de Marti Kheel de incitar a aceptar el veganismo como ideal deseable con la conciencia de que habrá contextos en los que sea más difícil implementarlo.[93] Sin dejar de aceptar esto, ¿dejaremos de acudir a esas culturas en las que la supervivencia depende del consumo de otros animales para justificarlo en las sociedades en donde se podría eliminar sin ningún riesgo para la salud de la población? Que hacer eso es tener mucho morro (emoji de hocico de cerdito).

En esa presentación del libro, también señalé que mis esperanzas estaban puestas en las feministas. Como se está viendo, mi discurso las interpela en gran medida. Esto no se debe a que considere que les corresponde a ellas más que al resto preocuparse por los problemas ambientales o por la defensa de los demás animales y del conjunto de la naturaleza. Se debe a que tengo más esperanzas en este movimiento pacífico que históricamente ha atendido a los asuntos del maltrato animal, que reivindica los cuidados y que rechaza el androcentrismo y la violencia.

Sin embargo, mis esperanzas a veces flaquean. En cierto modo, malinterpreté la realidad y, con total decepción, me encontré con un rechazo visceral por parte de algunas feministas que no llegaron a entender los vínculos profundos a los que apunta el ecofeminismo y que mostraron que su compasión se detiene en la frontera de nuestra especie. También revelaron que su sororidad se apaga cuando una feminista se atreve a preocuparse por los demás animales.

No es que quiera criticar más al feminismo que al resto de las teorías emancipatorias y de los movimientos sociales. Podría hablar también de pensadores de la ética ambiental cuyos comportamientos dejan bastante que desear. Ya lo he hecho con ese animalista que despreciaba a la compañera que lloró al entrar en una granja. Como se está viendo, cuando se trata de criticar, tengo material para todo el mundo. También lo tengo cuando se trata de construir. De hecho, critico para desmontar y crear. Por eso, considero importante poner de manifiesto las conductas incoherentes también en el feminismo, de cara a tomar conciencia de ellas para evitar que se repitan, pues, como sabemos, *debemos trabajar por fines consecuentes con los valores feministas.* Cuestionar y destrozar a las compañeras porque osan conectar —como han hecho tantas feministas desde el siglo XVIII— la opresión de las mujeres con la de los otros animales es un fin ruin frontalmente opuesto a los valores feministas, un fin basado en el androcentrismo más lamentable.

Corría el año 2019, esa época que fue extenuante para mí. Afortunadamente, encontraba en muchas compañeras ecofeministas y feministas un apoyo y unos cuidados esenciales. También algunos compañeros y compañeras animalistas se abrían a las propuestas del cuidado ecofeminista. Con esta alegría que me dio impulso, me animé a organizar el I Congreso Internacional «Ética Animal y Género: Nuevas propuestas ético-políticas y educativas» (XXVIII Jornadas de Filosofía) en el Departamento de Filosofía de mi universidad.

Planteé el congreso basándome en las ideas que vengo desarrollando en estas páginas. Así fue descrito en la publicidad de acceso público: partía de la constatación del pensamiento dualista y de la lógica de la dominación que sirven de base a la opresión, aludía a la realidad de la animalización y la naturalización de las mujeres y al hecho de que «sistemas de dominación sexistas y antropocéntricos que, si bien suponen sometimientos específicos, están conectados en múltiples niveles». Me referí a los estudios e investigaciones encaminados a sustituir el sexismo, el androcentrismo y el antropocentrismo por una cultura de paz. Desde ahí, se mostraba el congreso como «un espacio de reflexión sobre las problemáticas de la violencia, la dominación y la explotación de quienes son considerados inferiores [...] con el fin de lograr propuestas ético-políticas y educativas que contribuyan a construir una sociedad igualitaria y no violenta». Analizaríamos, pues, las raíces de la violencia para construir sobre la base de los cuidados y de la paz.

Fue un proyecto ambicioso, ya que, con unos fondos escasísimos, me atreví a invitar a diecinueve ponentes. Tuve que hacer algo que detesto: pedir a la gente que trabajara gratis. Quería que asistieran todas las especialistas que invité, pero no había dinero suficiente para los traslados, alojamientos, manutención y pago por la ponencia. Así pues, contacté con cada especialista, comentando la situación y preguntando si tenían proyectos de investigación con los que pagar su estancia.

A pesar de lo patético y precario de la situación, todas las personas accedieron entusiasmadas a participar. Quienes tenían proyectos, se gestionaron sus viajes y sus alojamientos. Fue una auténtica alegría ver la respuesta de colegas dispuestas a ofrecer desinteresadamente sus conocimientos y sus esfuerzos para construir juntas una cultura de paz.

Mientras lo organizaba todo, concedieron una subvención del Instituto de la Mujer a para un proyecto* en el que estaba incluido mi congreso. Fue un alivio, ya que nos permitía pagar las comidas de las especialistas. Al poco tiempo, llegó otra buena noticia: la Universidad de Valladolid había recibido fondos del Pacto de Estado contra la Violencia de Género destinados a subvencionar actividades feministas que atendieran a la violencia machista. Desde la Unidad de Igualdad de la universidad, se me propuso que solicitara la subvención para el congreso. Dado que estaba planteado como un espacio de análisis de las raíces de la violencia en general y de la violencia de género en particular, en su conexión con la violencia contra los demás animales, así lo hice. Se me concedieron los fondos. Por fin, tenía dinero para poder pagar a las ponentes por su trabajo. Feliz, les comuniqué la nueva situación y seguí con la organización con energías renovadas. Desgraciadamente, en el plazo de tres días, todo se desmoronó como consecuencia de la mala uva de feministas enfadadas, que desplegaron todo su androcentrismo, reactancia y falta de sororidad, además de algo de efecto Dunning-Kruger.

El congreso se celebraba un jueves y un viernes de mayo. El lunes de esa semana, recibí la llamada de una periodista que ha realizado una importante labor contra la violencia de género. Conmigo, su trabajo dejó bastante que desear. No llevó a cabo un proceso previo de documentación sobre la temática, sino que me llamó de muy malas maneras acusándome de emplear de forma fraudulenta unos fondos que no estaban destinados a reflexionar sobre «cosas de animales». Su tono era hostil y acusador. Me habló de la incomodidad de muchas feministas que consideraban un descaro emplear en cuestiones filosóficas un dinero que debería favorecer a las víctimas de violencia machista. Pero ¡si el congreso se iba

* Se presentó desde la Cátedra de Estudios de Género de la Universidad de Valladolid, de la que formo parte y de la que, por aquel entonces, yo era la secretaria. Cuento esto porque era más que evidente mi implicación con el feminismo, a pesar de atreverme también a preocuparme por los otros animales.

a celebrar sin fondos de ningún tipo, salvo la escasa dotación que aportaba el departamento! Pero ¡si las conexiones entre los temas que íbamos a abordar son incuestionables! Pero ¡si el feminismo surge como pensamiento filosófico! Pero ¡si «conceptualizar es politizar» y la violencia de género se ha podido abordar precisamente porque ha habido un proceso previo de conceptualización y de reflexión filosófica!

¿Cómo enfrentar la problemática de la violencia de género sin reflexiones teóricas fundamentadas y sin propuestas ético-políticas y educativas de concienciación y prevención? ¿Por qué eso generaba incomodidad en esa parte del feminismo? Ya sabemos que la violencia de género es estructural[94] y que no se limita a la violencia dentro de la pareja, sino que abarca una amalgama de violencias, desde la simbólica hasta la física[95] y diferentes formas específicas de «subordinación de estatus», como la cosificación de las mujeres y su exclusión o marginación en las esferas de poder.[96] En este sentido, bien podemos afirmar que la antropornografía, por ejemplo, es un caso de violencia de género. También lo es la invisibilización de las teóricas de la ética animal, esa invisibilización que, en mi juventud, me había conducido a estudiar solo a los teóricos. ¿Dónde estaba el problema, entonces? Sigo sin entenderlo (~~mentira, lo entiendo perfectamente...~~).

Aunque la periodista debería haberse documentado sobre estas cuestiones —que se habían señalado en el folleto de presentación del congreso—, en la llamada le hablé de las propuestas feministas y ecofeministas que apuntan a las conexiones entre los diferentes sistemas de opresión, le hablé de los vínculos conceptuales que deben descubrirse para conseguir una coeducación que nos lleve a la no violencia, le hablé de la lógica de la dominación. Nada de esto le sirvió. Me remití a los estudios que, desde hace décadas, muestran que las mujeres maltratadas en relaciones de pareja sufren violencia contra los animales con los que conviven[97] y que no se atreven a denunciar por miedo a que sus animales sean violentados o asesinados;[98] que estos animales deberían entenderse también como víctimas;[99] que el riesgo de que una mujer sufra violencia en la pareja aumenta cuando el hombre maltrata animales;[100] que muchas mujeres maltratadas se niegan a abandonar a sus animales y, por ello, permanecen en la relación de maltrato;[101] que se sienten reconfortadas cuando alguien se interesa por sus animales;[102] que, en fin, la violencia contra esos animales es una terrible forma de violencia psicológica y violencia social.[103] Le dio igual. Estaba cegada. Su negacionismo era un fanatismo androantropocéntrico. La sororidad había desaparecido porque una feminista se atrevía a mostrar las similitudes entre la opresión patriarcal y la dominación antropocéntrica, entre la violencia de género y las violencias contra los demás animales.

Tras la llamada, comenté la situación con varias compañeras y ponentes. Ruth Toledano me pidió un artículo para *El caballo de Nietzsche*. Lo escribí esa tarde y se publicó al día siguiente. En él, puse de manifiesto las cuestiones que la periodista ignoraba y recordé que buscábamos «incidir en las raíces de la mentalidad violenta».* Su artículo se publicó a la mañana siguiente. Se hablaba de que varias expertas consultadas entendían que el congreso no encajaba en el Pacto de Estado contra la Violencia de Género, pues las medidas que se contemplaban en el pacto pretendían ir a la raíz del problema para combatir esa violencia y minimizar sus efectos. Claro, ¿es que analizar el pensamiento dualista, la lógica de la dominación y el androantropocentrismo no es ir a la raíz del problema? Dime, entonces, cuáles son las otras raíces (emoji de cara enfadada). Unas dijeron que la reflexión filosófica no tiene nada que ver con la atención a las víctimas y con la reparación del daño. Claro, ¿es que las víctimas —reales y potenciales— no se benefician del «cuidado teórico», del análisis de las raíces de las violencias, de la conceptualización necesaria para politizar? (emoji de cara enfadada). Otras señalaron que se trataba de prevenir, de ir a la raíz del problema desde los currículums formativos, comenzando en la enseñanza infantil. Aquí vuelvo a la primera pregunta que acabo de plantear y al mismo emoji... Es obvio que no habían querido entender.

Otras, ya con efecto Dunning-Kruger, afirmaron que el ecofeminismo era una teoría política emergente y poco desarrollada. Claro, ¿es que cuarenta y cinco años (por aquel entonces) y cientos

* *elDiario.es*, 7 de mayo de 2019, <https://www.eldiario.es/caballodenietzsche/etica-animal-genero-filosofia-violencia_132_1558455.html>.

de publicaciones es estar emergiendo con un desarrollo insuficiente? (aquí mejor pongo el emoji de la chica tapándose la cara con la mano porque ya no es ni enfado, es vergüenza ajena). Y más vergüenza ajena me causó la última opinión, en la que la «experta» afirmaba que el género es algo que tiene que ver con las personas, con la construcción cultural, con los roles masculinos y femeninos, y que los animales no desarrollan esos roles. Claro, ¿es que no existe eso que se llama el «género como categoría analítica»?[104] Es penoso que una feminista, profesora de universidad, demuestre que no sabe lo que es analizar la realidad desde la perspectiva de género: estudiar disciplinas o realidades desvelando intereses de poder y subtextos de dominación patriarcales.[105] Unos días después, esta misma mujer escribía en su blog personal, burlándose del congreso, de la idea de que los humanos somos animales y de un programa de desratización «con perspectiva de género». Pues, hija, ¡menos mal que incluyen en esos programas (y ojalá en todos) la perspectiva de género, no vaya a ser que se ignore la forma específica en que los componentes químicos tóxicos enferman a las mujeres![106] Eso es usar la perspectiva de género, compañera: ver cómo afectan las cosas a las mujeres, ver cómo se mantiene la desigualdad. Y un congreso sobre ética animal y género aborda, por ejemplo, el ocultamiento de las filósofas que se han dedicado a estos temas, la infravaloración de las emociones y de las virtudes del cuidado por haber sido feminizadas, o la imposición de una forma androcéntrica —y, por tanto, violenta— de estar en el mundo. Nada que tenga que ver con la violencia de género, ¿no?

Unas horas después de la publicación, me llamaban de la universidad diciéndome que habían llegado órdenes «de arriba», de fuera de la universidad, exigiendo que retirara de los carteles el logo del ministerio y del Pacto de Estado contra la Violencia de Género, pues me quitaban la subvención. Era la tarde antes de la inauguración del congreso. La universidad tuvo que hacerse cargo de los pagos que ya se habían realizado y me pidió que volviera a notificar a las ponentes que no iban a poder cobrar por su trabajo.

Por la tarde, la buena periodista me escribió un *mail* en tono más conciliador, haciendo referencia a su artículo y señalando: «Entiendo que su publicación ha levantado molestias y me gustaría invitarte, como directora del mismo, a ofrecer la posición de los organizadores de forma amplia y personal en un artículo que publicaríamos en el diario. O, si consideras oportuno, a designar esto a alguno de los ponentes a realizarlo». ¿Ahora sí? ¡Ja! Claro que lo del lenguaje no sexista lo dejamos para otro día, como dejaron para otro día el trabajo de investigación inherente a toda labor periodística, la comprensión de que el ecofeminismo lleva desarrollando sus reflexiones desde 1974 y de que también numerosas sufragistas y otras feministas unieron feminismo y defensa de los demás animales, en un intento de acabar con las violencias machistas y con el maltrato animal.

Ignoró que Mary Wollstonecraft sostuvo una idea que actualmente confirman las investigaciones más punteras, idea que alimentaba el espíritu del congreso: «La justicia, o incluso la benevolencia, no serán una fuente poderosa de acción si no se extienden a toda la creación; más aún, creo que puede considerarse un axioma que aquellos que pueden ver el dolor sin sentirse conmovidos, pronto aprenderán a causarlo».[107] ¿De verdad no veían lo sumamente relacionada que está la violencia contra los demás animales con la violencia contra las mujeres y, en general, con la violencia y con la falta de compasión? Pero ¡si se lo había indicado por teléfono! ¿La educación para la paz y la empatía no entraba dentro de las medidas de prevención contra la violencia patriarcal? ¡Qué lástima ese feminismo ciego, androcéntrico y acrítico! Diría que la misma lástima que la horda de negacionistas de ultraderecha, pero es que de estos ya se sabe que inteligentes no son, pero a ellas se les presupone el pensamiento crítico... Ya no sé ni qué emoji poner...

Empecé a contestar al *mail*, incluyendo una búsqueda en bases de datos sobre todas las publicaciones de estudios sobre la temática y sobre ecofeminismo. Al final, en conjunto con varias de las participantes del congreso, decidimos no echar más leña al fuego y dejarlo pasar. ¿Para qué hacer ver a compañeras feministas su trabajo defectuoso y el daño que habían ocasionado a camaradas que comparten fines éticos y políticos? En ese momento, no merecía la pena. Creo que ahora sí.

Afortunadamente, hubo tantas inscripciones al congreso que, con el dinero de las matrículas y los escasos fondos que teníamos, pude pagarlo todo, incluidas las remuneraciones de las ponentes. Final feliz, pero el disgusto y la decepción no me los quita nadie. ¿Qué persona tan poderosa estaba detrás de esa orden de retirar una subvención horas antes de inaugurar un congreso? ¿Por qué molestaba tanto ir *de verdad* a la raíz del problema de la violencia androantropocéntrica? ¿Dónde quedó la ética del cuidado, la sororidad y el trabajo conjunto? ¿Nos encontrábamos aquí con el cuidado hipócrita que aparece como compatible con la violencia? ¿Eran más fuertes la reactancia y el androcentrismo que el compromiso con la igualdad y con la paz?

Y si es molesta la reactancia y las zancadillas de esas feministas nada sororas, no digamos las de las personas que se declaran ecofeministas o las de feministas interesadas por la problemática ambiental. No digamos las de los ecologistas antropocéntricos.[108] No digamos las de las personas a las que estas problemáticas les traen sin cuidado. Hemos visto el negacionismo misógino y agresivo que rechaza la existencia misma del patriarcado. No hablemos ya del negacionismo del colapso ambiental que viene de la derecha y de la ultraderecha rabiosa y estúpida... Pero donde más furia se desata es en la problemática de nuestra relación con los demás animales. Esa frontera no se toca. Parece que no la toca casi nadie.

Ahí se detiene sistemáticamente la empatía de la abrumadora mayoría. Hasta en las teorías y los movimientos más pretendidamente emancipatorios, ahí se frena la compasión (y, casi casi, el pensamiento crítico y la capacidad de razonar). Que no me impidan «disfrutar de un buen bistec».[109] Estas son palabras del gran teórico del decrecimiento Serge Latouche. Parece que, en el modelo de «las 8 R»[110] que incluye el reemplazo de los valores individualistas y consumistas por valores de altruismo y cooperación, ese altruismo no está presente en nuestra relación con los demás animales y esa cooperación olvida la cooperación multiespecies. Lamentable. La revaluación de los valores que propone el decrecimiento no abarca revaluar el antropocentrismo. Bonita «roca» para permanecer en el estatismo...

Y es que aquí tenemos el problema de no haber abordado una cuestión esencial: «¿Quién ha determinado que un cadáver es comida?».[111] He aquí un tema para reflexionar en tiempos de obesidades y hambrunas. Como recuerda Vandana Shiva: «La globalización empresarial está dando lugar a una dictadura que controla los alimentos y el agua, los dos aspectos más vitales de nuestra vida. Nos está robando las libertades del más fundamental de los niveles: el de la supervivencia».[112] Vivimos en tiempos de «dictadura alimentaria», por lo que urge trabajar por el control democrático del suministro de alimentos.[113] Según Shiva, también las demás especies y las generaciones futuras, en la misma medida que las generaciones humanas actuales, deben tener asegurada la nutrición. Pero la pregunta sobre con qué o con quién nos nutrimos es esencial. ¿Por qué mantenemos la idea de que los demás animales son alimento y no compañeros? Lo mismo podríamos mantener con el resto de los seres humanos en tanto en cuanto son comestibles, pero, con *cordura*, decidimos sacarlos de nuestros platos.[114] ¿Por qué no hacer lo mismo con esos seres que también son capaces de sentir alegría, dolor, miedo y confort?

En mi primera publicación científica, abordé la temática de la soberanía alimentaria, incidiendo especialmente en el papel de las mujeres en la reivindicación de este derecho.[115] Analicé la *Declaración de las mujeres por la soberanía alimentaria*.[116] Las mujeres que firman este documento conectan y rechazan los principios capitalistas, patriarcales y militaristas por estar basados en los valores de la violencia y de la guerra. En su reivindicación del derecho a la soberanía alimentaria, se oponen a la mercantilización de los alimentos, el agua, la tierra, el saber de los pueblos y el cuerpo de las mujeres.

En mis inicios, aceptando la importancia del campesinado y de la soberanía alimentaria para nuestra supervivencia y tratando de que mi voz no «sonara demasiado fuerte» por aquello de no quedar fuera del juego académico, evité la crítica a algunas de las reivindicaciones que ya entonces me herían e incomodaban. En efecto, como se establece en la declaración, el modelo industrial y la proliferación de transnacionales amenazan y destruyen la agricultura campesina, la pesca artesanal, la economía pastoril, la elaboración artesanal y el comercio de alimentos a pequeña escala en zonas urbanas y rurales. Además, las mujeres juegan un rol importante en estos sectores, por lo que la eliminación de estas actividades tiene especial repercusión en sus vidas. Entonces, como feminista, ¿cómo atreverse a criticar la pesca o el pastoreo? Pues porque, como el militarismo, se basan en valores de violencia y mantienen un concepto de cuidado compatible con la instrumentalización y el asesinato. Por lo tanto, en todos los contextos en los que sea posible sobrevivir sin esas actividades, es una exigencia ética transformarlas en otras basadas en los cuidados de verdad: los que no cosifican, los que no agreden, los que no matan.

En 2022, me invitaron a participar en un webinario sobre ecofeminismo y sistema alimentario desde el proyecto Our Food, Our Future.* Se trataba de una acción internacional que, con el lema *We are hungry for justice*, proponía construir un sistema alimentario justo y sostenible, con derechos y bienestar global garantizados. En su manifiesto se hablaba de que las grandes empresas de producción y distribución de alimentos debían eliminar las prácticas comerciales injustas. Asimismo, se exigía que cumplieran una función social en la que se priorizara «el cuidado de las personas y de las sociedades, de la flora, de la fauna y del planeta, garantizando sus derechos». A mí me intrigaba saber cómo se podían garantizar los derechos de la fauna si se seguía manteniendo que los demás animales son comida. ¿O es que una cosa es la fauna silvestre, que habría que proteger, y otra, los animales «de granja» que pueden ser legítimamente explotados y asesinados? Igual que las gafas violeta te hacen estar siempre alerta para localizar los componentes sexistas de los diferentes ámbitos de la realidad, las gafas ecofeministas animalistas te llevan a observar de forma muy meticulosa si el cuidado y el amor que se declaran son en realidad un cuidado hipócrita y un amor violento.

Con esta idea en mente, preparé mi aportación al webinario, poniendo el foco en la educación en los valores ecofeministas de la ternura, el respeto o el cuidado, sobre la base de mi firme rechazo al androantropocentrismo. Recordé las conexiones entre los diferentes sistemas de dominación y cómo la inferiorización de los demás animales contribuye a la opresión de diferentes grupos huma-

* CSO-LA/2020/411-443, financiado por la Comisión Europea. Programa de Educación para el Desarrollo y Sensibilización de la Comisión Europea (DEAR).

nos. Como es obvio, resalté las partes del manifiesto en las que se hablaba de que el nuevo sistema alimentario justo y sostenible debía garantizar los derechos de las personas, de la fauna, de la flora y del planeta. Y, desde ahí, mantuve que, cuando reivindico el derecho al alimento y a la soberanía alimentaria, pienso siempre en alimentos vegetales y nunca en «sujetos-de-una-vida», pues un sistema alimentario basado en la explotación de los demás animales nunca será ni justo ni pacífico ni sostenible.*

Varias especialistas de diversos ámbitos compartimos conocimientos. Entre otras muchas cuestiones, se mencionaron (de pasada) las macrogranjas y el maltrato animal y se reivindicó (de pasada) el respeto para los no humanos. Yo me preguntaba todo el tiempo: ¿ese respeto es el verdadero respeto o el «respeto» compatible con instrumentalizar y asesinar? Aunque, para mi gusto ecofeminista animalista, no se prestó la atención debida a la cuestión de la explotación de los demás animales, dialogamos en un espacio enriquecedor. Cuando se terminaba el encuentro, nos dieron voz por última vez, por si queríamos añadir algo. Yo aproveché la oportunidad y volví a mi obsesión por definir bien los conceptos. Dije:

> No debemos tergiversar los significados de los conceptos en el sentido de, por ejemplo, hablar de «bienestar animal» dentro de la ganadería, ya sea extensiva o intensiva. Acabar con una vida que quiere seguir viviendo nunca es bienestar. Además, tenemos que poner el foco, cuando hablamos de sistema alimentario, en que una de las cuestiones más urgentes es dejar de consumir productos que vienen de la explotación de los demás animales, ya sea en ganadería industrial o en ganadería extensiva. Muchas ve-

* Recordé también el drama de que la biodiversidad —eje del buen funcionamiento de los ecosistemas— esté siendo exterminada. Y aporté los datos escalofriantes del *Informe de la distribución de la biomasa en la Tierra*: en términos de biomasa, los mamíferos salvajes ya solo representan un 4 %, frente al 36 % de los humanos y el 60 % de los animales explotados para satisfacer nuestro gusto por su sabor. En lo que respecta a las aves, solo el 30 % son salvajes, siendo el 70 % aves explotadas (Bar-On, Philips y Milo, 2018).

ces olvidamos todas las repercusiones tan terribles que tiene también esta última en cuanto a uso de territorio, contaminación, etc.

La moderadora valoró mi aportación, no sin dejar de señalar lo controvertida que resultaba. En el siguiente turno, una compañera dijo que mi intervención «no era más que» una evidencia de cómo la «confrontación» y la discusión están presentes en todos los ámbitos y que era uno de los retos importantes en cualquier construcción colectiva. Mmmm... ¿Así que llamar a las cosas por su nombre, exigir rigurosidad en los conceptos, señalar los efectos negativos de toda ganadería *no es más que* un acto de *confrontación*? ¿Por qué molesta tanto la verdad?

Es cierto que, en términos de cantidad de mal en todos los aspectos (sufrimiento animal, explotación laboral, contaminación...), la ganadería intensiva es un infierno mucho mayor. Pero yo, con mi firme compromiso con los valores de la no violencia, siempre aspiré a un mundo sin explotación animal de ningún tipo, ni la mala ni la peor. Me molestaba cuando Plumwood proponía «una política de alianzas que integre satisfactoriamente preocupaciones de justicia para los no humanos con las de movimientos de justicia para humanos»,[117] rechazando especialmente la «agroindustria racionalizada» y las fábricas de carne como «la principal forma sistemática y racionalmente construida de abuso entre otras múltiples formas de abuso contemporáneo sobre los animales».[118] Me parecían insuficientes esas alianzas de ecofeministas animalistas, pequeños productores agropecuarios, asociaciones de consumo centradas en la salud alimentaria y asociaciones de protección y liberación animal.

Mi objetivo siempre fue la completa abolición de la explotación de los demás animales, fuera en la práctica que fuera. Pero he llegado a entender la necesidad de avanzar paso a paso gracias, entre otras cosas, a mis conversaciones con David Clough,* quien me hizo ver que, aunque tengamos claro el ideal de la abolición, tenemos que ser prácticas y abordar, al menos, la cuestión en la que gran parte de las personas estamos de acuerdo: que las granjas in-

* Uno de esos «hombres que se hacen vegetarianos [y que] desafían una parte esencial del rol masculino» (Adams, 2016: 119).

dustriales son un horror tanto para los humanos como para los demás animales.*

En sus estudios, Clough ha constatado que la mayor parte de los animales terrestres y acuáticos que son reducidos a comida provienen de la explotación intensiva que no les permite florecer de acuerdo con su naturaleza. Estas prácticas «les someten a modos de vida monótonos, ofreciendo muy pocas oportunidades para desarrollar sus comportamientos preferidos, les causan un sufrimiento significativo y, por lo general, hacen que sus vidas sean muy cortas».[119] Atender a lo que les hacemos a los demás animales, así como a la naturaleza y a la propia humanidad, nos permite sacar conclusiones de las que deberíamos tomar nota.

He aceptado, pues, que sin perder de vista el ideal de la abolición de toda explotación, conviene intentar acabar primero con las prácticas más violentas, contaminantes y destructivas en tantos aspectos. No obstante, no dejaré de exigir que no se tergiversen los conceptos y que se acabe con todas las prácticas de violencia que no sean esenciales para la propia supervivencia. Seguirá incomodándome que se hable de «empleo cariñoso y respetuoso» en la caza o en la ganadería,[120] que se considere un ejemplo de «percepción afectiva del mundo no humano» la caza de los indios sioux[121] o que se defienda la protección y conservación de las vacas sagradas de la India como «recursos vivos [que son] fuente de vida».[122]

No dejaré de proclamar que no quiero para mí el «cariño» y el «respeto» que supuestamente se dan en las prácticas de explotación extensiva (y, como no lo quiero para mí, tampoco lo quiero para el resto); que, aun aceptando que las cosmovisiones y prácticas de algunos pueblos y comunidades indígenas biocéntricos abrazan la interdependencia y son menos violentas que las despreciables prácticas occidentales de explotación, para mí, un mejor ejemplo de «percepción afectiva del mundo no humano» son los

* Por pensar solo en uno de los grandes problemas que se nos avecinan, hablemos de la pérdida de efectividad de los antibióticos en humanos por el uso y el abuso en animales explotados («Directrices de la OMS sobre el uso de antimicrobianos de importancia médica en animales destinados a la producción de alimentos. Reseña política», noviembre de 2017).

cuidados que se dan en los santuarios de animales; y que, incluso respetando algunas prácticas de uso sin explotación ni asesinato esenciales para la vida humana, no dejaré de afirmar que «yo preferiría ser una vaca libre considerada un fin en sí misma que una vaca sagrada concebida como un "recurso vivo"».[123]

Poco después del webinario, desde el mismo proyecto, las organizadoras nos propusieron escribir un artículo para la *Guía para un sistema alimentario consciente*. Yo dudé por varios motivos. El primero, el de siempre: tenía tantísimo trabajo acumulado que añadir una tarea más me iba a dejar sin ningún tiempo libre. El segundo: la organización se reservaba el derecho a rechazar o transformar los artículos que no estuvieran en armonía con el objetivo del proyecto. Esto me preocupaba especialmente porque, si me decidía a escribir, iba a hacerlo sobre cuestiones «controvertidas». No quería trabajar más allá de mis fuerzas para que luego me rechazaran el artículo. Así se lo comuniqué y ellas, muy amables y cuidadosas, me animaron a escribir. Para mi alegría, me aceptaron el texto sin ningún cambio.

Nos proponían escribir un artículo motivacional, que potenciara el cambio. Mi escrito versaba sobre «Equilibrio en el sistema alimentario: personas, planeta, ecosistemas y los otros animales». Empecé así:

> ¿Y si la transformación del sistema alimentario hacia un sistema justo y no violento fuera más fácil de lo que pensamos? ¿Y si tuviéramos una opción sencilla de implementar que aúna ética, estética, sostenibilidad ambiental, empatía y respeto? [...] La gran mayoría de las personas optaríamos por ese camino, ¿verdad? Pues ese camino está ante nosotras, aunque se nos quiera ocultar. Es el camino que rechaza la violencia, que se toma en serio los conceptos de bienestar, respeto y cuidado, que atiende a las interconexiones entre los distintos tipos de dominación y que se compromete con la protección y liberación de todos los oprimidos y oprimidas. [...] Es el camino del veganismo ecofeminista que amplía los valores de la ética del cuidado más allá del mundo humano. Es el camino del amor y de la empatía. Entonces, ¿por qué no lo tomamos? ¿Por qué seguimos transitando el

camino del egoísmo y de la violencia que nos lleva a la injusticia y al ecocidio? ¡Urge transformar nuestra forma de estar en el mundo!

[...] Hay mucho trabajo que realizar, especialmente desde la educación y desde el mundo de lo simbólico. Sabemos que caminamos hacia el abismo y que la crisis civilizatoria en la que nos encontramos exige evolucionar hacia sociedades ecofeministas. Los cambios que precisamos son radicales. Pero podemos empezar por un pequeño cambio que supondría una auténtica revolución en cuanto a sostenibilidad, empatía, justicia e igualdad. Es solo un cambio de conductas (que, por supuesto, debe ir seguido de una deconstrucción profunda de los valores y la cosmovisión androantropocéntrica), pero es un cambio que realmente puede marcar la diferencia. Porque, si es mejor para la salud, para la biodiversidad, para los suelos, las aguas, los otros animales, las plantas y las personas, ¿por qué no decidimos ya sacar al resto de los animales de nuestro plato? Así, se liberarían ingentes cantidades de tierra que podrían dejarse para que la naturaleza se regenerara, se reduciría notablemente la emisión de gases de efecto invernadero y el consumo de agua dulce, se generaría más alimento para las personas y se permitiría la supervivencia de las especies salvajes. ¿No ganamos en este proceso? Solo perderían las grandes empresas basadas en la explotación y la violencia sistemática contra los demás animales, esas empresas que aceleran el colapso ambiental y la desigualdad entre las personas. Creo que merece la pena intentarlo.[124]

Expliqué ideas ecofeministas que ya conocemos, hablé de los valores y las prácticas del cuidado y critiqué «el sistema alimentario basado en la mercantilización de los bienes comunes, en la explotación de los trabajadores y las trabajadoras, en la exclusión especialmente de las campesinas y en la violencia contra los otros animales» que «se funda en los valores androantropocéntricos, racistas y capitalistas». Igualmente, visibilicé las mentiras de la industria de explotación animal con sus conceptos hipócritas y tramposos: «Se habla de "bienestar animal", de "trato humanitario". Pero ¿realmente entendemos por bienestar el ser cosificado, privado de una vida en libertad y ser asesinado en el momento en el que tus dueños lo deciden? ¿Dónde hemos dejado la rigurosidad de los conceptos cuando nos enfrentamos al carnismo?». Señalé, además, que estas mentiras sirven para limpiar la conciencia de «aquellas personas que se preocupan un poco por los demás animales (pero no lo suficiente), porque les permiten mantener su estilo de vida basado en la violencia pensando que, en realidad, está basado en el cuidado y el respeto por los animales que se comen. Así, se cierra el círculo entre los intereses económicos de las corporaciones ganaderas y el deseo de quienes quieren consumir productos de origen animal sin remordimientos».

Abrí el melón incómodo de la ganadería extensiva:

> También en las granjas extensivas, encontramos el mismo discurso tergiversado. Se habla de «cuidados», incluso de «amor» y «respeto» hacia los animales que son explotados. Pero hablemos con seriedad: nosotras, las personas que queremos un mundo justo, ¿nos sentiríamos «cuidadas» si estuviéramos siendo reducidas a cuerpos para consumir? ¿El amor y el respeto incluyen cosificación, pérdida de libertad y una muerte terrible en un matadero regido por las normas y la velocidad del neoliberalismo? Hablemos con seriedad, por favor. Dejemos de dar a los términos el significado que más nos beneficia.

Y afirmé, además, algo poco popular:

> No olvidemos que, en los debates éticos sobre la consideración moral de los otros animales, la presencia de quienes se lucran de esa explotación elimina la objetividad. Quienes explotan no se preocupan por cuidar a los animales. Se preocupan por su negocio. Se preocupan por ganar dinero. [...] Hay que buscar alternativas de empleo, pero empleos socialmente valiosos que no perjudiquen a nadie (ni a las personas ni a los ecosistemas ni a las plantas ni a los otros animales).

Recalqué esta idea, pues huyo del cuidado hipócrita y del amor violento: «Si la ganadería fuera sostenible (cosa que no es ni puede ser), seguiría siendo un sistema alimentario injusto por la violencia y el androantropocentrismo inherente. La ganadería —ya sea intensiva o extensiva— nunca puede formar parte de un sistema alimentario que se considere genuinamente ecofeminista, porque el ecofeminismo redefine a nuestra especie de forma humilde, rechaza el androantropocentrismo y acepta y universaliza los valores del cuidado (del verdadero cuidado, no de ese cuidado que parte de la cosificación y acaba en un matadero). Cualquier ganadería es inherentemente incompatible con estos ideales».

En conclusión, propuse un sistema alimentario que, para ser justo y sostenible, debe basarse en los valores ecofeministas. Para ello, aposté por la coeducación ecofeminista basada en el cuidado no androantropocéntrico. Defendí también la revolución diaria de dejar de comernos a los otros animales. Asimismo, aplaudí las huertas vecinales urbanas y los comedores veganos organizados por «jóvenes conscientes de la importancia de unir lo individual con lo colectivo».

Valoré uno de los trabajos que más admiro, en el que más se muestra la percepción afectiva del mundo no humano: el trabajo en santuarios de animales como «espacios de paz en los que los animales rescatados del complejo industrial animal pueden vivir sin violencia y envejecer».

> Al igual que los humanos, los demás animales quieren tranquilidad, descanso, juego, desarrollar relaciones sociales, recibir caricias y no golpes, alimentarse de lo que les corresponde por naturaleza y no de pienso procesado, recibir medicamentos cuando los necesiten* y no constantemente para prevenir las enfermedades debidas al hacinamiento, ser respetados por sí mismos y no ser reducidos a objetos de los que extraer un beneficio, morir

* Mi prima Tatiana, que comparte su vida con numerosos animales, siempre me habla de la imposibilidad de que exista una industria del huevo ética, pues el precio de los medicamentos para las gallinas —que enferman constantemente— es mucho mayor que el precio de un nuevo pollito. Ella se encarga de cuidar y medicar a cada gallina enferma, igual que hace con los perros, gatos, patos o cabras con los que vive.

cuando les llegue el momento y no cuando alguien decida por ellos que ya no son rentables y que hay que mandarlos al matadero. Esto es lo que les ofrecen los santuarios de animales.* Las personas que los llevan, así como las voluntarias, ponen en práctica los preciados valores de la solidaridad, la compasión, la ayuda mutua, la no violencia, el cariño y el amor. Esto sí que es bienestar para los otros animales. Esto sí que son cuidados. Todo lo demás es palabrería, engaño e hipocresía.

Yo acabé muy satisfecha porque las coordinadoras quedaron contentas con el resultado. Me alegraba que un artículo así apareciera en una publicación sobre sistema alimentario. Es necesario que se escuchen voces alternativas que muestren incoherencias y otras posibilidades para la paz, el cuidado y el amor (que no sean hipócritas ni violentas), aunque esas voces vayan a generar disonancia cognitiva y reactancia.

Sigo en busca de herramientas que me permitan transmitir una propuesta de paz e igualdad más allá de nuestra especie sin generar rechazo. En la III Conferencia Internacional CHIC de Puerto Williams, titulada «Filosofías, educación y éticas para la conservación biocultural» a la que ya me he referido, bastantes personas se incomodaron con mis planteamientos, que, desde el comienzo, advertí que podían ser controvertidos. Mi principal interés en ese viaje era enriquecerme con otras perspectivas y, con suerte, abrir algún minimundo y dejar alguna semilla ecofeminista animalista. Cumplí ambos objetivos. El segundo un poco menos, pero sí que sucedió con varias personas,† así que me volví más que satisfecha.

Me habían invitado para hablar de ecofeminismo y ética animal, así que aporté los conocimientos que he ido desarrollando aquí. Para no repetirme ahora que me voy quedando sin páginas, voy a sintetizar al máximo. Comencé trasladándome a 1975, cuan-

* Mención especial al santuario El Hogar y a Elena Tova, con quien compartí unos días de aprendizajes y ternura: <https://fundacionelhogar.org/>.

† Por ejemplo, la periodista Paula Viano me entrevistó con una actitud de entusiasmo y solidaridad: <https://polo.umag.cl/?p=1957>.

do Rosemary Radford Ruether afirmó que la liberación de las mujeres y la solución a la crisis ecológica nunca serían posibles en una sociedad basada en relaciones de dominación, por lo que el feminismo y el movimiento ecologista debían tender puentes para «imaginar una transformación radical de las estructuras socioeconómicas básicas y de los valores subyacentes de la sociedad».[125] Ya hace más de cincuenta años que se están defendiendo las sinergias entre teorías y movimientos emancipatorios con perspectiva de género.

En estas sinergias, no todo vale. Hay condiciones feministas para que las uniones no sean nuevas «alianzas ruinosas», sino pactos justos y eficaces.[126] Así, en este proceso de retroalimentación, el ecologismo y las diferentes propuestas de la ética ambiental deben reconocer a las mujeres y sus aportaciones y no postergar sus intereses específicos. Recordemos la exigencia de Kelly de que los compañeros ecologistas renuncien a los privilegios de la «casta masculina».[127] Al mismo tiempo, habrá que deconstruir la masculinidad patriarcal androcéntrica y potenciar la empatía y la aceptación de la vulnerabilidad especialmente en los hombres. Igualmente, defenderemos el legado emancipatorio del pensamiento ilustrado.[128]

En mi charla, resalté una condición especialmente relevante que ya hemos visto: *no todas las prácticas culturales son moralmente defendibles.*[129] Urge apartarse del «multiculturalismo beato».[130] La justa crítica al etnocentrismo no debe conducir a una reverencia de cualquier práctica de otra cultura. Todas las culturas tienen algo valioso que aportar, pero también todas tienen que pasar por un proceso de crítica en el que se analice cómo se trata a quienes han sido categorizados como Otros u Otras: mujeres, personas homosexuales, personas con discapacidad, animales o el resto de la naturaleza. Rechazaremos cualquier idealización y estudiaremos en profundidad si la cultura en cuestión mantiene prácticas opresivas. En caso afirmativo, no evitaremos rechazar esa parte. No se desechará toda la cultura, pero sí las tradiciones de dominación. Defender a ultranza todas y cada una de las prácticas culturales solo porque son propias de una cierta sociedad humana implica negar la posibilidad de progreso moral y mantener una actitud y una conducta acríticas, interesadas y arrogantes. Y, si perdemos el pensamiento crítico, entonces ya sí que nos olvidamos de «luchar por la esperanza».

Los estudios psicológicos nos han mostrado que «las personas necesitan convencerse a sí mismas de que son seres decentes y razonables».[131] Cuando la cognición sobre nuestra propia decencia, justicia y razonabilidad choca con la realidad de los actos injustos que perpetramos, nos enfrentamos a una disonancia que trataremos de evitar con mecanismos como la negación. Y a la vista de los fuertes lazos grupales que nos unen, parece que haremos lo mismo si es nuestra sociedad la que mantiene actos opresivos o injustos. Por lo tanto, debemos estar muy pendientes para no alejarnos de nuestra capacidad (auto)crítica esencial para la evolución personal y social.

Partiendo de que «un "tema feminista" es cualquier tema que contribuya de alguna forma a comprender la opresión de las mujeres», pasé a sostener que la violencia y la explotación de los demás animales es necesariamente un tema feminista.[132] Para probar mi tesis, empecé analizando los cuatro grabados de William Hogarth en *Las cuatro etapas de la crueldad* (1751), que representan en imágenes lo que ya hemos constatado con estudios: la correlación entre la crueldad contra los demás animales y la violencia contra las personas y, específicamente, la violencia de género. El protagonista, que tortura animales en la infancia y en la edad adulta, termina asesinando a su mujer embarazada. Comprobamos, así, las consecuencias nefastas del androantropocentrismo. ¿Cómo construir, entonces, una cultura de paz, igualdad y sostenibilidad sin desarticular ese pensamiento opresivo?

A partir de las similitudes en las formas de someter a los demás animales y a ciertas personas bestializadas o animalizadas, defendí el respeto para unos y otras. Aposté, con Simone Weil, por la preocupación por el resto, aceptando que «el amor hacia nuestro prójimo en toda su plenitud significa simplemente poder decir: ¿qué te está pasando?».[133] Reconocer al Otro, mirarlo, cuidarlo y comprometernos con acabar con las violencias que puede estar sufriendo, sea o no sea de nuestra especie: ese es el ideal ecofeminista que propuse (y que propongo).

Acudí a la ética dialógica del cuidado para el trato a los animales de Donovan, con su idea de que «el concepto de cuidado debe extenderse para que pase a significar [...] "preocuparse por lo que nos están diciendo"».[134] Sabemos ya que el diálogo con los demás animales se puede dar si mantenemos la atención, la imaginación y la sensibilidad para interpretar lo que nos están expresando. Desde aquí, enlacé con algo que habíamos vivido unos días antes: visitamos el Parque Etnobotánico Omora y nos enseñaron el trabajo de seguimiento que se realiza con las aves, a las que se anilla para conocer y estudiar su recorrido. En la visita, uno de los compañeros, sin dejar de apoyar ese trabajo por los beneficios para la ciencia, planteó una reflexión incómoda, pues señaló que no podemos preguntar a las aves si les gusta ser anilladas. Lo que yo mantuve en mi charla es que, en realidad, sí que sabemos si les gusta o no, porque nos lo dicen, aunque no sea en nuestro idioma. Otra cosa es que se busque un bien mayor para la ciencia y que el estrés de las aves sea un daño colateral moralmente aceptable. Pero que no les gusta, eso lo sabemos de sobra.

Con Katherine MacKinnon, defiendo una reflexión rigurosa sobre lo que nos dicen los demás animales antes de atrevernos a hablar en su nombre. Como bien observa, los otros animales se resisten frecuentemente a la hegemonía humana. «Si huyen, emiten su voto con sus cuerpos. Muerden, gritan, se niegan a dar afecto, se acercan con cautela, se escapan volando o nadando».[135] ¿De verdad somos capaces de fingir que no entendemos lo que nos dicen con esos actos? Otra cosa es que nos dé igual lo que nos transmiten. Pero saberlo, lo sabemos.

Desde mi conocido compromiso con los conceptos rigurosos, pasé al análisis de la idea de que «conceptualizar es politizar». ¿Qué políticas podremos llevar a cabo si empleamos conceptos distorsionados? ¿Serán diferentes las políticas si hablamos de *caos climático* en lugar de hacerlo de *cambio climático*? ¿Y si nos referimos al *exterminio de la biodiversidad* en lugar de a la *pérdida* de esta? Los conceptos nos permiten ver qué es lo que está pasando. Y, dependiendo del concepto que utilicemos, intervendremos de una forma o de otra. He ahí la fuerza de la conceptualización. He ahí lo que aporta el pensamiento filosófico.

Así pues, me enfrenté a los conceptos de *cuidado, bienestar* o *amor* en nuestra relación con los otros animales. Igual que nos preguntamos desde el feminismo: ¿es amor lo que demuestra un hombre que maltrata a su mujer y que dice que la pega porque la quiere? Desde el ecofeminismo animalista, planteamos: ¿es cuidado, amor o bienestar lo que se les da a los otros animales en las diversas prácticas de explotación? ¿Mantener esto no sería más bien una «afirmación desconectada», es decir, una manipulación interesada del significado de los conceptos? Porque los portavoces de la industria de explotación animal «definen las condiciones y tratos de estos animales como "humanos", así como reafirman su compromiso a favor del "bienestar animal". Considerando que estas palabras tienen un significado preciso, sabemos qué deberíamos esperarnos: por ejemplo, trato y condiciones que reflejan compasión, solidaridad y piedad, condiciones y trato para un incremento de la buena suerte, de la salud, de la felicidad y del sentirse bien de estos animales. En la práctica, nada más lejos de la verdad».[136] Como bien critica Tom Regan: «Esta gente nunca para de repetirnos que tratan a los animales con humanidad, responsabilidad, consideración por su bienestar y más. Sin embargo [...], las personas intelectualmente honestas comprenderán que los portavoces de dichas industrias otorgan a esas palabras el significado que quieren».[137] Aquí está la clave. ¿Somos intelectualmente honestas?

Porque si aceptamos, como ya hicimos, que la violencia es la antítesis del cuidado,[138] nunca podremos entender que es cuidado lo que pasa en esta industria. Para profundizar en esta idea, analicé la página web de una famosa empresa española de leche, en la que presume con emojis de garantizar las condiciones básicas del bienestar animal.[139] Me centré en los cuatro aspectos que me parecen más problemáticos: aseguran la ausencia de hambre prolongada, la facilidad de movimientos, la expresión del comportamiento social típico de la especie y la ausencia de miedo.

En el primer caso, no hace falta indagar mucho para ver el cinismo de la afirmación. ¿Si no padeces hambre «prolongada», disfrutas de bienestar? ¿Es bienestar padecer hambre puntual? Y, bueno..., en los otros casos, pues más de lo mismo. ¿Tú consideras que tienes garantizado tu bienestar si tienes «facilidad» para moverte en lugar de LIBERTAD para moverte e ir a donde quieras? Pues nada más que decir. Y lo de que garantizan el comportamiento social típico de la especie... Olvidaba que lo natural en las vacas es ser inseminadas a la fuerza, separadas de sus crías y ordeñadas artificialmente (esto es, sin que su bebé mame) para que la leche se la queden los humanos. Hay que tener poca vergüenza. Y lo de la ausencia de miedo...; vuelvo a la idea de que los animales, cuando huyen, están emitiendo su voto con sus cuerpos. ¿De verdad nos creemos que esas vacas, que acaban en el matadero cuando dejan de ser productivas, van allí tranquilas y cómodas en camiones atestados y contemplan sin terror cómo las van conduciendo a empujones hacia la fila en la que verán cómo sus compañeras van siendo asesinadas? ¡¡Hay que tener poca vergüenza!! Mejor dime que no te importan nada esos animales que tratas como objetos y así por lo menos no me mientes en mi *%*&*$* cara.

Para profundizar más en el cuidado hipócrita y en el amor violento, analicé una parte especialmente sangrante del documental *Cowspiracy*. Con el fin de probar la viabilidad ambiental de la ganadería extensiva, Kip Andersen visita una explotación familiar en la que la explotadora comenta que está en el negocio de la carne porque «ama» a los animales. En mi presentación, no dudé en añadir el emoji de cara de susto, gritando, porque no soy capaz de desarrollar un concepto de amor que sea compatible con acabar con la vida de alguien que quiere seguir viviendo. No lo era entonces y sigo sin serlo ahora después de haber pensado mucho en las críticas que recibí.

Lo siento, pero seguiré pensando que no quiero que las personas que tienen ese concepto de amor y cuidado que es tan extraño para mí me amen o me cuiden. Me da miedo ser amada y cuidada desde esas premisas. Esto es lo que dije con respecto a lo que afirma la hija de los explotadores ganaderos: que no quiero ser su amiga. Esta niña rechaza la idea de que los cerdos sean animales sucios y desagradables. Afirma que le gustan mucho. Para ella, esos animales pueden ser como «tu mejor amiga» o como «tu hermana». Mientras los acaricia, se ríe cuando dice que no debería generar lazos con ellos porque se convertirán en beicon. Desde luego, yo no quiero ser amiga de esta niña. En mi concepto de amistad, no cabe el reducir a beicon a mi amiga. En mi concepto de cuidado, no cabe acabar con la vida de alguien que quiere seguir viviendo y experimentando su mundo. El único amor, la única amistad y el único cuidado posibles hacia los demás animales son aquellos en los que respetamos sus vidas y, aplicando la compasión, protegemos sus hábitats y escuchamos lo que nos dicen. Además, la intervención para acabar con el sufrimiento no se detiene en los animales domesticados, sino que se extiende también a los salvajes.[140]

Acepto la diferencia esencial entre la manera de relacionarse con la naturaleza y con los demás animales en el occidente androantropocéntrico y la forma de hacerlo en sociedades como los sioux[141] o los aborígenes australianos.[142] Mucho tenemos que aprender de algunas epistemologías indígenas en cuanto a nuestra propia naturaleza y en cuanto a formas de comportarnos. Pero me sigue incomodando la exigencia de respetar todas y cada una de las prácticas culturales humanas, aunque estén basadas en violencia y no sean necesarias para la propia supervivencia.

No se puede proclamar un respeto absoluto hacia todas las prácticas culturales sin poner en peligro los derechos humanos o la vida de animales y plantas y el buen funcionamiento de la biosfera. Las feministas lo sabemos muy bien cuando nos enfrentamos a tradiciones misóginas como la mutilación genital femenina, el planchado de pechos o los matrimonios infantiles. ¿Hay que respetar esto solo porque sean prácticas culturales tradicionales? Es una exigencia ética y política mantener protecciones externas para que las culturas minoritarias no sean fagocitadas por las mayoritarias.[143] Pero también lo es rechazar las restricciones internas que las culturas imponen a sus miembros si estas atentan contra sus derechos individuales y contra sus libertades básicas.[144] Lo mismo podemos decir de las prácticas culturales basadas en la violencia contra los demás animales o en la destrucción del resto de la naturaleza. Sin restar valor al patrimonio cultural, debemos revisar eso que se define como patrimonio, no vaya a ser que acabemos legitimando prácticas sádicas como, por ejemplo, la tauromaquia, ignorando que patrimonio cultural ético solo es, en este caso, la tradición antitaurina.[145]

Sé que soy obstinada y que hay pocas probabilidades de que

alguien me convenza a estas alturas de que lo que hay en prácticas como la caza relacional es cuidado y respeto. Puedo aceptar que hay una actitud más consciente y menos cruel, pero, para mí, el verdadero cuidado y el verdadero amor son los que se practican, por ejemplo, en los santuarios de animales. Ese es y será mi caso paradigmático de «percepción afectiva del mundo no humano». Que haya algunos lugares en los que los humanos no pueden sobrevivir sin explotar a algunos de los animales con los que conviven no puede servir de justificación para la universalización del modo de vida basado en la explotación y en la violencia contra esos seres vivos que quieren experimentar sus vidas sin dolor.

Deberíamos acercarnos a esos otros seres vivos desde la ética feminista del cuidado de los otros animales de Donovan y Adams, que incluye la atención, el activismo, el reconocimiento de la interdependencia y la aceptación del dolor. [146] «El luto es un hecho en una cultura que destruye animales. El dolor es el don de la conciencia. Porque nos importa, vamos a sentir dolor. No lo ocultaremos ni nos avergonzaremos de él».[147] Y esto se extiende también, como señala quien fue mi anfitrión en Puerto Williams, Ricardo Rozzi, a los cohabitantes a los que muchas veces no se presta atención, como los invertebrados, que, si desaparecen, pueden desencadenar cascadas de extinción. En una línea que me resultaba similar a la de Adams, afirma:

> Estas cascadas de coextinciones debieran despertarnos un sentido de duelo: un dolor por la pérdida masiva de pequeños cohabitantes, una aflicción por su exterminio y una demanda social por cuidarlos, incluyendo los hábitats donde ocurren sus interacciones ecológicas.[148]

Las críticas no se hicieron esperar. Cayeron en cascada como esas extinciones terribles. «Sorprendentemente», una charla sobre ecofeminismo no generó ningún interés por el ecofeminismo. Todo lo que se criticó fue lo relativo a los demás animales. Se me habló de formas de amor culturalmente situadas en las que el amor al cerro en el que habitan ciertas personas se demuestra con sacrificios de llamas que luego se consumen en conjunto; de las sensibilidades rurales en las que el abrazo de la niña al cerdo mientras se ríe de que vaya a ser convertido en beicon no generan el horror que me causa a mí; de la necesidad de problematizar la agricultura extensiva; del conflicto entre la preocupación por el dolor individual y la conservación del ecosistema cuando nos enfrentamos a las llamadas especies invasoras; de que las plantas también son moralmente relevantes.

Se me acusó de aportar una perspectiva colonialista con respecto al sur global por no aceptar afectividades situadas. Yo había hablado también de propuestas del sur, como la de Aimé Tapia, cuando sostiene que «un análisis en torno a los paralelismos entre la discriminación hacia los pueblos indígenas, las mujeres y los animales no humanos puede ayudar a entender la estructura sobre la que se fundamenta la lógica de la dominación».[149] Y había terminado mostrando que, en el feminismo latinoamericano, también se presta atención al dolor de los demás animales, como cuando María Galindo sostiene: «Las llagas de los animales calcinados son las mismas que las de una mujer brutalmente violada, los aullidos de espanto de los animales que mueren con la boca abierta de dolor se me confunden en la sien con los de las mujeres asesinadas por quienes necesitan matarlas y retenerlas como propiedad. [...] Es el sufrimiento de los animales contra nuestros pechos el que puede sacarnos de un jalón del androcentrismo, para intentar comprender y sentir a los animales».[150] Pero, al parecer, nada de esto implicaba «situar» también la defensa de los demás animales en pensadoras y activistas del sur. Pareciera que el vegetarianismo fuera una práctica exclusivamente occidental, racista, clasista y colonialista. Como si budistas o hinduistas no la hubieran practicado históricamente...[151]

Tristemente, se ve que, en el tema animal, se mueve toda la confrontación y la imposibilidad de acuerdos. Las prácticas culturales de acabar con la vida de otros animales en las que se afirma que hay cariño y cuidados merecen más respeto que esas vidas que se cercenan. Ya había mantenido que es obvio que hay contextos en los que el ideal del veganismo es imposible o difícil de aplicar. Incluso puede no ser deseable.[152] Las implicaciones morales cambian según el caso. Efectivamente, ¿cómo considerar éticamente rechazable el consumo de la carne de algún animal en personas desnutridas?[153] Aquí, nos encontramos con un conflicto de intereses iguales.[154] El problema surge cuando se enfrenta el interés de vivir y florecer de un animal con el interés por el sabor del cuerpo de ese animal. ¿Por qué sigue prevaleciendo este último interés? Claramente, porque es el de alguien entendido como superior frente a alguien despreciado. En la misma medida, ¿por qué prevalece el interés de hombres por satisfacer sus deseos sexuales sobre el interés de las mujeres y las niñas en situación de prostitución por disfrutar de su libertad y de una vida libre de violencia? Pues por el mismo motivo que en la pregunta anterior. Qué bien opera la lógica de la dominación (emoji de cara triste).

No dejaré de preguntarme: ¿por qué sigue molestando tanto que se plantee una posible universalización de un ideal de no violencia, aceptando las excepciones culturalmente situadas? ¿Por qué se considera que la propuesta del veganismo es colonizadora y descontextualizada cuando propuestas similares se han desarrollado también en el sur global? ¿Por qué se ignora la posibilidad de que las ecofeministas animalistas occidentales dialoguen «en condiciones de equidad con las mujeres del sur que encabezan movimientos socioambientales, y que a partir de este encuentro se construyan alternativas civilizatorias que apunten hacia una ética no especista, sin dejar de lado la justicia de género y la pluralidad cultural»?[155]

Al mismo tiempo, ¿por qué se invisibiliza el hecho de que «el consumo abundante de carne [...] no es solo un símbolo del poder masculino; es un índice de racismo»?[156] ¿Por qué se oculta la realidad de que ese consumo abundante que se hace posible gracias a la ganadería se impuso en América, Australia y Nueva Zelanda como consecuencia de la colonización europea?[157] ¿Por qué molesta tanto la invitación a adoptar el veganismo, invitación entendida como imposición colonial, mientras se ignora la clara imposición colonial de la ganadería?[158] ¿Por qué se rechaza la propuesta de universalizar el veganismo siempre que sea ecológicamente posible simplemente porque la presente una persona europea, pero se asumen como propias prácticas que se impusieron desde Occidente, como el uso del caballo?* ¿Por qué molesta más el ideal del veganismo ecofeminista que el colonialismo del siglo XXI en el que se impone el consumo de hamburguesas hasta en zonas como Tailandia o Groenlandia[159] y «la macdonalización de la comida mundial, que ha originado la destrucción de sistemas alimentarios sostenibles»?[160] ¿Por qué tantas personas ignoran la estrecha relación entre ganadería, colonialismo, exterminio de poblaciones indígenas y destrucción de la naturaleza?[161] Sigo dando vueltas a estas cuestiones.

Una asistente me señaló que yo no salía de la lógica dicotómica por separar violencia y amor y por arrogarme la capacidad de determinar lo que es violencia. Para esto último, mantengo la definición de Adams: «Matar hiriendo a un ser que de otra forma seguiría vivo [y que querría seguir estando vivo] es violencia».[162] Y, para lo primero, me remito a lo que vimos en el segundo capítulo con respecto al pensamiento dualista: jerarquiza elementos que, de otra manera, serían igualmente valiosos. Pero ¿de verdad entendemos que el amor y la violencia se encuentran al mismo nivel y poseen el mismo valor? ¿No partimos del acuerdo básico de que, por esencia, el amor es algo positivo y deseable, mientras que la violencia es... algo... digamos... menos deseable?

En mis razonamientos y en mis emociones, nunca cabrá la unión del amor con la violencia. Podré entender perspectivas antropológicas en las que acabar con la vida de un animal y cocinar su cuerpo sean parte de un acto socialmente valioso, pero el hecho no dejará de herirme y entristecerme. No dejaré de desear un mundo en el que sea posible que florezcan otras prácticas culturales.

Ya admití que, al razonar en el plano teórico, sin el contacto con personas, tengo ciertos problemas para aceptar otras visiones del mundo. En el contacto directo, puedes llegar a matizar o transformar tus conductas, aunque no cambien tus emociones ni tu actitud. Así, hace muchos años, mi abuela paterna cocinó con mucho amor una tortilla de patatas. A la hora de la cena, le dije que no consumía huevos. Era difícil para ella, que había vivido las privacio-

* Véase la conferencia de Nuria Almirón «Cultura de la carne y crisis climática», V Ciclo AVHA, 11 de julio de 2020, <https://www.youtube.com/watch?v=ekRVCHVg9M8>.

nes de la guerra y de la dictadura en España, entender lo que yo estaba planteando. Desconcertada, me preguntó: «¿Cómo no te vas a comer la tortilla que te ha hecho tu abuela?». ¿Cómo no iba a hacerlo, al ver a esa mujer que tanto había sufrido en su vida ofreciéndome con ternura el resultado de su trabajo? ¿Era ella capaz de ponerse en el lugar de las gallinas condenadas a poner huevos hasta ser enviadas al matadero cuando, exhaustas, dejaran de hacerlo? ¿Era posible, para mí, mantener la convicción en los valores del cuidado, flexibilizando mi conducta en un caso concreto tan específico?

En el CHIC se me exigió que me acercara a los casos concretos y que reflexionara sobre las afectividades situadas. Yo propuse mi reflexión situada, la de una mujer blanca, occidental y académica, que sufre enormemente ante el sufrimiento de quienes la rodean —humanos y otros animales—; que sigue teniendo el impulso de pegar a quien mata lagartijas, pero que lo desvía a la reflexión ética; que se incomoda cuando se propone acabar con animales miembros de una especie considerada invasora porque desequilibran el ecosistema;* que plantea un concepto muy concreto del cuidado, del amor y de la amistad; que puede llegar a entender otras prácticas culturales, pero que observa los terribles riesgos de unir amor y cuidado con violencia e instrumentalización; que, en fin, aspira a escalar y a compartir escalada con quienes quieran un mundo pacífico y cuidadoso.

A pesar de algunas críticas que me incomodaron y que me siguen rechinando, el entorno fue de cuidados, afectos y amistad (de la que no te convierte en beicon). Cuando acabó mi intervención, varias personas se me acercaron para ver cómo estaba emocionalmente después de la experiencia. Me sorprendió y agradó este apoyo, pues estoy más que acostumbrada a lidiar con la reactancia e,

* Si no mantuviéramos el antropocentrismo, se propondría la misma solución en el caso de la especie que más desequilibra los ecosistemas: la humana (Faria, 2012). Como entendemos que esto es una locura, buscamos otras soluciones que no atenten contra la vida de los individuos. ¿No podemos hacer lo mismo con los otros animales? Además, también podríamos repensar el concepto de *especie autóctona* (Thompson, 2016).

incluso, con la agresividad y las faltas de respeto. En este caso, no hubo insultos ni malas maneras (no demasiado evidentes, al menos). Después, hubo personas preocupadas por mí que trataron de reconfortarme. A la mañana siguiente, coincidí en el desayuno de nuestro alojamiento con Weronika Weil y con otra compañera. Esta última me dijo que había disfrutado muchísimo con mi intervención y que no le había gustado la reacción de algunas personas. Weronika, con la que tuve la suerte de compartir vivencias durante esos días, me dijo:

—No te dejes amedrentar.

—¿Te parece que soy de las que se amedrentan fácilmente? —respondí, riéndome.

—No, pero no cambies tu perspectiva por enfrentarte a ciertos comentarios y comportamientos. Es muy valioso lo que haces.

Sigo dando vueltas a todas las apreciaciones que se plantearon y trato de repensar los aspectos más problemáticos, pero no dejo de ver que, en el tema de nuestra relación con los demás animales, mostramos a las claras nuestro modo de ser moral. En demasiadas ocasiones, ahí se detiene el progreso de nuestra compasión. Nadie me exigió que respetara prácticas culturales machistas, nadie me reclamó que desarrollara un concepto de amor o de cuidado culturalmente situados que fueran compatibles con el maltrato a las mujeres o a las personas homosexuales. En lo que toca a los derechos humanos, todo el mundo estuvo de acuerdo en que las tradiciones no pesan más. Pero, si esas tradiciones tienen que ver con matar animales, ahí la cosa cambia. Ahí lo que más se defiende es el «multiculturalismo beato».

Además, por suerte, el pensamiento del sur global no es monolítico, al igual que no lo es el pensamiento occidental. Encontramos personalidades disidentes que no se conforman con reivindicar orgullosamente todas las tradiciones de su cultura porque entienden que no todas son respetables. Esto es así en lo que respecta a nuestra relación con los demás animales y con el resto de la naturaleza y, también, con la violencia contra las mujeres. ¿Las violaciones de niñas y mujeres indígenas guatemaltecas deben justificarse como prácticas culturales de esta comunidad? Lorena Cabnal ha recibido amenazas y se ha visto obligada a esconderse por haberse atrevido a criticar estas atrocidades, así como la minería.[163] Como vemos, las tradiciones se defienden con violencia demasiado a menudo. Hemos visto que el pensamiento dualista occidental ha servido para justificar la dominación. Por ello, debe ser deconstruido y sometido a crítica, pero no debemos limitarnos al pensamiento occidental. Criticaremos todas las epistemologías y prácticas que justifiquen y mantengan inferiorización, sometimiento y explotación.

Vimos la crítica de Kelly al militarismo como despilfarro económico y social. Medios y personas que podrían dedicarse a profesiones y actividades de paz son empleados en la violencia y la muerte. En una línea similar, no dejo de preguntarme: ¿dónde estaríamos si fuéramos capaces de ampliar nuestra compasión y si entendiéramos la insostenibilidad inherente a la ganadería? ¿Qué seríamos capaces de hacer si transformáramos las industrias de muerte en industrias de vida? ¿Qué pasaría si dejáramos de aceptar que el cuidado puede ser tal si incluye cosificación y asesinato? ¿Cómo reverdecería la naturaleza si liberáramos todo el espacio que se apropia la ganadería y dejáramos que lo ocupara la vida silvestre? ¿Qué posibilidades infinitas de imaginación, creación y transformación social podríamos desarrollar si todas las personas que dedican sus vidas a explotar a otros animales las dedicaran a crear negocios y formas de vida encaminadas al decrecimiento, al *rewilding*, al apoyo comunitario y a la no violencia?

Recogiendo las ideas de Kelly sobre la necesidad de sacar a los hombres de los ejércitos, he mantenido:

> Efectivamente, *debemos trabajar por fines consecuentes con los valores feministas.* Los valores feministas nunca incluirán la violencia, la opresión y la explotación. Los valores feministas nunca aceptarán la lógica de la dominación. Por lo tanto, hago mías las palabras de Petra Kelly y, con un pequeño retoque, afirmo que *debemos trabajar por fines consecuentes con los valores feministas. No debería haber ninguna mujer en las diferentes industrias y prácticas de explotación animal y crueldad contra los no humanos. Saquemos de allí a los hombres.* Y saquemos especialmente a la juventud para que no pierda su capacidad de ver a esos Otros desde la ternura y la compasión.[164]

En el texto para la *Guía para un sistema alimentario consciente*, mantuve que:

> Aunque adormecida por una sociedad neoliberal que nos bombardea con millones de estímulos que nos atontan y limitan nuestra capacidad creativa, podemos potenciar nuestra imaginación como un acto de rebeldía. Y si, además, cultivamos una imaginación compasiva, estaremos haciendo toda una revolución. ¿Por qué no imaginar otros trabajos que permitan a las personas garantizar su sustento sin dañar a ningún animal y sin comprometer la sostenibilidad del planeta? [...] Técnica, ciencia, pensamiento y arte pueden encaminarse a buscar otros empleos que no estén basados en la violencia. [...] ¡Qué bellas las personas que están creando otros mundos posibles basados en la cooperación, en la celebración de nuestra ecodependencia y en un cuidado y un amor genuinos!

Y pregunté:

> ¿Por qué seguimos coartando la libertad y atrofiando la empatía de nuestras criaturas al enseñarles machaconamente que comer otros animales es normal, natural y necesario? ¿Cómo sería el mundo si, desde la infancia, educáramos en el verdadero respeto por quienes son capaces de experimentar sus vidas? ¿Hasta dónde llegarían nuestros niños y nuestras niñas si, en lugar de ponerles un cuchillo en la mano para desgarrar el cuerpo de otro animal les invitáramos a acariciar, observar y conocer a esos individuos? ¿Una empatía expandida más allá de nuestra especie no ayudaría a aumentar la compasión también entre las propias personas?[165]

Esta es mi propuesta: cambiar la violencia por la compasión y cambiar la destrucción por el cuidado, por el cuidado sin violencia, por el cuidado de verdad. ¿Por qué molesta tanto? ¿Tal vez porque apunta directamente a nuestra adicción a la carne? ¿Tal vez porque nos exige cambios radicales en el sentido de renunciar a nuestros privilegios y a nuestras tradiciones violentas?

Hay a quienes les molesta de forma desmedida que las propuestas éticas y políticas exijan una merma de la propia libertad. Pero no entender que tiene que haber limitaciones en la autonomía es no entender nada. La ética tiene que ver con el desarrollo de una vida buena y justa. Pero:

> Como no vives sola, la ética tiene una cara B, que trata simultáneamente de otra cuestión fundamental, *qué límites te vas a poner en esta tarea de dar sentido a tu vida o de buscar la felicidad.* Escúchame, lo de poner límites no es optativo. [...] [L]a ética trata de los límites que te pones en la tarea de dar sentido a tu vida en relación con los demás. Nadie debe aceptar que unas personas pongan su vida al servicio del proyecto de otras, igual que nadie debe aceptar dar sentido a su vida a costa de los demás.[166]

El problema es que hemos limitado nuestro círculo de consideración moral y, en esos «demás», parece que solo caben los demás humanos (algunos, no todos, que los hay demasiado animalescos y «bestiales» como para que nos planteemos respetarlos...).

El conflicto entre nuestra autonomía y los límites a lo que queremos hacer demuestra, en cierto modo, nuestro compromiso con las relaciones que nos constituyen, con esas relaciones que están en la base de la ética del cuidado. ¿Aceptaremos limitar nuestros deseos para mantener el cuidado y el respeto en el centro de nuestra existencia? ¿Entenderemos las prácticas de dominación como prácticas rechazables? ¿O nos agarraremos a nuestro derecho a la autonomía y a las tradiciones para justificar la explotación de los demás? De la misma forma que los puteros se refugian en su supuesto derecho a satisfacer sus deseos sexuales, quienes contribuyen a cualquier práctica de explotación animal se resguardan en el supuesto derecho a la libertad. Pero, como señala Adams, la autonomía nunca puede implicar la dominación de otros, incluidos los demás animales. Deberíamos redefinir nuestra identidad en el sentido de analizar si requiere la dominación. El ideal es definirnos en relación con los demás animales, dejando de instrumentalizarlos y de proclamar el poder sobre ellos.[167] Y cambiando la relación de imposición sobre el Otro al que se conquista por una relación de cuidado con el Otro con el que se trabaja,[168] de ese cuidado que no te convierte en beicon. Desde estos minimundos, tal vez, la escalada sea más ilusionante, más placentera, más feliz y más respetuosa. ¿Hay esperanza en que así sea?

Epílogo

¿Hay esperanza? Y, si no la hay, actuemos como si la hubiera

> Busca en tu interior esa energía mágica. Busca la fuerza del bien que hay en ti y en todos los seres. Al igual que cada semilla, tú y todas las criaturas del mundo poseéis el poder y la magia de la creación. [...] Todos tenemos ese poder que aumenta cuando se comparte.
>
> Maga Luna, *FernGully*

En la famosa serie del final de la década de 1990 *Sexo en Nueva York*, unas editoras le proponen a Carrie que convierta sus columnas de periódico en un libro. Para ello, dicen, tiene que elegir sus textos favoritos y escribir una introducción y una dedicatoria en la que aclare el tono del libro.* Como ella escribe sobre relaciones afectivo-sexuales, después de las múltiples rupturas y decepciones con los hombres, le preguntan: «¿Hay esperanza o nos pegamos un tiro?». Debe elegir el mensaje que quiere transmitir. Aunque no está segura, su lado cínico le indica que el optimismo la ayudaría a vender más libros, así que se decanta por la esperanza. Eso es lo que he hecho yo (emoji de carcajada).

En realidad, desde que empecé a escribir este libro hace meses, he aguardado el momento de cambiar los tiempos verbales de ciertas afirmaciones que he ido haciendo. Esperaba poder hablar del genocidio que «se estuvo cometiendo» en Gaza, y no del genocidio que «continúa cometiéndose» mientras termino estas páginas. De forma muy ingenua, me hubiera gustado poder decir que todas las problemáticas de opresión y explotación que he abordado queda-

* Temporada 5, capítulo 2.

ban en el pasado. Ojalá este libro no se hubiera escrito. Ojalá se hubiera alcanzado ya esa cumbre de paz y compasión basada en los cuidados ecofeministas. Es obvio que no es así. Es obvio que las peores facetas del ser humano, de algunos humanos, de demasiados humanos, continúan existiendo y, tristemente, se acrecientan. A cada rato, pienso en incluir reflexiones sobre nuevas/viejas violencias que aparecen cada día en las noticias: el racismo bestial jaleado por algunos políticos y magnates (que, ya de paso, son pedófilos y otras tantas lindezas), la xenofobia desenfrenada y la deportación y el asesinato de personas migrantes (y no migrantes), la misoginia que brota de grupos de jóvenes (y no tan jóvenes) *incels*, el sexismo que mantienen jóvenes que idealizan la vida tradicional de la mujer cuidadora (y esclava), el aumento del consumo de productos que provienen de la explotación de los demás animales, la indiferencia hacia su dolor y la despreocupación estúpida por las repercusiones ambientales de esta industria criminal. Como ya dije, me cuesta mantener la esperanza. Pero sigo pensando que debemos actuar como si aún hubiera posibilidades de mejora. Si no, nos pegamos un tiro.

Vuelvo a la novela *¡Abajo las armas!* y doy voz a su protagonista:

> Después de todo, me decía, no es tan malo ni tan cruel el mundo, cuando en él se encuentran tantos tesoros de amor, tantos manantiales de piedad. Sé muy bien que esos sentimientos son patrimonio de algunas almas escogidas, verdaderas excepciones de la regla general, pero llegarán, en su día, a un desenvolvimiento general y completo, y, entonces, inspirarán y regularán las relaciones mutuas de la familia humana. Sí; el porvenir pertenece a la Bondad.[1]

¿Será así? ~~Seguramente no.~~ ¿Quién sabe?

En aquel viaje a Tenerife en el que me topé con la terrible historia de Akhere y con el ilusionante trabajo de quienes intentan acabar con la trata, tuve la suerte de poder conversar largo y tendido con Mabel Lozano (también con otras profesionales que dedican su vida a buscar la justicia y la igualdad, como Marina Subirats o Amparo Tomé, entre otras). Conocí muchos de los detalles de su trabajo contra la industria de la explotación sexual. Detalles profundamente macabros y perturbadores. Tras escuchar sus múltiples narraciones sobre las violencias de las que había sido testigo, le pregunté: «¿De dónde sacas la fuerza para seguir trabajando en esto, después de todo lo que has visto?».

—Mira —me contestó—, la historia de Yamilet Giraldo, de una mujer que, habiendo rehecho su vida, decidió denunciar a su proxeneta para que ninguna otra mujer tuviera que vivir el infierno que ella vivió de trata y prostitución; esa historia me da esperanza para cinco vidas.

Y esta contestación, al mismo tiempo, alimentó mi esperanza o, al menos, mis ganas de seguir haciendo algo, de seguir denunciando, de seguir escribiendo, de seguir cuidando, de seguir reivindicando el ecofeminismo animalista como ideal que, teniéndose que enriquecer con otras muchas propuestas en un diálogo respetuoso y atento, aporta elementos valiosos para continuar con nuestra escalada, con nuestro trabajo por un mundo mejor.

En las tinieblas, podemos encontrar algo de luz. Podemos acercarnos a muchos ejemplos de generosidad, improvisación, resolución y ayuda ante los desastres;[2] esos casos de «paraísos en el infierno»[3] que muestran que aún podemos tener fe en la sociedad civil. Para no pegarme un tiro, me aferro al trabajo voluntario de ayuda y apoyo mutuos;[4] a esas personas que, como «arquitectos insurgentes»,[5] emplean sus capacidades en construir «utopías cotidianas»,[6] mejores versiones del mundo que habitamos; a la realidad de que, «por primera vez en la historia de la humanidad, los descendientes se ocupan del mundo que los adultos de la especie han destruido y siguen destruyendo»;[7] a las mujeres que dedican sus vidas a defender a las personas, a la naturaleza y a los demás animales; a aquella alumna de mis clases con jubiladas que me empezó a hacer un cuaderno de cuero, pero, después de una de las clases en las que estudiamos cuestiones de ética animal, se me acercó y me dijo: «Te estoy haciendo el cuaderno de cuero, pero me he dado cuenta de que es mejor que te lo haga de tela». Y así lo hizo. Aún sonrío al recordar que no tuve que explicarle que me dolía un regalo hecho de la piel de un animal explotado. Ahora, escribo sobre amor y resistencia en un precioso cuaderno de tela morada.

Me aferro a estos actos cotidianos para mantener la esperanza. Pero, al igual que Eliane Brum: «Creo que la esperanza entraña también un riesgo. La vida no será más fácil en los próximos años y décadas. Necesitamos generaciones fuertes. Tenemos que volvernos mejores de lo que somos y hacer cosas que no sabemos hacer, porque lo que sabemos ya no es suficiente. En este contexto, si la esperanza es un requisito previo para la acción, puede que en algún momento no esté disponible [...]».[8] Con Brum sostengo que podemos actuar sin esperanza, pero con la alegría de tejer lo común y de permanecer unidas, con la determinación de crear una nueva experiencia de ser persona. *Seguir haciendo* como imperativo ético, aunque ya no creas que es posible.[9] Construir en conjunto con otras epistemologías y otras formas de habitar el planeta, ofrecer minimundos que nos ayuden a mantenernos activas, cuidarnos a nosotras mismas y al resto, pensar en cómo mantener nuestro legado de bondad incluso cuando hayamos muerto.[10]

Para *seguir haciendo*, me aferro a quienes deciden implementar el cuidado en cualquiera de sus fases. Necesitamos cuidar bien, especialmente a la infancia, para «preparar a las generaciones sucesivas para que se adapten a la adversidad y lleguen a ser los abanderados de la era de la resiliencia»,[11] para que desarrollen la empatía y la biofilia, para que su compasión no se detenga en nuestra especie.

Con este fin, necesitamos también el *cuidado teórico*. Decidir escribir sobre el horror y alentar a la revolución y a la transformación de nuestra lamentable forma de habitar el mundo es una declaración política de intenciones. No dejaré de hacerlo mientras me queden fuerzas y mientras nos sigan permitiendo la libertad de expresión. E incluso más allá. No dejaré de leer a todas las personas que nos muestran realidades incómodas y que alientan, así, a otras a implementar el cuidado desde su ámbito de acción, sin perder la motivación, sin perder la alegría, que, como nos recuerda Rebecca Solnit, «también es importante y el hecho de que pueda hallarse en las circunstancias más inhóspitas es una nueva prueba de cómo los deseos sobreviven siempre a la división y a la pesadumbre».[12]

Imaginarte leyendo hasta esta última página alimenta mis ganas de *seguir haciendo* para conseguir que la naturaleza reverdezca, que el mundo rebose vida salvaje, que implementemos valores ecofeministas para caminar hacia un decrecimiento festivo, ocioso y calmado en el que no explotemos más a los demás animales. Bailemos con las ideas mientras ayudamos a crecer las semillas que he intentado plantar. *Hagamos cosas inútiles, cantemos canciones, seamos arena y no aceite en el engranaje del mundo.*

Gracias por tu tiempo, por tu ilusión y por formar parte de esta comunidad de bestias que cuidan, que se cuidan y que se dejan cuidar. No dejemos de buscar en nuestro interior esa *energía mágica, la fuerza del bien que hay en nosotras y en todos los seres.* Aunemos ese *poder* de la creación *que aumenta cuando se comparte.* Y, desde ahí, sigamos despacio nuestra escalada. Sin esperanza, tal vez, pero con determinación, amistad y alegría y también con un poco —bastante— de rabia e indignación. *Es lo que hay* (emoji de sonrisa, de puño en alto y de un corazón morado).

Bibliografía

Acampora, Ralph (2023), «Caníbales amables y ganadería human(itari)a: un análisis de la comestibilidad contextual en el especismo», en Carol J. Adams y Lori Gruen (eds.), *Ecofeminismo: intersecciones con otros animales y con la Tierra,* trad. de Francisco Jota-Pérez, José Luis Rodríguez y Layla Martínez, Levanta Fuego, págs. 291-309.

Achondo, Pedro Pablo (2022), «Dendrografías, escribiendo con alerces», *[sic]: A Journal of Literature Culture and Literary Translation,* noviembre, págs. 148-158.

Adams, Carol J. (1994a), *Neither man nor beast. Feminism and the defense of animals,* Londres / Nueva York, Continuum.

— (1994b), *Woman-battering,* Mineápolis, Minesota, Augsburg Fortress Publishers.

— (2003a), «Ecofeminismo y el consumo de animales», en Karen Warren (ed.), *Filosofías ecofeministas,* trad. de Soledad Iriarte, Barcelona, Icaria, págs. 195-225.

— (2003b), *Living among meat eaters. The vegetarian's survival handbook,* Nueva York / Londres, Continuum.

— (2004), *The pornography of meat,* Nueva York, The Continuum International Publishing Group Inc.

— (2006), «Woman-battering and harm to animals», en Carol Adams y Josephine Donovan (eds.), *Animals and women. Feminist theoretical explorations,* Durham, Duke University Press, págs. 55-84.

— (2016), *La política sexual de la carne: una teoría crítica feminista vegetariana,* trad. de ochodoscuatro ediciones, Madrid, ochodoscuatro.

— (2017), «Proteína feminizada: significado, representaciones e implicancias», en María Marta Andreatta, Silvina Pezzetta y Eduardo Rincón (eds.), *Crítica y animalidad: cuando el otro aúlla,* La Plata, Argentina, Editorial Latinoamericana Especializada en Estudios Críticos Animales, págs. 72-97.

— (2018), *Burger,* Nueva York, Bloomsbury Academic.

— (2023), «¿Por qué una cerda?», en Carol J. Adams y Lori Gruen (eds.), *Ecofeminismo: intersecciones con otros animales y con la Tierra,* trad. de Francisco Jota-Pérez, José Luis Rodríguez y Layla Martínez, Levanta Fuego, págs. 335-367.

Adams, Carol J.; Breitman, Patti, y Messina, Virginia (2017), *Even vegans die. A practical guide to caregiving, acceptance, and protecting your legacy of compassion,* Nueva York, Lantern Books.

Agra, María Xosé (1998), «Introducción: feminismo y ecofeminismo», en María Xosé Agra (comp.), *Ecología y feminismo,* Granada, Comares, págs. 1-21.

Alario, Mónica (2021), *Política sexual de la pornografía: sexo, desigualdad, violencia,* Madrid, Cátedra.

Alcalá, Paloma (2020), «Educación feminista», en Alicia Puleo (ed.), *Ser feministas: pensamiento y acción,* Madrid, Plaza y Valdés, págs. 87-92.

Almirón, Nuria (2020), «Meat taboo: Climate change and the EU meat lobby», en Jason Hanan (ed.), *Meatsplaining. The animal agriculture industry and the rethoric of denial,* Sídney, Sydney University Press.

Almirón, Nuria (ed.) (2024), *Animal suffering and public relations. The ethics of persuasion in the animal-industrial complex,* Londres / Nueva York, Routledge.

Almirón, Núria, y Moreno, José A. (2021), «"Think tanks" neoliberales y falsos debates: la propuesta del impuesto a la carne para combatir la crisis climática», en Daniel Rodrigo-Cano, Rosalba Mancinas-Chávez y Rogelio Fernández-Reyes (eds.), *La comunicación del cambio climático, una herramienta ante el gran desafío*, Madrid, Dykinson, págs. 222-248.

Almirón, Núria, y Tafalla, Marta (2019), «Rethinking the ethical challenge in the climate deadlock: Anthropocentrism, ideological denial and animal liberation», *Journal of Agricultural and Environmental Ethics*, vol. 32, n.º 2, págs. 255-267.

Altuna, Belén (2023), *En la piel del otro: ética, empatía e imaginación moral*, Madrid, Plaza y Valdés.

Amorós, Celia (1985), *Hacia una crítica de la razón patriarcal*, Barcelona, Anthropos.

— (1987), «Espacio de los iguales, espacio de las idénticas: notas sobre el poder y el principio de individuación», *Arbor*, vol. 128, n.º 503, págs. 113-127.

— (1992), «Notas para una teoría nominalista del patriarcado», *Asparkía: Investigació Feminista*, n.º 1, págs. 41-58.

— (2005a), «Dimensiones de poder en la teoría feminista», *Revista Internacional de Filosofía Política*, n.º 25, págs. 11-34.

— (2005b), *La gran diferencia y sus pequeñas consecuencias... para la lucha de las mujeres*, Madrid, Cátedra.

— (2019), *Mujeres e imaginarios de la globalización: reflexiones para una agenda teórica global del feminismo*, Rosario, Homo Sapiens.

Amorós, Celia, y De Miguel, Ana (2010), «Teoría feminista y movimientos feministas», en Celia Amorós y Ana de Miguel (eds.), *Teoría feminista: de la Ilustración a la globalización*, vol. 1: *De la Ilustración al segundo sexo*, Madrid, Minerva, págs. 13-89.

Anzaldúa, Gloria (1988), «Hablar en lenguas: una carta a escritoras tercermundistas», en Ana Castillo y Cherríe Moraga (eds.), *Esta puente, mi espalda: voces de mujeres tercermundistas de los Estados Unidos*, trad. de Ana Castillo y Norma Alarcón, San Francisco, Ism Press, págs. 219-228.

— (2016), *Borderlands / La frontera: la nueva mestiza*, trad. de Carmen Valle, Madrid, Capitán Swing.

Aranguren, José Luis (1994), *Ética*, en *Obras completas*, vol. II, Madrid, Trotta.

Arendt, Hannah (2004), *Eichmann en Jerusalén*, trad. de Carlos Ribalta, Barcelona, Debolsillo.

Aronson, Elliot (2000), *El animal social*, trad. de Antonio Escohotado, Madrid, Alianza.

Ascione, Frank (1998), «Battered women's reports of their partners' and their children's cruelty to animals», *Journal of Emotional Abuse*, vol. 1, n.º 1, págs. 119-133.

Ascione, Frank; Weber, C. V.; Thompson, T. M.; Heath, J.; Maruyama, M., y Hayashi, K. (2007), «Battered pets and domestic violence. Animal abuse reported by women experiencing intimate violence and by non-abused women», *Violence Against Women*, vol. 13, n.º 4, págs. 354-373.

Ballester, Lluís; Dosil, María; Villena, Alejandro, y Testa, Giulia (2023), «La nueva pornografía "online" y los procesos de naturalización de la violencia sexual», en Andrea Gutiérrez (coord.), *Una mirada interdisciplinar hacia las violencias sexuales*. Barcelona, Octaedro, págs. 233-250.

Ballester, Lluís; Orte, Carmen, y Pozo, Rosario (2019), «Nueva pornografía y cambios en las relaciones interpersonales de adolescentes y jóvenes», en Carmen Orte, Lluís Ballester y Rosario Pozo (coords.), *Vulnerabilidad y resistencia: experiencias investigadoras en comercio sexual y prostitución*, Mallorca, Edicions UIB, págs. 249-284.

Balza, Isabel (2020), «Si esto es una vaca: feminismo y biopolítica de la carne», *Ideas y Valores*, vol. 69, n.º 172, págs. 151-167.

— (2018), «Una biopolítica feminista de la carne: la gestación subrogada como ejemplo de los vínculos de opresión entre las mujeres y los animales no humanos», *Asparkía: Investigació Feminista*, n.º 33, págs. 27-44.

— (2024), «Una ética ecofeminista para lo salvaje», en Cristian Moyano (ed.), *Puentes salvajes: una filosofía integradora para renaturalizar el Antropoceno*, Madrid, Plaza y Valdés, págs. 95-113.

— (2025), *De lo salvaje y de la escritura animal*, Madrid, Plaza y Valdés.

Bar-On, Yinon M.; Philips, Rob, y Milo, Ron (2018), «The biomass distribution on Earth», *Proceedings of the National Academy of Sciences of the United States of America*, vol. 115, n.º 25, págs. 6506-6511.

Barquero, Silvia (2017), *Animales: la revolución pendiente,* Madrid, La Esfera de los Libros.

Barry, Kathleen (2010), «Teoría del feminismo radical: política de la explotación sexual», en Celia Amorós y Ana de Miguel (eds.), *Teoría feminista: de la Ilustración a la globalización,* vol. 2: *Del feminismo liberal a la posmodernidad,* Madrid, Minerva, págs. 189-210.

Beauvoir, Simone de (2008), *El segundo sexo,* trad. de Alicia Martorell, Madrid, Cátedra.

Benhabib, Seyla (1992), «Una revisión del debate sobre las mujeres y la teoría moral», *Isegoría. Revista de Filosofía Moral y Política,* n.º 6, págs. 37-63.

— (2008), «Otro universalismo: sobre la unidad y diversidad de los derechos humanos», *Isegoría. Revista de Filosofía Moral y Política,* n.º 39, julio-diciembre, págs. 175-203.

Bernárdez, Asunción (2020), «Cosificación», en Alicia Puleo (ed.), *Ser feministas: pensamiento y acción,* Madrid, Cátedra, págs. 57-61.

Bernuz, María José (2015), «El maltrato animal como violencia doméstica y de género: un análisis sobre las víctimas», *Revista de Victimología,* n.º 2, págs. 97-123.

Bianchi, Bruna (2015), «¿Es compatible la ciencia con la ética? El pensamiento de las sufragistas antiviviseccionistas del siglo XIX», en Alicia Puleo, Aimé Tapia, Laura Torres y Angélica Velasco (coords.), *Hacia una cultura de la sostenibilidad: análisis y propuestas desde la perspectiva de género,* trad. de Alicia Puleo, Valladolid, Universidad de Valladolid, págs. 41-64.

Biehl, Janet (1991), *Finding our way. Rethinking ecofeminist politics,* Nueva York, Black Rose Books.

Black, Bob (2013), *La abolición del trabajo,* trad. de Federico Corriente, Logroño, Pepitas de Calabaza.

Bosh, Esperanza, y Ferrer, Victoria, A. (2020), «Violencia contra las mujeres», en Alicia Puleo (ed.), *Ser feministas: pensamiento y acción,* Madrid, Cátedra, págs. 257-259.

Brambell Committee (1965), *Report of the technical committee to enquire into the welfare of animals kept under intensive livestock husbandry systems.* Londres, Her Majesty's Stationery Office.

Brownmiller, Susan (1981), *Contra nuestra voluntad,* trad. de Susana Constante, Barcelona, Planeta.

Brigidi, Serena, y Cuadrada, Coral (eds.) (2021), *Maternidades, experiencias y narraciones: una mirada a través de los campos de saberes*, Tarragona, Publicacions de la Universitat Rovira i Virgili.

Brugère, Fabienne (2022), *La ética del cuidado*, trad. de Natalia Calderón, Santiago de Chile, Metales Pesados.

Brum, Eliane (2024), *La Amazonia: viaje al centro del mundo*, trad. de Mercedes Vaquero, Barcelona, Penguin Random House.

Calderón Quindós, Fernando (2018), *Filosofía vegetal, cuatro estudios sobre filosofía e historia natural*, Madrid, Abada.

Calderón, Natalia (2022), «El "cuidado" como un derecho fundamental», en Fabienne Brugère, *La ética del cuidado*, trad. de Natalia Calderón, Santiago de Chile, Metales Pesados, págs. 7-9.

Camps, Victoria (1998), *El siglo de las mujeres*, Madrid, Cátedra.

— (2011), *El gobierno de las emociones*, Barcelona, Herder.

— (2021), *Tiempo de cuidados: otra forma de estar en el mundo*, Barcelona, Arpa & Alfil.

Carson, Rachel (2010), *Primavera silenciosa*, trad. de Joandoménec Ros, Barcelona, Planeta.

Carruthers, Peter (1995), *La cuestión de los animales: teoría moral aplicada*, trad. de José María Perazzo, Cambridge, Cambridge University Press.

Charlton, Anna E. (1999), «Las mujeres y los animales», *Teorema. Revista Internacional de Filosofía*, vol. XVIII, n.° 3, págs. 103-115.

Chomsky, Noam (1974), *La responsabilidad de los intelectuales*, trad. de Juan-Ramón Capella, Barcelona, Ariel.

Chu, Judy (2014), *When boys become boys. Development, relationships, and masculinity*, Nueva York y Londres, New York University Press.

Clough, David L. (2019), *On animals*, vol. 2: *Theological ethics*, Londres, Bloomsbury Publishing.

Collard, Andreé, y Contrucci, Joyce (1989), *Rape of the wild. Man's violence against animals and the Earth*, Bloomington, Indiana University Press.

Cobo, Rosa (2017), *La prostitución en el corazón del capitalismo*, Madrid, Los Libros de la Catarata.

Codina, Juan Ignacio (2018), *Pan y toros: breve historia del pensamiento antitaurino español*, Madrid, Plaza y Valdés.

Cooney, Nick (2015), *Cambio en el corazón: cómo puede ayudarnos la psicología a generar el cambio social*, trad. de Amaranta Pérez, coordinadora de trad.: Audrey García, Madrid, Plaza y Valdés.

Cortina, Adela (2012), *¿Para qué sirve realmente la ética?*, Barcelona, Paidós.

— (2017), *Aporofobia, el rechazo al pobre: un desafío para la sociedad democrática,* Barcelona, Paidós.

— (2020), *Ética mínima: introducción a la filosofía práctica,* Madrid, Tecnos.

Crenshaw, Kimberlé (1989), «Demarginalizing the intersection of race and sex: A black feminist critique of antidiscrimination doctrine, feminist theory and antiracist politics», *University of Chicago Legal Forum*, vol. 1989, artículo 8, págs. 139-167.

Curtin, Deane (2003), «Hacia una ética de respeto por la naturaleza», en Karen Warren (ed.), *Filosofías ecofeministas*, trad. de Soledad Iriarte, Barcelona, Icaria, págs. 127-148.

Daly, Mary (2023), *Gin/Ecología: la metaética del Feminismo Radical*, trad. de Ananda Castaño, Sevilla, Labrys.

DeGue, Sarah, y DiLillo, David (2009), «Is animal cruelty a "red flag" for family violence? Investigating co-occurring violence toward children, partners, and pets», *Journal of Interpersonal Violence*, vol. 24, n.° 6, págs. 1036-1056.

D'Eaubonne, Françoise (1998), «La época del ecofeminismo», en María Xosé Agra, (comp.), *Ecología y feminismo*, trad. de Ana Celia Rodríguez Buján y Edelia Leis Calvo, Granada, Comares, págs. 23-51.

De Miguel, Ana (1999), «La sociología olvidada: género y socialización en el desarrollo de la perspectiva sociológica», *Política y Sociedad*, n.° 32, págs. 161-171.

— (2008), «Feminismo y juventud en las sociedades formalmente igualitarias», *Revista de Estudios de Juventud*, n.° 83, págs. 29-45.

— (2012), «La prostitución de mujeres, una escuela de desigualdad humana», *Revista Europea de Derechos Fundamentales*, n.° 19, págs. 49-74.

— (2015), *Neoliberalismo sexual: el mito de la libre elección,* Madrid, Cátedra.

— (2021a), *Ética para Celia: contra la doble verdad*, Barcelona, Penguin Random House.
— (2021b), «Sobre la pornografía y la educación sexual: ¿puede "el sexo" legitimar la humillación y la violencia?», *Gaceta Sanitaria*, vol. 35, n.º 4, págs. 379-382.
De Waal, Frans (2011), *La edad de la empatía: lecciones de la naturaleza para una sociedad más justa y solidaria*, trad. de Ambrosio García, Barcelona, Tusquets.
Desblache, Lucile (2015), «Las otras víctimas de la moda», en Alicia Puleo (ed.), *Ecología y género en diálogo interdisciplinar*, Madrid, Plaza y Valdés, págs. 51-64.
Descartes, René. (1979), *Discurso del método*, Madrid, Alianza.
Donaldson, Sue, y Kymlicka, Will (2018), *Zoópolis, una revolución animalista*, trad. de Silvia Moreno, Madrid, Errata Naturae.
Donovan, Josephine (1993), «Animal rights and feminist theory», en Greta Gaard (ed.), *Ecofeminism. Women, animals, nature*, Filadelfia, Temple University Press, págs. 167-194.
— (2023), «Cuidar el diálogo», en Carol J. Adams y Lori Gruen (eds.), *Ecofeminismo: intersecciones con otros animales y con la Tierra*, trad. de Francisco Jota-Pérez, José Luis Rodríguez y Layla Martínez, Levanta Fuego, págs. 81-108.
Donovan, Josephine, y Adams, Carol J. (2007), «Introduction», en Josephine Donovan y Carol J. Adams (eds.), *The feminist care tradition in animal ethics*, Nueva York, Columbia University Press, págs. 1-20.
Faludi, Susan (1993), *Reacción: la guerra no declarada contra la mujer moderna*, trad. de Francesc Roca, Barcelona, Anagrama.
Faria, Catia (2012), «Muerte entre las flores: el conflicto entre el ecologismo y la defensa de los animales no humanos», *Viento Sur*, n.º 125, págs. 67-76.
— (2022), *Animal ethics in the wild: Wild animal suffering and intervention in nature.* Cambridge, Cambridge University Press.
Faria, Catia, y Paez, Eze (2019), «It's Splitsville. Why Animal Ethics and Environmental Ethics are Incompatible», *American Behavioral Scientist*, vol. 63, n.º8, págs. 1047-1060.
Faver, Catherine A., y Strand, Elizabeth B. (2007), «Fear, guilt and

grief: Harm to pets and the emotional abuse of women», *Journal of Emotional Abuse*, vol. 7, n.º 1, págs. 51-70.
Femenías, María Luisa (2013), *Violencias cotidianas (en las vidas de las mujeres)*, Rosario, Argentina, Prohistoria, colección Los ríos subterráneos.
Ferguson, Ann (1979), «Women as a new revolutionary class», en Pat Walker (comp.), *Between labor and capital*, Boston, South End Press, págs. 279-312.
Ferry, Luc, y Germé, Claudine (1994), *Des animaux et des hommes. Anthologie des textes remarquables, écrits sur le sujet, du* XVe *siècle à nos jours*, París, Librairie Générale Française.
Firestone, Shulamith (1976), *Dialéctica del sexo*, trad. de Ramón Ribé, Barcelona, Kairós.
Fisher, Berenice, y Tronto, Joan (1990), «Toward a feminist theory of caring», en Emily K. Abel y Margaret K. Nelson (eds.), *Circles of care. Work and identity in women's lives*, Albany, SUNY Press, págs. 36-54.
Flynn, Clifton P. (2000a), «Why family professionals can no longer ignore violence toward animals», *Family Relations*. vol. 49, n.º 1, págs. 87-95.
— (2000b), «Battered women and their animal companions: Symbolic interaction between human and nonhuman animals», *Society and Animals*, vol. 8, n.º 2, págs. 100-127.
Fraser, Nancy (2008), «La justicia social en la era de la política de la identidad: redistribución, reconocimiento y participación», *Revista de Trabajo*, año 4, n.º 6, págs. 83-99.
— (2016), «El capital y los cuidados», *New Left Review*, n.º 100, págs. 111-132.
Garnett, Tara; Godde, Cécile; Muller, Adrian; Röös, Elin; Smith, Pete; De Boer, Imke; Zu Ermgassen, Erasmus; Herrero, Mario; Van Middelaar, Corina; Schader, Christian, y Van Zanten, Hannah (2017), «Grazed and confused? Ruminating on cattle, grazing systems, methane, nitrous oxide, the soil carbon sequestration question — and what it all means for greenhouse gas emissions», Food Climate Research Network, University of Oxford.
Garzón, Xandra, y Roldán, Concha (2024), «Transformación digital, feminismo y antifeminismo en el tercer entorno», *Enraho-*

nar. An International Journal of Theoretical and Practical Reason, vol. 73, págs. 35-55.

Gerber, P. J.; Steinfeld, H.; Henderson, B.; Mottet, A.; Opio, C.; Dijkman, J.; Falcucci, A., y Tempio, G. (2013), «Tackling climate change through livestock. A global assessment of emissions and mitigation opportunities», Roma, FAO.

Ghodsee, Kristen (2024), *Utopías cotidianas: lo que dos mil años de experimentos pueden enseñarnos sobre vivir bien,* trad. de Clara Ministral, Madrid, Capitán Swing.

Gilligan, Carol (1985), *La moral y la teoría: psicología del desarrollo femenino,* trad. de Juan José Utrilla, México, Fondo de Cultura Económica.

— (2013a), «El daño moral y la ética del cuidado», en Carol Gilligan. *La ética del cuidado,* Barcelona, Cuadernos de la Fundació Víctor Grífols i Lucas, n.º 30, págs. 10-39.

— (2013b), «La resistencia a la injusticia: una ética feminista del cuidado», en Carol Gilligan, *La ética del cuidado,* Barcelona, Cuadernos de la Fundació Víctor Grífols i Lucas, 30, págs. 40-67.

— (2025), *En una voz humana.* (trad. de Jaime Collyer), Barcelona, Penguin Random House.

Gimeno, Beatriz (2022), *Misoginia judicial: la guerra jurídica contra el feminismo,* Madrid, Los libros de la Catarata.

González, Marta I., y Rodríguez, Jimena (2008), «El margen de los márgenes: encuentros y desencuentros entre feminismo y defensa de los animales», en Marta I. González, Jorge Riechmann, Jimena Rodríguez y Marta Tafalla (coords.), *Razonar y actuar en defensa de los animales,* Madrid, Los Libros de la Catarata, págs. 83-106.

Goodall, Jane, y Abrams, Douglas (2021), *El libro de la esperanza: una guía de supervivencia para tiempos difíciles,* trad. de Antonio Francisco Rodríguez, Barcelona, Paidós.

Gorz, André (2008), *Crítica de la razón productivista,* trad. de Joaquín Valdivielso, Pere Darnell, Joan Giner, Miguel Gil e Isidro Arias, Madrid, Los Libros de la Catarata.

Guerra, María José (2015), «Ecofeminismos materialistas: política de la vida y política del tiempo en Mary Mellor», en Alicia

Puleo (ed.), *Ecología y género en diálogo interdisciplinar*, Madrid, Plaza y Valdés, págs. 375-386.
— (2018), «Contra la mercantilización de los cuerpos de las mujeres: la "gestación subrogada" como nuevo negocio transnacional», *Dilemata*, n.° 26, págs. 39-51.
Habermas, Jürgen (1985), *Conciencia moral y acción comunicativa*, trad. de Ramón García, Barcelona, Península.
Han, Byung-Chul (2023), *Vida contemplativa. Elogio de la inactividad*, trad. de Miguel Alberti, Barcelona, Taurus.
— (2024), *El espíritu de la esperanza. Contra la sociedad del miedo*, trad. de Alberto Ciria, Barcelona, Herder.
Harari, Yuval Noah (2019), *Sapiens: de animales a dioses. Breve historia de la humanidad*, trad. de Joandomènec Ros, Barcelona, Debate.
Hartmann, Heidi (1980), «Un matrimonio mal avenido: hacia una unión más progresista entre marxismo y feminismo», *Zona Abierta*, n.° 24, págs. 85-113.
Harvey, David (2018), *Espacios de esperanza*, trad. de Cristina Piña, Madrid, Akal.
Held, Virginia (2006), *The ethics of care, personal, political and global*, Oxford, Oxford University Press.
Hercovich, Inés (1997), *El enigma sexual de la violación*, Buenos Aires, Biblos.
Hernando, Almudena (2012), *La fantasía de la individualidad: sobre la construcción sociohistórica del sujeto moderno*, Buenos Aires, Katz.
Herrero, Yayo (2024), «Poner la vida en el centro», en Yayo Herrero *et al.*, *Imaginar el futuro desde el sur #2. Poner la vida en el centro*, Ministerio de las Culturas, las Artes y los Saberes, págs. 11-31.
Horta, Óscar (2017), *Un paso adelante en defensa de los animales*, Madrid, Plaza y Valdés.
Hribal, Jason (2014), *Los animales son parte de la clase trabajadora y otros ensayos*, trad. de ochodoscuatro ediciones, corrección de Cristina Novillo, Madrid, ochodoscuatro.
Inglehart, Ronald (1990), *Culture shift in advanced industrial societies*, Princeton, Princeton University Press.
Jeffreys, Sheila (2008), *The idea of prostitution*, North Melbourne, Spinifex Press.

Jónasdóttir, Anna (1993), *El poder del amor: ¿le importa el sexo a la democracia?*, trad. de Carmen Martínez, Madrid, Cátedra.

Jorge, Esperanza; Monday, Akhere, y Antolínez, Inmaculada (2021), *Decálogo de huellas*, Valencia, Tirant Humanidades.

Joy, Melanie (2013), *Por qué amamos a los perros, nos comemos a los cerdos y nos vestimos con las vacas: una introducción al carnismo*, trad. de Montserrat Asensio, Madrid, Plaza y Valdés,

Kara, Siddharta (2024), *Cobalto rojo: el Congo se desangra para que tú te conectes*, trad. de Patricia Teixidor, Madrid, Capitán Swing.

Kelly, Petra (1984a), *Luchar por la esperanza: sin violencia hacia un futuro verde*, trad. de Justo Pérez Corral, Madrid, Debate.

— (1984b), «Ternura en la política», en Petra Kelly (1992), *Pensar con el corazón: textos para una política sincera*, trad. de Joan Parra, Barcelona, Círculo de Lectores, págs. 27-31.

— (1987), «Llevar el derecho a las naciones», plegaria política en el Día de la Iglesia Evangélica de 1987, en Petra Kelly (1992), *Pensar con el corazón: textos para una política sincera*, trad. de Joan Parra, Barcelona, Círculo de Lectores, págs. 263-271.

— (1988a), «¿Es inviolable la dignidad de la mujer? Declaración personal en el proceso contra "Penthouse"», en Petra Kelly (1992), *Pensar con el corazón: textos para una política sincera*, trad. de Joan Parra, Barcelona, Círculo de Lectores, págs. 356-359.

— (1988b): «Pensar globalmente, actuar localmente: necesitamos lazos con las bases», discurso ante la Conservation Foundation australiana, en Petra Kelly (1992), *Pensar con el corazón: textos para una política sincera*, trad. de Joan Parra, Barcelona, Círculo de Lectores, págs. 39-54.

— (1990), «La necesidad de justicia ecológica», en Petra Kelly (1992), *Pensar con el corazón: textos para una política sincera*, trad. de Joan Parra, Barcelona, Círculo de Lectores, págs. 142-148.

— (1997), *Por un futuro alternativo*, trad. de Agustín López y María Tabuyo, Barcelona, Paidós.

Kheel, Marti (2008), *Nature ethics. An ecofeminist perspective*, Lanham, Maryland, Rowman & Littlefield Publishers.

Kim, Brent F.; Santo, Raychel E.; Scatterday, Allysan P.; Fry, Jillian P.; Synk, Colleen M.; Cebron, Shannon R.; Mekonnen, Mesfin M.; Hoekstra, Arjen Y.; De Pee, Saskia; Bloem, Martin W.; Neff

Roni A., y Nachman, Keeve E. (2020), «Country-specific dietary shifts to mitigate climate and water crises», *Global Environmental Change*, vol. 62.
Kimmel, Michael (2023), *Hombres (blancos) cabreados: la masculinidad al final de una era*, trad. de Daniel Esteban, Valencia, Barlin.
Kimmerer, Robin Wall (2021), *Una trenza de hierba sagrada: saber indígena, conocimiento científico y las enseñanzas de las plantas*, trad. de David Muñoz, Madrid, Capitán Swing.
King, Ynestra (1998), «Curando las heridas: feminismo, ecología y el dualismo naturaleza/cultura», en María Xosé Agra (comp.), *Ecología y feminismo*. trad. de Carmen Adán, Granada, Comares, págs. 63-96.
King, Bárbara J. (2021), *Hay alguien en mi plato: cómo son y qué sienten los animales que nos comemos*, trad. de Scheherezade Surià, Madrid, Plaza y Valdés.
Kohlberg, Lawrence (1981), *The philosophy of moral development*, San Francisco, Harper and Row.
Kropotkin, Piotr (1989), *El apoyo mutuo: un factor de la evolución*, trad. de Luis Orsetti, Madrid, Madre Tierra.
Kymlicka, Will (1995), *Filosofía política contemporánea: una introducción*, trad. de Roberto Gargarela, Barcelona, Ariel.
— (1996), *Ciudadanía multicultural: una teoría liberal de los derechos de las minorías*, trad. de Carme Castells, Barcelona, Paidós.
— (2018), «Human rights without human supremacism», *Canadian Journal of Philosophy*, vol. 48, n.º 6, págs. 763-792.
Lafargue, Paul (2010), *El derecho a la pereza*, Barcelona, Diario Público, Biblioteca Pensamiento Crítico.
Lagarde, Marcela (2001), *Claves feministas para la negociación en el amor*, Managua, Puntos de Encuentro.
Lahar, Stephanie (1991), «Ecofeminist theory and grassroots politics», *Hypatia*, vol. 6, nº 1, primavera, págs. 28-45.
Latouche, Serge (2009a), *La apuesta por el decrecimiento: ¿cómo salir del imaginario dominante?*, trad. de Patricia Astorga, Barcelona, Icaria.
— (2009b), *Pequeño tratado del decrecimiento sereno*, trad. de Jorge Largo, Barcelona, Icaria.
Layne, Linda L. (1997), «Breaking the silence: An agenda for a fe-

minist discourse of pregnancy loss», *Feminist Studies*, vol. 23, n.º 2, págs. 289-315.

— (2013), *Motherhood lost. A feminist account of pregnancy loss in America*, Nueva York, Routledge.

Le Bras-Chopard, Armelle (2003), *El zoo de los filósofos: de la bestialización a la exclusión*, trad. de María Cordón, Madrid, Santillana.

Leneman, Leah (1997), «The awakened instinct: Vegetarianism and the women's suffrage movement in Britain», *Women's History Review*, vol. 6, págs. 271-287.

Lévinas, Emmanuel (2024), *Totalidad e infinito: ensayo sobre la exterioridad*, trad. de Miguel García-Baró, Salamanca, Sígueme.

Lyman, Howard F. (2001), *Mad Cowboy: Plain truth from the cattle rancher who won't eat meat*, Nueva York, Scribner.

López de la Vieja, María Teresa (2004), *La mitad del mundo: ética y crítica feminista*, Salamanca, Publicaciones de la Universidad de Salamanca.

Loring, Marti T.; Marsh, Janessa, y Geffner, Robert (2007), «Introduction: Animal abuse and family violence», *Journal of Emotional Abuse*, vol. 7, n.º 3, págs. 1-6.

Löwy, Michael (2011), *Écosocialisme: L'alternative radicale à la catastrophe écologique capitaliste*, París, Éditions Mille et une nuits.

Lozano, Mabel (2018), *El proxeneta: la historia real sobre el negocio de la prostitución*, Barcelona, Alrevés.

Machovina, Brian; Feeley, Kenneth J., y Ripple William J. (2015), «Biodiversity conservation: The key is reducing meat consumption», *Science of the Total Environment*, n.º 536, págs. 419-431.

MacIntyre, Alasdair (2001), *Animales racionales y dependientes: por qué los seres humanos necesitamos virtudes*, trad. de Beatriz Martínez, revisión de Fernando Escalante, Barcelona, Paidós.

MacKinnon, Catherine (1998), «Crímenes de guerra, crímenes de paz», en Stephen Shute y Susan Hurley (eds.), *De los derechos humanos*, Trotta, Madrid, págs. 87-115.

— (2007), «Of mice and men: A fragment on animal rights», en Josephine Donovan y Carol J. Adams (eds.), *The feminist care tradition in animal ethics*, Nueva York, Columbia University Press, págs. 316-332.

Madruga, Marta, y Perales, Verónica (2020), «Androcentrismo», en

Alicia Puleo (ed.), *Ser feministas: pensamiento y acción*, Madrid, Plaza y Valdés, págs. 15-19.

Mancuso, Stefano (2023), *Sensibilidad e inteligencia en el mundo vegetal*, trad. de David Paradela, Barcelona, Galaxia Gutenberg.

Marçal, Katrine (2024), *¿Quién le hacía la cena a Adam Smith?: una historia de las mujeres y la economía*, trad. de Elda García-Posada, Madrid, Debate.

Martínez-Alier, Joan (1997), «Environmental justice (local and global)», *Capitalism, Nature, Socialism*, vol. 8, págs. 91-107.

— (2001), «Justicia ambiental, sustentabilidad y valoración», *Ecología Política*, n.º 21, págs. 103-134.

— (2004), *El ecologismo de los pobres: conflictos ambientales y lenguajes de valoración*, Barcelona, Icaria.

Marqués, Josep Vicent, y Osborne, Raquel (1991), *Sexualidad y sexismo*, Madrid, Fundación Universidad-Empresa.

Mellor, Mary (1997), «Un socialismo verde y feminista: la teoría y la práctica», *Ecología Política. Cuadernos de Debate Internacional*, n.º 14, Barcelona, Icaria, págs. 11-22.

— (2000), *Feminismo y ecología*, trad. de Ana María Palos, México, Siglo XXI.

— (2007), «Mujer, naturaleza y construcción social del "hombre económico"», en Olga Barrios, Ángela Figueruelo, M.ª Teresa López de la Vieja y Carmen Velayos (eds.), *Feminismo ecológico: estudios multidisciplinares de género*, trad. de Margarita Santos, Salamanca, Ediciones de la Universidad de Salamanca, págs. 31-52.

Miedzian, Myriam (1995), *Chicos son, hombres serán: cómo romper los lazos entre masculinidad y violencia*, trad. de Miguel Martínez, Madrid, Horas y Horas.

Míes, María, y Shiva, Vandana (2014), *Ecofeminismo: teoría, crítica y perspectivas*, trad. de Mireia Bofill, Daniel Aguilar, Eduardo Iriarte, Marta Pérez y Joan Soler, Barcelona, Icaria.

Mill, John Stuart (1973), «La sujeción de la mujer», en John Stuart Mill y Harriet Taylor Mill, *Ensayos sobre la igualdad sexual*, Barcelona, Península.

Millett, Kate (2010), *Política sexual*, trad. de Ana María Bravo, revisada por Carmen Martínez, Madrid, Cátedra.

Mills, Charles (1997), *The racial contract*, Ithaca, Cornell University Press.

Molina, Cristina (2000), «Debates sobre el género», en Celia Amorós (ed.), *Feminismo y filosofía*, Madrid, Síntesis, págs. 255-284.

Mombiot, George (2017), *Salvaje: renaturalizar la tierra, el mar y la vida humana*, trad. de Ana Momplet, Madrid, Capitán Swing.

— (2022), *Regénesis: alimentar al mundo sin devorar el planeta*, trad. de Enrique Maldonado, Madrid, Capitán Swing.

Mora, Luis M.ª, y Pereya, Verónica (1999), *Mujeres y solidaridad: estrategias de supervivencia en el África subsahariana*, Madrid, Los Libros de la Catarata.

Morales, Javier (2025), *La hamburguesa que devoró el mundo: un panfleto ecoanimalista*, Madrid, Plaza y Valdés.

Moyano, Cristian (2022), *Ética del rewilding*, Madrid, Plaza y Valdés.

Munro, Lyle (2001), «Caring about blood, flesh, and pain: Women's standing in the animal protection movement», *Society and Animals*, vol. 9, n.º 1, págs. 43-61.

Noddings, Nel (1984), *Caring. A feminine approach to ethics and moral education*, Londres, University of California Press.

Noske, Barbara (1997), *Beyond boundaries: Humans and animals*, Montreal, Black Rose Books.

Nussbaum, Martha C. (2007), *Las fronteras de la justicia: consideraciones sobre la exclusión*, trad. de Ramón Vilà (caps. I-IV) y Albino Santos (caps. V-VII), Barcelona, Paidós.

— (2023), *Justicia para los animales: una responsabilidad colectiva*, trad. de Albino Santos, Barcelona, Paidós.

Onyskiw, Judee E. (2007), «The link between family violence and cruelty to family pets», *Journal of Emotional Abuse*, vol. 7, n.º 3, págs. 7-30.

Ortner, Sherry B. (1979), «¿Es la mujer con respecto al hombre lo que la naturaleza con respecto a la cultura?», en Olivia Harris y Kate Young (eds.), *Antropología y feminismo*, trad. de Celia Novoa, Àngels Martínez, María Jesús Izquierdo, Núria Pubill, Antonio Desmonts y Ricardo Pochtar, Barcelona, Anagrama, págs. 109-131.

Paez, Eze (2023), «Wild Animal Ethics: A Freedom-Based Approach», *Ethics, Policy & Environment*, vol. 26, n.º 2, págs. 159-178.

Palacio, Martha (2023), «El derecho a descansar desde el feminismo poscolonial de Gloria Anzaldúa», *Res Publica. Revista de Historia de las Ideas Políticas*, vol. 26, n.º 1, págs. 57-66.

Pateman, Carole (2019), *El contrato sexual*, trad. de María Luisa Femenías, Madrid, Ménades.

Patterson, Charles (2008), *¿Por qué maltratamos tanto a los animales?: un modelo para la masacre de personas en los campos de exterminio nazis*, trad. de Ramón Sala, Lleida, Milenio.

Pelluchon, Corine (2018), *Manifiesto animalista: politizar la causa animal*, trad. de Juan Vivanco, Barcelona, Reservoir Books.

Perales, Verónica (2022), «Ecofeminismo, artivismo, corporeización: Women's Pentagon Actions y Greenham Common», en Tonia Requejo y Verónica Perales (eds.), *Arte ecosocial: otras maneras de pensar, hacer y sentir*, Madrid, Plaza y Valdés. págs. 45-64.

Piedade, Vilma (2021), *Doloridad*, trad. de Lucía Tennina y Rafaela Vasconcellos, Mandacaru.

Pieper, Maximilian; Michalke, Amelie, y Gaugler, Tobias (2020), «Calculation of external climate costs for food highlights inadequate pricing of animal products», *Nature Communications*, vol. 11, n.º 6117.

Plumwood, Val (1993), *Feminism and the mastery of nature*, Londres / Nueva York, Routledge.

— (1997), «Androcentrism and anthrocentrism: Parallels and politics», en Karen Warren (ed.), *Ecofeminism: Women, culture, nature*, Bloomington, Indiana University Press, págs. 327-355.

— (1998), «Naturaleza, yo y género: feminismo, filosofía medioambiental y crítica del racionalismo», en María Xosé Agra (comp.), *Ecología y feminismo*, trad. de Carme Adán, Granada, Comares, págs. 227-259.

— (2002), *Environmental culture. The ecological crisis of reason*, Londres, Routledge.

— (2004), «Feminismo y ecología: ¿Artemisa versus Gaia?», en María Luisa Cavana, Alicia Puleo y Cristina Segura (coords.), *Mujeres y ecología: historia, pensamiento, sociedad*, trad. de Alicia Puleo y Lorena Rojas, Madrid, Almudayna, págs. 53-106.

— (2024), *El ojo del cocodrilo*, trad. de Valentín Huarte, Buenos Aires, Cactus.

Poore, Joseph, y Nemecek, Thomas (2018), «Reducing food's environmental impacts through producers and consumers», *Science*, vol. 360, nº 6392, págs. 987-992.

Poullain de la Barre, François (2007), *La igualdad de los sexos: discurso físico y moral en el que se destaca la importancia de deshacerse de los prejuicios*, edición crítica de Daniel Cazés con la colaboración de María Haydeé García, México, Universidad Nacional Autónoma de México.

Puleo, Alicia (1995), «Patriarcado», en Celia Amorós (ed.), *10 palabras clave sobre mujer*, Pamplona, Verbo Divino, págs. 21-54.

— (2008), «Los derechos humanos, un legado de la modernidad», en Fernando Quesada (ed.), *Ciudad y ciudadanía: senderos contemporáneos de la filosofía política*, Madrid, Trotta, págs.185-204.

— (2011), *Ecofeminismo para otro mundo posible*, Madrid, Cátedra.

— (2015), «El ecofeminismo y sus compañeros de ruta: cinco claves para una relación positiva con el ecologismo, el ecosocialismo y el decrecimiento», en Alicia Puleo (ed.), *Ecología y género en diálogo interdisciplinar*, Madrid, Plaza y Valdés, págs. 387-405.

— (2017), «Nuevas formas de desigualdad en un mundo globalizado: el alquiler de úteros como extractivismo», *Revista Europea de Derechos Fundamentales*, n.º 29, págs. 165-184.

— (2019), *Claves ecofeministas: para rebeldes que aman a la Tierra y a los animales*, Madrid, Plaza y Valdés.

Querol, Núria (2008), «Violencia hacia animales por menores... ¿cosas de niños?». *Revista de Bioética y Derecho*, n.º 13, págs. 12-28.

— (2021), «Violencia hacia los animales y violencia de pareja», en Miguel Ángel Soria, Núria Querol y Alba Company (eds.), *Violencia contra los animales: relevancia en la investigación criminal y la delincuencia violenta*, Madrid, Pirámide, págs. 45- 65.

Rachels, James (2007), *Introducción a la filosofía moral*, trad. de Gustavo Ortiz, México, Fondo de Cultura Económica.

Regan, Tom (2004), «Poniendo a las personas en su sitio», en Marta Tafalla (ed.) (2004), *Los derechos de los animales*, trad. de Ángel García, Barcelona, Idea Books, págs. 55-68.

— (2006), *Jaulas vacías: el desafío de los derechos de los animales*, trad. de Marc Boillat, Barcelona, Altarriba.

Rest, James (1986), *Moral development. Advances in research and theory*, Nueva York, Praeger.
Ricœur, Paul (2006), *Sí mismo como otro*, trad. de Agustín Neira, Madrid, Siglo XXI.
Riechmann, Jorge (2024), *Ecologismo: pasado y presente (con un par de ideas sobre el futuro*, Madrid, Los Libros de la Catarata.
Rifkin, Jeremy (1992), *Beyond beef. The rise and fall of the cattle culture*, Nueva York, Dutton.
— (2022), *La era de la resiliencia: reimaginar la existencia, resilvestrar la Tierra*, trad. de Pablo José Hermida y Francisco J. Ramos, Barcelona, Paidós.
Roldán, Concha (2013), «Ni virtuosas ni ciudadanas: inconsistencias prácticas en la teoría de Kant», *Ideas y valores*, vol. LXII, suplemento n.° 1, págs. 185-213.
— (2015), «La filosofía de Anne Finch Conway: bases metafísicas y éticas para la sostenibilidad», en Alicia Puleo (ed.), *Ecología y género en diálogo interdisciplinar*, Madrid, Plaza y Valdés, págs. 101-123.
— (2025), «La importancia de la genealogía feminista y la recuperación de las pensadoras/filósofas/autoras mujeres», *Cuestiones de Género: de la Igualdad y la Diferencia*, n.° 20, págs. 84-101.
Radford Ruether, Rosemary (1975), *New woman / new Earth: Sexist ideologies and human liberation*, Nueva York, The Seabury Press.
Rousseau, Jean-Jaques (1998), *Emilio*, trad. de Mauro Armiño, Madrid, Alianza.
Rozzi, Ricardo (2019), «¡Chovinismo taxonómico, no más!: antídotos de Hume, Darwin y la ética biocultural», *Environmental Ethics*, vol. 41, págs. 73-112.
Rubin, Gayle (1986), «El tráfico de mujeres: notas sobre la "economía política" del sexo», *Revista Nueva Antropología*, vol. 8, n.° 30, 1986, págs. 95-145.
Russell, Bertrand (2010), *Elogio de la ociosidad*. trad. de María Elena Rius, Barcelona, Diario Público.
Safina, Carl (2020), *Mentes maravillosas: lo que piensan y sienten los animales*, trad. de Irene Oliva, Inés Clavero y Paula Aguiriano, Barcelona, Galaxia Gutenberg.
Sandel, Michael (2021), *La tiranía del mérito: ¿qué ha sido del bien común?*, trad. de Albino Santos, Madrid, Debate.

Salleh, Ariel (1994), «Naturaleza, mujer, trabajo, capital: la más profunda contradicción», *Ecología Política, Cuadernos de Debate Internacional*, n.º 7, Barcelona, Icaria, págs. 35-47.

Schwarzer, Stefan (2012), «Growing greenhouse gas emissions due to meat production», Ginebra y Nairobi, UNEP.

Segato, Rita (2003), *Las estructuras elementales de la violencia*, Buenos Aires, Universidad Nacional de Quilmes.

— (2013), *La escritura en el cuerpo de las mujeres asesinadas en Ciudad Juárez: territorio, soberanía y crímenes de segundo estado*, Buenos Aires, Tinta Limón.

Shiva, Vandana (1995), *Abrazar la vida: mujer, ecología y desarrollo*, trad. del Instituto del Tercer Mundo de Montevideo, Madrid, Horas y Horas.

— (2003), *Cosecha robada: el secuestro del suministro mundial de alimentos*, trad. de Albino Santos, Barcelona, Paidós.

— (2006), *Manifiesto para una democracia de la tierra: justicia, sostenibilidad y paz*, trad. de Albino Santos, Barcelona, Paidós.

Singer, Peter (2003), «Todos los animales son iguales», en *Desacralizar la vida humana: ensayos sobre ética*, trad. de Carmen García Trevijano, Madrid, Cátedra, págs. 107-126.

— (2018), *Liberación animal*, trad. de ANDA, Barcelona, Penguin Random House.

Slicer, Deborah (2003), «¿Tu perro o tu hija?: una reflexión feminista sobre experimentación animal», en Karen Warren (ed.), *Filosofías ecofeministas*, trad. de Soledad Iriarte, Barcelona, Icaria, págs. 171-193.

Solnit, Rebecca (2017), *Esperanza en la oscuridad: la historia jamás contada del poder de la gente*, trad. de Lucía Barahona, Madrid, Capitán Swing.

— (2020), *Un paraíso en el infierno: las extraordinarias comunidades que surgen en el desastre*, trad. de David Muñoz, Madrid, Capitán Swing.

Spretnak, Charlene (1992), «Una conmemoración viva», en Petra Kelly (1997), *Por un futuro alternativo*, trad. de Agustín López y María Tabuyo, Barcelona, Paidós, págs. 173-180.

Springmann, Marco; Godfray, H.; Charles J.; Rayner, Mike, y Scarborough, Peter (2016), «Analysis and valuation of the health and climate change cobenefits of dietary change», *PNAS*, vol. 113, n.º 15, págs. 4146-4151.

Steel, Carolyn (2020), *Ciudades hambrientas: cómo el alimento moldea nuestras vidas*, trad. de Ricardo García, Madrid, Capitán Swing.

— (2022), *Sitopía: cómo pueden salvar el mundo los alimentos*, trad. de Efrén del Valle, Madrid, Capitán Swing.

Steinfeld, Henning; Gerber, Pierre; Wassenaar, Tom; Castel, Vincent; Rosales, Mauricio, y De Haan, Cees (2006), *La larga sombra del ganado: problemas ambientales y opciones*, Roma, FAO.

Strand, Elizabeth B., y Faver, Catherine A. (2005), «Battered women's concern for their pets: A closer look», *Journal of Family Social Work*, vol. 9, n.º 4, págs. 39-58.

Subirats, Marina (2010), «La coeducación hoy: objetivos pendientes», <https://www.emakunde.euskadi.eus/contenidos/informacion/proyecto_nahiko_formacion/es_def/adjuntos/2010.09.21.marina.subirats.pdf>.

— (2017), *Coeducación, apuesta por la libertad*, Barcelona, Octaedro.

Subirats, Marina, y Tomé, Amparo (2007), *Balones fuera: reconstruir los espacios desde la coeducación*, Barcelona, Octaedro.

Szil, Peter (2018), «En manos de hombres: pornografía, trata y prostitución», *Atlánticas. Revista Internacional de Estudios Feministas*, vol. 3, n.º 1, págs. 113-135.

Tafalla, Marta (2019), *Ecoanimal: una estética plurisensorial, ecologista y animalista*, Madrid, Plaza y Valdés.

— (2022), *Filosofía ante la crisis ecológica. Una propuesta de convivencia con las demás especies: decrecimiento, veganismo y* rewilding, Madrid, Plaza y Valdés.

— (2025), *Paradojas de la experimentación en animales: ética, salud y crisis ecológica*, Madrid, Plaza y Valdés.

— (2024), «Rewilding. Un nuevo paradigma ético y estético», en Cristian Moyano (ed.), *Puentes salvajes. Una filosofía integradora para renaturalizar el Antropoceno*, Madrid, Plaza y Valdés, págs. 75-94.

Tait, Márcia Maria, (2024), «De las virtudes político-epistémicas de los feminismos que germinan en las ruralidades», *Eikasía: Revista de filosofía*, n.º 121, págs. 101-123.

Tait, Márcia Maria, y Moreno, Renata (2021). «Emergencias ecofeministas en las praxis latinoamericanas», *Ecología política*, n.° 61, págs. 16-20.

Tapia, Aimé (2018), *Mujeres indígenas en defensa de la Tierra*, Madrid, Cátedra.

— (2020), «Animales», en Ana De Luca, Ericka Fosado y Margarita Velázquez (coords.), *Feminismo socioambiental: revitalizando el debate desde América Latina*, Cuernavaca, Universidad Nacional Autónoma de México, Centro Regional de Investigaciones Multidisciplinarias, págs. 133-160.

Taylor, Sunaura (2021), *CRIP: liberación animal y liberación disca*, trad. de Mario Albelo, Madrid, ochodoscuatro.

The Boston Women's Health Book Collective (2000), *Nuestros cuerpos, nuestras vidas: un libro escrito por mujeres para las mujeres*, ed. de P. Gómez, Barcelona, Plaza y Janés.

Thompson, Ken (2016), *¿De dónde son los camellos?: creencias y verdades sobre las especies invasoras*, trad. de Dulcinea Otero-Piñeiro, Madrid, Alianza.

Thunberg, Greta (2019), *Cambiemos el mundo: #huelgaporelclima*, trad. de Aurora Echevarría, Barcelona, Penguin Random House.

Tiganus, Amelia (2021), *La revuelta de las putas: de víctima a activista*, Barcelona, Penguin Random House.

Tokarczuk, Olga (2019), *Sobre los huesos de los muertos*, trad. de Abel Murcia, Madrid, Siruela.

Tolstói, León (2018), *La historia de un caballo*, trad. de Selma Ancira, Barcelona, Acantilado.

Tomé, Amparo (2019), «La educación feminista contra el sexismo educativo y cultural», *Dosier Graó. Coeducar: poner la vida en el centro de la educación*, n.° 4, págs. 8-14.

Tronto, Joan (1987), «Beyond gender difference to a theory of care», *Sings*, vol. 12, n.° 4, págs. 644-663.

— (2015), *Who cares? How to reshape a democratic politics*, Ithaca y Londres, Cornell University Press.

— (2018), «La democracia del cuidado como antídoto frente al neoliberalismo», en Carmen Domínguez Alcón, Helen Kohlen y Joan Tronto (eds.), *El futuro del cuidado: comprensión de la ética del cuidado y práctica enfermera,* Barcelona, Ediciones San Juan de Dios, págs. 7-19.

— (2024), *Democracia y cuidado: mercados, igualdad y justicia,* trad. de Jean-François Silvente, Barcelona, Rayo Verde.

Tronto, Joan, y Kohlen, Helen (2018), «¿Puede ser codificada la ética del cuidado?», en Carmen Domínguez Alcón, Helen Kohlen y Joan Tronto (eds.), *El futuro del cuidado: comprensión de la ética del cuidado y práctica enfermera,* Barcelona, Ediciones San Juan de Dios, págs. 20-32.

Tukker, Arnold, y Jansen, Bart (2006), «Environmental impacts of products: A detailed review of studies», *Journal of Industrial Ecology,* vol. 10, n.º 3, págs. 159-182.

Twine, Richard (2012), «Revealing the "animal-industrial complex": A concept and method for critical animal studies», *Journal for Critical Animal Studies,* vol. 10, n.º 1, págs. 12-39.

Upadhya, Vivek (2014), «The abuse of animals as a method of domestic violence: The need for criminalization», *Emory Law Journal,* vol. 63, págs. 1163-1209.

Valcárcel, Amelia (2008), *Feminismo en el mundo global,* Madrid, Cátedra.

Valls Llobet, Carme (2009), *Mujeres, salud y poder,* Madrid, Cátedra.

— (2018), *Medio ambiente y salud: mujeres y hombres en un mundo de nuevos riesgos,* Madrid, Cátedra.

Van Voorst, Roanne (2022), *Hace mucho tiempo comíamos animales: el futuro de la comida,* trad. de Olga García, Barcelona, Planeta.

Velasco, Angélica (2010), «Justicia social y ambiental: mujeres por la soberanía alimentaria», *Investigaciones Feministas,* vol. 1, págs.161-176.

— (2017a), *La ética animal: ¿una cuestión feminista?,* Madrid, Cátedra.

— (2017b), «Violencias contra las mujeres y violencias contra los animales: ¿coincidencias casuales o vínculo profundo?», *Revista Latinoamericana de Estudios Críticos Animales,* año IV, vol. II, págs. 136-162.

— (2019), «¿Quiénes son los sujetos dignos de consideración moral? Una aproximación al debate entre el holismo ecológico y el atomismo moral animalista en la filosofía ecofeminista», *Ecolo-*

gía Política. Cuadernos de Debate Internacional, Icaria, n.º 58, págs. 27-33.
— (2020), «Desigualdad, poder y dominación: un análisis histórico-filosófico del concepto de género», *Cuadernos Salmantinos de Filosofía*, vol. 47, págs. 303-325.
— (2023), «Equilibrio en el sistema alimentario: personas, planeta, ecosistemas y los otros animales», en Alicia Ocon (ed.), *Our Food, Our Future*, proyecto Our Food, Our Future (CSO-LA/2020/411-443), financiado por la Comisión Europea, Programa de Educación para el Desarrollo y Sensibilización de la Comisión Europea (DEAR), <https://linktr.ee/ofof_spain>.
— (2024a), «Deconstruyendo conceptualizaciones que dañan: por una coeducación ecofeminista», en Claudia Pena (coord.), *Misoginia en las artes y su deconstrucción en las aulas*, Madrid, Dykinson, págs. 11-20.
— (2024b), «Sentimientos hacia (y de) los otros animales», en Antonio Gómez y Gonzalo Velasco (eds.), *Atlas político de emociones*, Madrid, Trotta, págs. 447-457.
— (2024c), «Sobre humanos y otros animales: una mirada ecofeminista», en Ana Frechilla, *Tres proyectos y una bala: invocando a Hannah*, Palencia, Ayuntamiento de Palencia, págs. 74-78.
— (2025a), «¿Debería el feminismo ser ecofeminismo?: una propuesta ética contra el androcentrismo, el antropocentrismo y la lógica de la dominación, por la compasión, la no violencia y la sostenibilidad», *Cuestiones de Género: de la Igualdad y la Diferencia*, n.º 20, págs. 256-276.
— (2025b), «¿Dónde está la no violencia en nuestra relación con los demás animales?: hacia un ecofeminismo por la paz más allá de nuestra especie», *Revista de Estudios de Juventud*, n.º 129, págs. 81-93.
Velayos, Carmen (2005), «Deberes y felicidad en la ecoética», *Isegoría. Revista de Filosofía Moral y Política*, n.º 31, págs. 145-156.
— (2008), *Ética y cambio climático*, Bilbao, Desclée de Brouwer.
— (2020), *Rachel Carson: la revolución entrañable*, Salamanca, Ediciones Universidad de Salamanca.
Volant, Anne M.; Johnson, Judy A.; Gullone, Eleonora, y Coleman, Grahame J. (2008), «The relationship between domestic vio-

lence and animal abuse. An Australian study», *Journal of Interpersonal Violence*, vol. 23, n.º 9, págs. 1277-1295.
Von Suttner, Bertha (1976), *¡Abajo las armas!*, Madrid, Alonso.
Vonnegut, Kurt (2020), *Matadero cinco: la cruzada de los niños*, trad. de Miguel Temprano, Barcelona, Blackie Books.
Wagner, Astrid (2023), «Deliberación, polarización y posverdad: repensar la responsabilidad en la sociedad digital», *Quaderns de Filosofía*, vol. X, n.º 2, págs. 51-67.
Walter, Natasha (2010), *Muñecas vivientes: el regreso del sexismo*, trad. de María Álvarez, Madrid, Turner.
Warren, Karen (1987), «Feminism and ecology: Making connections», *Environmental Ethics*, n.º 9, págs. 3-21.
— (1998), «El poder y la promesa de un feminismo ecológico», en María Xosé Agra (comp.), *Ecología y feminismo*, trad. de Carme Adán, Granada, Comares, págs. 117-146.
— (2000), *Ecofeminist philosophy. A western perspective on what it is and why it matters*, Oxford, Rowman and Littlefield.
— (2003), «Filosofías ecofeministas: una mirada general», en Karen Warren (ed.), *Filosofías ecofeministas*, trad. de Soledad Iriarte, Barcelona, Icaria, págs. 11-33.
Way, Niobe (2011), *Deep secrets. Boys's friendship and the crisis of connection*, Cambridge, Massachusetts, Harvard University Press.
Wollstonecraft, Mary (1994), *Vindicación de los derechos de la mujer*, ed. de Isabel Burdiel, Madrid, Cátedra.
Wolf, Naomi (2020), *El mito de la belleza: cómo se utilizan las imágenes de la belleza contra las mujeres*, trad. de Matilde Pérez, Madrid, Continta me tienes.
Woolf, Virginia (2018), *Un cuarto propio*, trad. de María-Milagros Rivera, Madrid, Sabina.
Zaraska, Marta (2019), *Enganchados a la carne: historia y ciencia de una obsesión de 2,5 millones de años*, Madrid, Plaza y Valdés.

Notas

Introducción. «Luchar por la esperanza», decía Petra Kelly. Pues en eso estamos...

1. Suttner, 1976: 251.
2. Warren, 2000.
3. Ibid.: 103.
4. Ibid.
5. Warren, 1998: 133.
6. Adams, 1994a.
7. Kelly, 1984a: 30.
8. Goodall y Abrams, 2021.
9. Kelly, 1984a; Shiva, 2003.
10. Véase Tafalla, 2019.
11. Adams, 2003b.
12. Kelly, 1997.
13. Goodall y Abrams, 2021: 252.
14. Spretnak, 1992: 174.

1. Sobre fantasías androantropocéntricas y realidades incómodas

1. Adams, 2003a.
2. Regan, 2006.

3. Velasco, 2017a.
4. Puleo, 2011.
5. Donovan, 1993.
6. Bianchi, 2015.
7. Véase King, 2021; Safina, 2020.
8. Joy, 2013.
9. Regan, 2006: 46.
10. Carruthers, 1995: 199.
11. Joy, 2013.
12. Plumwood, 2004.
13. Adams, 1994a.
14. Singer, 2003: 112.
15. Regan, 2004: 65.
16. Slicer, 2003.
17. Camps, 2011.
18. Plumwood, 1998: 248.
19. Le Bras-Chopard, 2003.
20. Plumwood, 1998.
21. Kimmerer, 2021.
22. Tapia, 2018; Tait, 2024; Tait y Moreno, 2021.
23. Kimmerer, 2021.
24. Kropotkin, 1989.
25. Aranguren, 1994.
26. Plumwood, 2002: 98.
27. Véase Barquero, 2017; Ghodsee, 2024; Rifkin, 2022; Shiva, 1995; Solnit, 2020; Thunberg, 2019.
28. Velasco, 2025a: 260.
29. Madruga y Perales, 2020.
30. Kelly, 1984a.
31. Tronto, 2024: 203.
32. Warren, 1998.
33. Plumwood, 1993.
34. Plumwood, 1998.
35. Adams, 2023.
36. Patterson, 2008.
37. Taylor, 2021.
38. Plumwood, 1997.
39. Cortina, 2013: 14.
40. Velasco, 2019: 32.
41. Noske, 1997; Twine, 2012.

42. Adams, 1994a.
43. Tafalla, 2022.
44. Amorós, 1985.
45. Beauvoir 2008: 128.
46. Kelly, 1997: 37.
47. Suttner, 1976: 77-78.
48. Benhabib, 2008: 191.
49. Ibid.
50. Ibid.: 190.
51. De Miguel, 2021a.
52. Kelly, 1984b.
53. Cooney, 2015: 26.
54. Cailleau, 1783, en Ferry y Germé, 1994.
55. Miedzian, 1995.
56. Velasco, 2025b.
57. Querol, 2008: 17.
58. DeGue y DiLillo, 2009; Onyskiw, 2007.
59. Adams, 1994b; Adams, 2006; Ascione *et al.*, 2007; Flynn, 2000b.
60. Kheel, 2008.
61. Subirats, 2010; Tomé, 2019.
62. Millett, 2010.
63. Rubin, 1986: 114.
64. Rubin, 1986: 135.
65. Gilligan, 1985: 14.
66. Millet, 2010: 82.
67. Amorós, 1985.
68. Ibid.
69. Amorós, 1987: 121.
70. Hartmann, 1980.
71. Amorós, 1985. He trabajado estas ideas en Velasco, 2020.
72. Cobo, 2017.
73. Jeffreys, 2008.
74. Amorós, 1992: 54.
75. Amorós, 2005a.
76. Amorós, 1992: 57.
77. Valcárcel, 2008: 262.
78. Subirats y Tomé, 2007.
79. Woolf, 2018: 54.
80. Kimmel, 2023.
81. Gilligan, 2025.

82. Way, 2011: 31.
83. Ibid.: 97.
84. Gilligan, 2013a: 23.
85. Ibid.: 20.
86. Gilligan, 2013a; Gilligan, 2025.
87. Gilligan, 2013a: 21.
88. Gilligan, 2025.
89. Segato, 2003: 137.
90. Faludi, 1993.
91. Kimmel, 2023.
92. Barry, 2010.
93. Valls, 2009.
94. Roldán, 2015: 104.
95. Roldán, 2025: 97.
96. Alario, 2021; Ballester *et al.*, 2019; Ballester *et al.*, 2023; De Miguel, 2021b.
97. Pateman, 2019: 356.
98. De Miguel, 2012.
99. De Miguel, 2015: 178.
100. Jeffreys, 2011: 244.
101. Kelly, 1984b: 27.
102. Lozano, 2018.
103. De Miguel, 2021.
104. Puleo, 1995.
105. De Miguel, 2015.
106. Walter, 2010.
107. Garzón y Roldán, 2024: 44.
108. Donaldson y Kymlicka, 2018: 442.
109. Millet, 2010: 100.
110. Crenshaw, 1989.
111. Fraser, 2008.
112. Aronson, 2000.
113. Donovan, 2023: 106.
114. Brugère, 2022.
115. Calderón, 2022: 7.
116. Kohlberg, 1981.
117. Gilligan, 1985.
118. Benhabib, 1992; Held, 2006; Kymlicka, 1995.
119. Gilligan, 1985.
120. Gilligan, 2025.

121. Gilligan, 1985.
122. Camps, 1998: 74-75.
123. Camps, 2021; Gilligan, 2025; Tronto, 2024.
124. Kymlicka, 1995.
125. Rachels, 2007: 253.
126. Benhabib, 1992: 38.
127. Aronson, 2000: 67.
128. Gilligan, 2025: 196.
129. Noddings, 1984: 80-81.
130. Warren, 1998.
131. Plumwood, 2002; Tafalla, 2022.
132. Tronto, 2024: 89.
133. Subirats, 2010.
134. Subirats, Tomé, 2007; Subirats, 2017.
135. Alcalá, 2020: 89.
136. Mombiot, 2017; Moyano, 2022; Tafalla, 2022.
137. Mellor, 1997; Salleh, 1994.
138. Velasco, 2024a: 17.

2. Hermana, yo sí te creo; Madre Tierra, yo sí te creo: por qué el ecofeminismo

1. Gilligan, 2013a: 17.
2. Woolf, 2018: 22.
3. Véanse Calderón Quindós, 2018 y Achondo, 2022.
4. Cooney, 2015: 33.
5. Wagner, 2023: 56-57.
6. Amorós, 1985.
7. De Miguel, 1999.
8. Amorós y De Miguel, 2010: 17.
9. De Miguel, 2008.
10. Warren, 1998: 120.
11. Shiva, 1995; Tapia, 2018.
12. Flynn, 2003a.
13. Puleo, 2019.
14. Vonnegut, 2020.
15. Martínez-Alier, 1997.
16. Martínez-Alier, 2004.
17. Martínez-Alier, 2001.

18. Mackinnon, 1998.
19. Subirats, 2010.
20. Marqués y Osborne, 1991: 48.
21. Subirats, 2010.
22. Camps, 1998: 71.
23. López De La Vieja, 2004: 104.
24. Gimeno, 2022: 208-209.
25. Hercovich, 1997.
26. Gilligan, 2013a:16.
27. Gilligan, 2025.
28. Véase Brownmiller, 1981.
29. Amorós, 2005a: 15.
30. Tafalla, 2022.
31. Velasco, 2024c: 77-78.
32. Bosch, Ferrer, 2020.
33. Puleo, 2011.
34. The Boston Women's Health Book Collective, 2000: 10.
35. Massó, 2025.
36. Adams, 1994a.
37. Adams, 1994a.
38. Adams, 2003a: 200.
39. Ibid.: 201.
40. Ibid.: 202.
41. Leneman, 1997.
42. Charlton, 1999: 113.
43. Puleo, 2011: 379.
44. Habermas, 1985.
45. Benhabib, 1992: 44.
46. Adams, 2016: 102.
47. Adams, 2004.
48. Adams, 2016: 135.
49. Velasco, 2025a: 257.
50. Tafalla, 2024.
51. Donovan, 2023; Plumwood, 2002.
52. Lahar, 1991.
53. Warren, 2000.
54. Amorós, 1985: 32.
55. Plumwood, 2002.
56. Plumwood, 2002; Warren, 2000.
57. Plumwood, 1993: 43.

58. Ibid.: 49.
59. Plumwood, 2024: 94.
60. Velasco, 2017a.
61. Balza, 2018, 2020 y 2025.
62. Balza, 2018: 35.
63. Puleo, 2017.
64. Guerra, 2018.
65. Le Bras-Chopard, 2003.
66. Han, 2024: 15.
67. Warren, 2003.
68. Plumwood, 1997.
69. Warren, 1998.
70. Ibid.
71. Warren, 1987.
72. Velasco, 2024a: 12.
73. Warren, 1998.
74. Velasco, 2024a: 13.
75. Warren, 1998: 121.
76. Warren, 1998: 120.
77. Velasco, 2024a: 13.
78. Plumwood, 2004: 57.
79. Kelly, 1997: 29.
80. Kelly, 1990.
81. Kelly, 1987.
82. Kelly, 1990.
83. Kelly, 1984a.
84. Suttner, 1976: 294.
85. Warren, 2003.
86. Warren, 1998: 120.
87. Ibid.
88. Valls-Llobet, 2018.
89. Warren, 1998.
90. Shiva, 1995.
91. Shiva, 2003.
92. Tapia, 2018: 296.
93. Puleo, 2011: 414.
94. Tafalla, 2024: 79.
95. Puleo, 2008.
96. Velasco, 2025a: 265.
97. King, 1998: 94.

98. Tafalla, 2024: 91.
99. Tafalla, 2022: 331.
100. Balza, 2024: 95.
101. Kelly, 1984b: 27.
102. Kelly, 1997.
103. Ibid.: 29.
104. Amorós, 2005b.
105. Puleo, 2019.
106. Kelly, 1988a: 358.
107. Ibid.: 357.
108. Harari, 2019: 36.
109. Carson, 2010.
110. Velayos, 2020.
111. Ibid.

3. Por una actitud cuidadosa y una escucha atenta: con violencia no hay cuidados

1. Mills, 1997.
2. Valls, 2018.
3. Fraser, 2016: 126-127.
4. Kelly, 1988b.
5. Shiva, 2006.
6. Löwy, 2011.
7. Tronto, 2024: 239.
8. Tafalla, 2022.
9. Tronto, 2024.
10. Tronto, 2018: 16.
11. Ibid.
12. Mellor, 2007; Guerra, 2015.
13. Camps, 2021: 13.
14. Tronto, 2024: 157-158.
15. Tronto, 2018: 14.
16. Kelly, 1997.
17. Slicer: 2003: 190-191.
18. Lévinas, 2024.
19. Joy, 2013.
20. Cooney, 2015.
21. Ibid.: 45.

22. De Waal, 2011: 121.
23. Rest, 1996.
24. Miedzian, 1995.
25. Gilligan, 2025.
26. Kelly, 1997.
27. Miedzian, 1995: 36.
28. Camps, 2021: 38.
29. Gilligan, 2013b: 50-51.
30. Ortner, 1979.
31. Hernando, 2012.
32. Tronto, 2018: 11.
33. Tronto, 2024.
34. Fraser, 2016: 128.
35. Ibid.
36. Cobo, 2017.
37. Charles Mills, 1997: 18.
38. Fisher y Tronto, 1990, en Tronto, 2018: 13.
39. Fisher y Tronto, 1990.
40. Tronto, 2024: 66.
41. Tiganus, 2021.
42. Kimmerer, 2021: 398.
43. Jorge, Monday y Antolínez, 2021: 38.
44. Ibid.: 45.
45. Ibid.: 10.
46. Ibid.: 12.
47. Ibid.: 20.
48. Collard y Contrucci, 1989; Daly, 2023.
49. Jorge, Monday y Antolínez, 2021: 25.
50. Ibid.: 32.
51. Mora y Pereyra, 1999.
52. De Miguel, 2012.
53. Szil, 2018.
54. Beauvoir, 2008.
55. Brigidi y Cuadrada, 2021; Layne, 1997; Layne, 2013.
56. Tronto y Kohlen, 2018: 29.
57. Tiganus, 2021.
58. Tronto, 2024: 164.
59. Marçal, 2024: 39-40.
60. Salleh, 1994.
61. Beauvoir, 2008.

62. De Miguel, 2021: 141.
63. Rousseau, 1998: 545.
64. Mill, 1973: 174.
65. D'Eaubonne, 1998: 51.
66. López de la Vieja, 2004.
67. Adams, 2003a.
68. Gilligan, 1985: 243.
69. Marçal, 2024: 39.
70. Gilligan, 1985: 144.
71. Tronto, 2024.
72. Kymlicka, 1995: 306.
73. Tronto, 2024.
74. Míes y Shiva, 2014.
75. Han, 2023: 55.
76. Steel, 2022: 393.
77. Ibid.
78. Tafalla, 2022: 73.
79. Ibid.
80. Lafargue, 2010: 13.
81. Russell, 2010: 9.
82. Black, 2013: 7.
83. Russell, 2010: 10.
84. Palacio, 2023: 61.
85. Russell, 2010.
86. Ibid.: 21.
87. Lafargue, 2010: 53.
88. Anzaldúa, 2016: 95.
89. Gorz, 2008: 82.
90. Kelly, 1990.
91. Sandel, 2021.
92. Ibid.
93. Cortina, 2017.
94. Chomsky, 1974: 34.
95. Woolf, 2018.
96. Tronto, 2018: 18.
97. Mellor, 2000.
98. Tronto, 2018: 17.
99. Tafalla, 2022: 71.
100. Tronto, 2015.
101. Wolf, 2020.

102. Lagarde, 2001: 20.
103. Jónasdóttir, 1993.
104. Ferguson, 1979.
105. Firestone, 1976.

4. Dime cómo tratas a los demás animales y te diré quién eres

1. Adams, 1994a.
2. Descartes, 1979.
3. Altuna, 2023: 298.
4. Mancuso, 2023: 82.
5. Adams, 2003b.
6. Ibid.
7. Tafalla, 2022.
8. Zaraska, 2019: 172.
9. Riechmann, 2024: 191.
10. Tolstói, 2018: 46-47.
11. Ibid.: 84.
12. Safina, 2020.
13. Collard, Contrucci, 1989: 24.
14. Donovan, 2023: 95.
15. Cortina, 2000: 66-67.
16. Donaldson y Kymlicka, 2018: 113.
17. Ibid.: 114.
18. Jorge, Monday y Antolínez, 2021: 3.
19. Amorós, 2008.
20. Adams, 2016: 134.
21. Ibid.
22. Ibid.: 123.
23. Tokarczuk, 2019: 101.
24. Tafalla, 2022: 155.
25. Horta, 2017: 99.
26. Ibid.: 100.
27. Velasco, 2017b: 146.
28. Joy, 2013: 86.
29. Ibid.
30. Joy, 2013: 52.
31. Velasco, 2017a.
32. Adams, 1994a; Joy, 2013.

33. Regan, 2006.
34. Shiva, 2003.
35. Adams, 2016.
36. Adams, 2017: 77.
37. Noske, 1997.
38. Hribal, 2014.
39. Adams, 2003b.
40. Tafalla, 2022.
41. Velayos, 2015.
42. Velayos, 2008: 134.
43. Ibid.
44. Kheel, 2008.
45. Ibid.: 236.
46. Nussbaum, 2007.
47. Nussbaum, 2023: 117.
48. Ibid.: 137.
49. Arendt, 2004: 219-220.
50. Woolf, 2018: 54-55.
51. Patterson, 2008: 58.
52. Munro, 2001.
53. González y Rodríguez, 2008.
54. Adams, 2016: 129.
55. Taylor, 2021: 199.
56. Ibid.: 207.
57. Patterson, 2008: 219.
58. Ibid.: 159.
59. Ibid.: 168.
60. Morales, 2025: 24.
61. Velasco, 2017b.
62. Steinfeld et al., 2006: xxi.
63. Mombiot, 2022.
64. Steinfeld et al., 2006: xxiv.
65. Rifkin, 1992.
66. Machovina et al., 2015.
67. Steinfeld et al., 2006.
68. Steel, 2020: 85.
69. Gerber et al., 2013.
70. Shiva, 2003; Zaraska, 2019.
71. Garnett et al., 2017.
72. Pieper, Michalke y Gaugler, 2020.

73. Tafalla, 2022.
74. Poore y Nemecek, 2018.
75. Almirón y Tafalla: 2019.
76. Springmann et al., 2016.
77. Tukker y Jansen, 2006.
78. Kim et al., 2020.
79. Machovina et al., 2015.
80. Rifkin, 1992.
81. Adams, 2016; Rifkin, 1992.
82. Almirón, 2024.
83. Van Voorst, 2022.
84. Joy, 2013.
85. Pelluchon, 2018.
86. Van Voorst, 2022: 64-65.
87. Adams, 2004.
88. Adams, 2017: 75.
89. Ibid.: 74.
90. Ibid.: 78.
91. Ibid.: 88.
92. Lyman, 2001.
93. Kheel, 2008.
94. Millett, 2010.
95. Femenías, 2013.
96. Fraser, 2008.
97. Ascione et al., 2007; Flynn, 2000b.
98. Querol, 2021.
99. Bernuz, 2015; Loring, Marsh y Geffner, 2007.
100. Faver, Strand, 2007.
101. Strand y Faver, 2005; Volant et al., 2008.
102. Ascione, 1998.
103. Adams, 2006; Upadhya, 2014.
104. Molina, 2000.
105. Velasco, 2020.
106. Véase Valls, 2018.
107. Wollstonecraft, 1994: 361.
108. Véase Faria, Paez, 2019.
109. Latouche, 2009b: 128.
110. Latouche, 2009a.
111. Adams, 1994a: 108.
112. Shiva, 2006: 93.

113. Shiva, 2003.
114. Véase Acampora, 2023.
115. Velasco, 2010.
116. Nyéléni, 2007.
117. Plumwood, 2004: 61.
118. Ibid.: 62.
119. Clough, 2019: 59.
120. Plumwood, 2004.
121. Warren, 1998: 146.
122. Shiva, 2003: 78.
123. Velasco, 2017a: 260.
124. Velasco, 2023.
125. Radford Ruether, 1975: 204.
126. Puleo, 2015.
127. Kelly, 1997.
128. Biehl, 1991.
129. Kheel, 2008.
130. Puleo, 2015.
131. Aronson, 2000: 212.
132. Velasco, 2017a.
133. Weil, 1951, en Adams, 2017: 94.
134. Donovan, 2023: 89.
135. MacKinnon, 2007: 234.
136. Regan, 2006: 89.
137. Ibid.
138. Tronto, 2024.
139. Véase Brambell Committee, 1965.
140. Faria, 2022; Paez, 2023.
141. Warren, 1998.
142. Plumwood, 2024.
143. Kymlicka, 1996.
144. Ibid.
145. Véase Codina, 2018.
146. Donovan y Adams, 2007.
147. Adams, 2017: 94.
148. Rozzi, 2019: 80.
149. Tapia, 2020: 158.
150. Galindo, 2019, en Tapia, 2020: 157-158.
151. Kheel, 2008; Rifkin, 1992.
152. Curtin, 2003.

153. Plumwood, 2004.
154. Velasco, 2017a.
155. Tapia, 2020: 158.
156. Adams, 2016: 102.
157. Adams, 2018; Rifkin, 1992.
158. Ibid.
159. Adams, 2018.
160. Shiva, 2003: 91.
161. Rifkin, 1992.
162. Adams, 2003a: 216.
163. Tapia, 2019.
164. Velasco, 2025b: 91.
165. Velasco, 2023.
166. De Miguel, 2021a: 22.
167. Adams, 1994a: 108.
168. Warren, 2000.

Epílogo. ¿Hay esperanza? Y, si no la hay, actuemos como si la hubiera

1. Suttner, 1976: 236.
2. Solnit, 2017.
3. Solnit, 2020.
4. Kropotkin, 1989.
5. Harvey, 2018.
6. Ghodsee, 2024.
7. Brum, 2024: 237.
8. Brum, 2014: 247.
9. Ibid.
10. Adams, Breitman y Messina, 2017.
11. Rifkin, 2023: 302.
12. Solnit, 2020: 447.